教育部人文社科基金项目
项目编号：19YJA850011

城乡居民大病保险制度研究
——以武陵山片区为例

林 源○著

西南财经大学出版社

四川·成都

图书在版编目(CIP)数据

城乡居民大病保险制度研究:以武陵山片区为例/
林源著.--成都:西南财经大学出版社,2024.12.
ISBN 978-7-5504-6523-7

Ⅰ.F842.684

中国国家版本馆 CIP 数据核字第 20244HX685 号

城乡居民大病保险制度研究——以武陵山片区为例
CHENGXIANG JUMIN DABING BAOXIAN ZHIDU YANJIU——YI WULINGSHAN PIANQU WEI LI

林 源 著

策划编辑:向　虎
责任编辑:陈子豪
责任校对:段佩佩
封面设计:何东琳设计工作室
责任印制:朱曼丽

出版发行	西南财经大学出版社(四川省成都市光华村街55号)
网　　址	http://cbs.swufe.edu.cn
电子邮件	bookcj@swufe.edu.cn
邮政编码	610074
电　　话	028-87353785
照　　排	四川胜翔数码印务设计有限公司
印　　刷	郫县犀浦印刷厂
成品尺寸	170 mm×240 mm
印　　张	13
字　　数	216 千字
版　　次	2024 年 12 月第 1 版
印　　次	2024 年 12 月第 1 次印刷
书　　号	ISBN 978-7-5504-6523-7
定　　价	78.00 元

前　言

在当前的社会主义现代化建设进程中，我国城乡居民基本医保制度已经全面建成，成果斐然。根据 2023 年全国医疗保障事业发展统计公报，居民医保住院费用目录内基金支付比例高达 68.1%。然而，参保人员的真实保障水平，即实际补偿比，与名义保障水平之间仍存在不容忽视的差距，灾难性医疗支出的问题依然严峻，使得众多家庭面临"因病致贫""因病返贫"的威胁。

为有效降低大病风险带来的灾难性医疗支出，我国全面实施了城乡居民大病保险制度，这一制度成为防止"因病致贫""因病返贫"现象的关键举措。自党的十八大以来，党中央高瞻远瞩，提出了"推进健康中国建设"的目标。在党的十九大报告中，实施健康中国战略更是被纳入国家发展的基本方略。其中，推进大病保险工作的落实，是健康中国建设的重要规划领域和实施环节。截至 2022 年年底，我国大病保险制度已为 12.2 亿城乡居民提供了坚实保障（银保监会，2022），有效地抵御了疾病带来的经济冲击。

然而，城乡居民大病保险制度的实际运行效果、筹资与补偿机制的设计合理性，以及运营与监管机制的顺畅有效性，尚须深入探讨。为此，本书以武陵山片区为例，通过实地调研、专家访谈和政策分析方法，分析了大病保险制度运行现状，揭示了制度在多个方面存在的问题，并为政府决策提供了有力的实证依据，同时提出了完善大病保险制度的系统性建议。

本书得以顺利完成，得益于教育部人文社科基金项目（项目编号：19YJA850011）和笔者所在单位湖南财政经济学院的支持，在此，笔者表示由衷的感谢。同时，也对所有参与调研的专家、基层干部和农户表示衷心的感谢。

本书有助于丰富医疗保障领域的理论体系，弥补该区域研究的不足，为政策制定者提供宝贵的参考。期待这一研究能为解决"因病致贫""因病返贫"等难题贡献智慧，助力构建一个更加公平、高效、可持续的医疗保障体系，让武陵山片区乃至全国的农民都能摆脱疾病带来的经济困境，共享健康中国建设的丰硕成果，从而迈向更加美好、富裕的未来。

林源

2024 年 7 月 28 日

目 录

1 武陵山片区经济社会背景与医疗保障环境分析

1.1 武陵山片区概况及其经济社会发展特征

1.1.1 片区基本情况概述

武陵山片区是中国区域发展和脱贫攻坚规划里提出的概念，该规划区域范围依据连片特困地区划分标准及经济协作历史沿革划定，包括湖北、湖南、重庆、贵州四省市相交地带的71个县市区。它以武陵山为代表性符号，包括武陵山区大部分地带、巫山南部及湖南省雪峰山区（怀化市、邵阳市的主要区域、娄底市的主要区域、益阳市的安化县）及其相关地带。其中，湖北11个县市区（包括恩施土家族苗族自治州及宜昌市秭归县、长阳土家族自治县、五峰土家族自治县等、湖南37个县市区（包括湘西土家族苗族自治州、怀化市、张家界及邵阳市新邵县、邵阳县、隆回县、洞口县、绥宁县、新宁县、城步苗族自治县、武冈市、常德市石门县、益阳市安化县、娄底市新化县、涟源市、冷水江市等），重庆市7个县市区（包括黔江区、酉阳土家族苗族自治县、秀山土家族苗族自治县、彭水苗族土家族自治县、武隆县、石柱土家族自治县、丰都县），贵州16个县市区（包括铜仁地区及遵义市正安县、道真仡佬族苗族自治县、务川仡佬族苗族自治县、凤冈县、湄潭县、余庆县等），总面积为17.18平方千米。

区域内有土家族、苗族、侗族、白族、回族和仡佬族等 9 个少数民族①。

武陵山片区是《中国农村扶贫开发纲要（2011—2020 年）》中确定的 14 个集中连片特困地区之一，也是首个编制区域发展与扶贫攻坚规划，并率先启动区域发展与扶贫攻坚试点的连片特困地区。该片区集贫困地区、民族地区和革命老区于一体，是贫困人口分布广、跨省交界面大、少数民族聚集多的连片特困地区和经济协作区。

表 1.1 显示了 2016—2019 年武陵山片区的贫困状况。从 2016 年到 2019 年，该片区的贫困人口数量逐年下降，从 285 万人减少到 49 万人。这表明政府采取的扶贫政策取得了显著成效。在贫困人口比上一年下降这一指标上，武陵山区的数据也显示出向好的趋势。贫困发生率水平是衡量一个地区贫困程度的重要指标，武陵山区的贫困发生率从 2016 年的 9.7%逐渐降低至 2019 年的 1.7%。这是一个非常积极的变化，说明该地区的扶贫工作正在取得实质性的进展。在贫困发生率比上一年下降这一指标上，武陵山区的数据同样表现出向好的趋势。总体而言，在国家脱贫攻坚和区域协调发展战略的支持下，武陵山片区整体国民经济状况得到了显著改善。

表 1.1 2016—2019 年武陵山片区贫困状况

指标	2016 年	2017 年	2018 年	2019 年
贫困人口数量/万人	285	188	111	49
贫困人口比上年下降/万人	95	96	77	
贫困人口下降幅度/%	25			
贫困发生率水平/%	9.7	6.4	3.8	1.7
贫困发生率比上年下降/%	3.2	3.3	2.6	

截至 2019 年年底，武陵山片区的贫困状况有了显著的改善。2019 年的数据显示，武陵山片区农村居民人均可支配收入达到 11 544 元，是 2010 年的 3.3 倍。农村贫困人口从 2011 年的 793 万人下降到 2019 年的 49 万人，贫困发生率从 26.3%下降到 1.7%。此外，武陵山片区的 71 个县（市、区）中

---

① 国务院扶贫开发领导小组办公室、国家发展和改革委员会. 武陵山片区区域发展与扶贫攻坚规划（2011—2020 年）［R/OL］.（2011-10-31）［2024-03-26］. https://www.trs.gov.cn/zwgk/zfxxgkzl/fdzdgknr/ghjh/zxgh/202010/t20201020_64368501.html

有 70 个已经实现了脱贫摘帽，区域性整体贫困得到基本解决①。

总体来说，武陵山片区在脱贫攻坚方面取得了显著进展，贫困状况得到了大幅改善。

1.1.2 片区整体国民经济状况综述

武陵山片区位于我国中西部交界地带，覆盖了湖南、湖北、贵州、重庆四省市的部分地区，是国家集中连片特困地区的重点区域之一，其地理环境复杂多样，生态资源丰富，民族文化独特。近年来，武陵山片区在国家脱贫攻坚和区域协调发展战略的支持下，整体国民经济状况得到了显著改善。

在宏观经济层面，武陵山片区各地方政府积极落实中央政策，着力推动产业结构调整和转型升级。通过发展特色农业、旅游业以及绿色产业等多元化路径，有效提升了地区生产总值。尽管面临自然条件限制，但随着基础设施建设的加强，尤其是交通网络的日益完善，该区域内的城乡融合发展得到了有力支撑。

在居民生活水平层面，随着精准扶贫政策的深入实施，片区内城乡居民收入水平逐步提高，居民消费价格指数相对稳定，表明当地物价得到了有效控制，人民生活成本得以合理管控。

在社会保障层面，社会保险覆盖面不断扩大，包括城乡居民基本医疗保险在内的多项保障制度得到建立健全，极大地减轻了居民"因病致贫""因病返贫"的风险。

在卫生健康层面，尽管医疗资源分配相较于发达地区仍存在不均衡性，但随着各级政府加大投入，优化资源配置，武陵山片区的医疗卫生条件逐步改善，尤其在大病保险制度的推行上取得了一定成效。尽管医疗费用在部分地区依然较高，但在国家和地方财政的持续支持下，居民医疗负担正逐步得到缓解。

综上所述，武陵山片区在国民经济和社会发展的道路上取得了长足进步，但仍须关注和解决地区间经济发展不平衡、医疗资源分配不均等问题，以实现更高质量、更加公平的发展，确保城乡居民享有更高水平的医疗保障服务。

---

① 何春中. 武陵山片区：71 个片区县有 70 个实现脱贫摘帽 贫困发生率从 26.3% 下降到 1.7% [EB/OL]. (2020 - 08 - 22) [2024 - 02 - 18]. https://news. cyol. com/situo/2020 - 08/22/content_18745228. htm.

1.2 武陵山样本地区经济社会发展与医疗卫生状况

1.2.1 湖南湘西州经济社会发展与医疗卫生状况

1.2.1.1 经济社会发展与城乡居民收支状况

（1）湖南湘西州国民经济发展状况

湘西土家族苗族自治州为湖南省辖自治州，简称"湘西州"，地处湖南省西北部，位于湘鄂渝黔四省市交界处，北接湖北省，西与重庆市为邻，西南与贵州省接壤。湘西州行政区域总面积为 1.55 万平方千米，现辖为 1 个市、7 个县。截至 2023 年年末，湘西州总人口为 290.2 万人，常住人口为 246.1 万人，其中城镇人口为 128.5 万人，农村人口为 117.6 万人，城镇化率为 52.21%，较 2022 年提高 0.64 个百分点。湘西州全年出生人口 1.96 万人，出生率为 6.46‰；全年死亡人口 1.35 万人，死亡率为 4.44‰；全年人口自然增长率为 2.02‰[①]。湘西州国民经济状况见表 1.2.

表 1.2 2018—2023 年湘西州国民经济状况

指标	2018 年	2019 年	2020 年	2021 年	2022 年	2023 年
地区生产总值/亿元	605.05	705.71	725.11	792.11	817.5	825.85
人均地区生产总值/万元	2.28	2.67	2.91	3.20	3.38	3.375 8
一般公共预算收入/亿元	120.1	126.81	133.55	146.09	137.3	—
税收总额/亿元	97.3	101.18	105.71	115.71	103.1	—

数据来源：湖南省统计局。

（2）湖南湘西州城乡居民收支状况

2023 年，湘西州全州居民人均可支配收入为 22 105 元，较 2022 年增长 5.8%。其中城镇居民人均可支配收入为 32 953 元，较 2022 年增长 4.9%；农村居民人均可支配收入为 14 052 元，较 2022 年增长 7.29%。全州居民人均生活消费支出为 16 647 元，较 2022 年增长 5.6%。其中，城镇

[①] 湘西州统计局. 湘西自治州 2023 年国民经济和社会发展统计公报[R/OL]. (2024-04-29)[2024-07-10]. https://www.xxz.gov.cn/zfsj/tjgb_47576/202404/t20240409_2138573.html.

居民人均生活消费支出为 20 504 元，较 2022 年增长 4.9%；农村居民人均生活消费支出为 13 785 元，较 2022 年增长 5.29%。湘西州全州居民食品消费支出占消费总支出的比重（恩格尔系数）为 30.6%[①]。

表 1.3 显示了 2019—2023 年湘西州全州居民、城镇居民和农村居民的收支状况，包括人均可支配收入、人均消费性支出以及医疗保健支出。

表 1.3　2019—2023 年湘西州居民收支状况　　　单位：元

指标	2019 年	2020 年	2021 年	2022 年	2023 年
全州居民：					
人均可支配收入	16 934	18 154	19 660	20 791	22 105
人均消费性支出	13 663	13 838	15 014	15 766	16 647
医疗保健支出	1 332	1 388	1 502	1 587	—
人民生活（城镇）：					
人均可支配收入	26 756	27 853	29 774	31 412	32 953
人均消费性支出	10 046	11 242	12 332	19 545	20 504
医疗保健支出	1 674	1 775	1 837	1 907	—
人民生活（农村）：					
人均可支配收入	17 936	17 813	18 739	13 097	14 052
人均消费性支出	10 667	11 005	12 315	13 092	13 785
医疗保健支出	1 093	1 112	1 259	1 356	—

数据来源：湘西州统计局。

湘西州农村居民人均可支配收入从 2019 年的 17 936 元减少到 2023 年的 14 052 元，增长速度分别为 -0.69%、5.2%、-30.1% 和 7.29%。2019—2023 年湘西州农村居民人均消费性支出分别增长 3.17%、11.90%、6.31%、5.29%。和可支配收入相比，湘西州农村居民消费不断增加，收入减少，医疗保健支出也逐年递增。湘西州城镇居民人均可支配收入从 2019 年的 26 756 元增加到 2023 年的 32 953 元，增长速度分别为 4.10%、6.9%、5.5%、4.9%；而人均消费性支出增长速度分别为 11.9%、9.7%、58.49%、4.91%。可见，人均消费性支出增长速度超过人均可支配收入增长速度。

[①]　湘西州统计局. 湘西自治州 2023 年国民经济和社会发展统计公报 [R/OL]. (2024-04-29) [2024-07-10]. https://www.xxz.gov.cn/zfsj/tjgb_47576/202404/t20240409_2138573. html.

从表 1.3 中可以看出，在这五年间，湘西州无论是城镇居民还是农村居民，其医疗保健支出都有所增加。具体来说，从 2019 年到 2022 年，湘西州城镇居民的人均医疗保健支出从 1 674 元增长到了 1 907 元，增加了约 233 元，这表明随着经济的发展和社会的进步，城镇居民对健康保障的需求也在逐渐提高；湘西州农村居民在这段时间内的人均医疗保健支出也有所上升，从 2019 年的 1 093 元增加到了 2022 年的 1 356 元，增长幅度较大，这可能与国家政策支持、农村医疗保险制度完善等因素有关，表明农村居民的医疗负担加重。

总体来看，无论是城镇还是农村地区，湘西州居民对于医疗保健方面的投入都在逐年增加。这反映出人们越来越重视自身健康，并愿意为此付出更多的金钱成本，同时也可以看出政府在推进全民医保方面取得了一定成效。然而需要注意的是，虽然居民对于医疗保健方面的投入整体上呈现出上升趋势，但不同群体之间仍存在差距（如城镇居民比农村居民花费更多），因此还需要进一步加强社会保障体系建设以缩小这种差距。

1.2.1.2 湖南湘西州政府医疗卫生支出与医疗卫生服务情况

（1）湖南湘西州政府医疗卫生支出状况

2020 年，湘西州全州财政总支出 357.82 亿元，较 2019 年增长 1.8%。其中，民生支出 236.99 亿元，较 2019 年增长 4.8%，民生支出占财政支出比重为 66.2%；教育支出 59.5 亿元，较 2019 年增长 5.8%；社会保障和就业支出 45.49 亿元，较 2019 年增长 10.4%；卫生健康支出 39.67 亿元，较 2019 年增长 7.4%[①]。

2021 年，湘西州全州财政总支出 327.53 亿元，较 2020 年下降 8.5%。其中，民生支出 218.11 亿元，较 2020 年下降 8.0%，民生支出占财政支出比重为 66.6%；教育支出 59.86 亿元，较 2020 年增长 0.6%；社会保障和就业支出 43.57 亿元，较 2020 年下降 4.2%；卫生健康支出 38.44 亿元，较 2020 年下降 3.1%[②]。

2022 年，湘西州全州财政总支出 353.9 亿元，较 2021 年增长 7.8%。其中，民生支出 231.5 亿元，较 2021 年增长 5.8%，民生支出占财政支出

---

① 湘西州统计局. 湘西自治州 2020 年国民经济和社会发展统计公报 [R/OL]. (2021-03-18) [2024-07-10]. https://www.xxz.gov.cn/zfsj/tjgb_47576/202108/t20210830_1819057.html.

② 湘西自治州 2021 年国民经济和社会发展统计公报 [R/OL]. (2022-03-18) [2024-07-10]. https://www.xxz.gov.cn/zfsj/tjgb_47576/202203/t20220318_1873595.html.

比重为 65.4%；教育支出 63.3 亿元，较 2021 年增长 6.1%；社会保障和就业支出 47.1 亿元，较 2021 年增长 7.7%；卫生健康支出 41.2 亿元，较 2021 年增长 7.5%①。

2023 年，湘西州全州卫生健康支出为 40.8 亿元。

可见，湘西州卫生健康支出在 2020—2022 年经历了一个先降后升的过程，整体上仍表现出地方政府对公共卫生与医疗服务的重视，并随财政状况波动而灵活调整支出，尤其在 2022 年明显增加了卫生健康领域的投入。

（2）湖南湘西州医疗卫生服务情况

湘西自治州卫生机构、病床数和卫生技术人员情况见表 1.4。

表 1.4 2018—2023 年湘西州卫生机构数、医疗机构病床和卫生技术人员数情况

指标	年份					
	2018	2019	2020	2021	2022	2023
卫生机构数/个	3 216	3 288	3 235	2 962	2 698	2 744
医疗机构病床数/张	20 358	21 116	21 964	22 557	23 981	28 920
卫生技术人员数/人	16 741	17 842	18 419	19 800	21 366	22 279

表 1.4 显示了 2018—2023 年湘西州卫生机构数、医疗机构病床数和卫生技术人员数的总量。从表中可以看出，2018—2023 年，卫生技术人员数逐年增加，从 16 741 人增长到 22 279 人；医疗机构病床数也呈上升趋势，从 20 358 张增长到 28 920 张；而卫生机构数则在 2018—2020 年有所波动，说明在这段期间政府对其进一步进行了整合。

这些数据表明，在这六年里，湘西州的医疗资源得到了显著改善，卫生机构的规模在不断扩大，为更多的人提供了医疗服务。同时，随着科技的发展，医疗机构的技术水平也在不断提高，更多的卫生技术人员被吸引进入这个行业，为提高医疗服务的质量做出了贡献。然而，需要注意到，虽然卫生机构的规模在扩大，但与人口的增长相比，可能仍然存在一定的差距，因此还需要进一步加强医疗资源的投入和优化配置。

2022 年，湘西州农村卫生服务体系建设在以下三个方面取得了较为明

---

① 湘西州统计局.湘西自治州 2022 年国民经济和社会发展统计公报［R/OL］.（2023-03-24）［2024-07-10］.https://www.xxz.gov.cn/zfsj/tjgb_47576/202303/t20230324_1998530.html.

显的进步①：

①基本公共服务改善。湘西州在2022年实现了基本公共服务的全面改善，其中卫生健康服务保障水平不断增强。县市二甲医院、乡镇卫生院全科医生、合格村卫生室实现了全覆盖。实现了小病不出乡、大病不出县，看病难、看病贵问题得到有效解决，人均预期寿命提高2年以上。

②健康扶贫湘西经验推介。湘西州的健康扶贫经验在全国范围内得到了推介。这表明该地区在健康保障方面取得创新和成效，尤其是在农村地区，健康扶贫的实施有效提升了农村居民的医疗保障水平。

③医疗卫生资源覆盖。在医疗卫生资源方面，湘西州县市二甲医院、乡镇卫生院和合格村卫生室的全覆盖，确保了农村居民能够享受到基本的医疗卫生服务。这对于湘西州提高农村地区的医疗服务水平、减少农村居民医疗资源的不均衡分布具有重要意义。

综上所述，2022年湘西州在医疗卫生服务体系建设方面取得了显著进展，特别是在基本公共服务改善健康扶贫湘西经验推介和医疗卫生资源覆盖方面。这些措施有助于提高农村居民的医疗保障水平，减少看病难、看病贵的问题。

1.2.2　湖南怀化市经济社会发展与医疗卫生状况

1.2.2.1　湖南怀化市经济社会发展与城乡居民收支状况

（1）湖南怀化市经济社会发展状况

怀化市，又名"鹤城"，历史上亦被称为"鹤州"或"五溪"，是隶属于湖南省的一座地级市，坐落在湖南省西部偏南地带，其地理位置恰好处在武陵山脉与雪峰山脉的夹缝之中，全市总面积达27 564平方千米。截至2021年10月底，怀化市下辖1个市辖区以及10个县，并代管1个县级市，同时设有1个管理区，市政府所在地为鹤城区。在其广袤的土地上，怀化市包含了武陵山片区多个县域，具体包括中方县、沅陵县、辰溪县、溆浦县、会同县、麻阳苗族自治县、新晃侗族自治县、芷江侗族自治县、靖州苗族侗族自治县以及通道侗族自治县等地，这些地区共同构成了怀化市丰富的地域文化和多元的民族特色。

---

① 湘西州政府.2022年湘西土家族苗族自治州人民政府工作报告政府工作报告［R/OL］.（2022-01-17）［2024-07-10］.https://www.xxz.gov.cn/zzf/zfgzbg/202201/t20220117_1859068.html.

截至 2023 年年末，怀化市全市年末常住人口为 447.21 万人，较 2022 年下降 1.1%。其中，城镇人口为 223.78 万人，较 2022 年增长 1.5%；乡村人口为 223.43 万人，较 2022 年下降 3.5%。全市年末城镇化率为 50.04%，比上年提升 1.27 个百分点。全年出生率为 6.22‰，死亡率为 8.78‰，人口自然增长率为-2.56‰①。

2023 年，怀化市新增城镇就业人员 3.73 万人，较 2022 年增长 1.3%。截至 2023 年年末，城镇失业率为 5.3%，较 2022 年下降 0.4 个百分点；失业人员再就业人数为 1.64 万人，较 2022 年下降 15.2%。

2023 年，怀化市第一产业、第二产业、第三产业占比分别为 14.5%、29.0%、56.5%，与上年相比，第一产业回落 0.9 个百分点，第二产业提升 0.1 个百分点，第三产业提升 0.8 个百分点。第一产业、第二产业、第三产业对 GDP 增长贡献率分别为 9.7%、30.2%、60.1%。其中，工业对 GDP 增长的贡献率为 17.8%。2023 年，怀化市实现地方一般公共预算收入 124.18 亿元，较 2022 年增长 3.9%。其中，社会保障和就业支出 82.68 亿元，较 2022 年增长 17.7%；卫生健康支出 66.98 亿元，较 2022 年增长 19.5%②。

如图 1.1 所示，怀化市生产总值总体呈现上升趋势，从 2016 年的 1 347.54亿元增长至 2023 年的 1 948.52 亿元，经济增长率波动较大。其中，在 2016—2019 年，增长率保持在较高水平，分别为 8.0%、7.2%、7.8%和 8.0%，然后在 2020 年下降到 3.9%，之后又回升到 2021 年的 7.8%，但在 2022 年再次下滑至 2.2%，最后在 2023 年上升到 6.3%。

① 怀化市统计局. 怀化市 2023 年国民经济与社会发展统计公报［R/OL］.（2024-03-26）［2024-07-10］.https://www.huaihua.gov.cn/huaihua/c115180/202403/b7f6925be3584b59923d2f5b70237a3c.shtml.

② 怀化市统计局. 怀化市 2023 年国民经济与社会发展统计公报［R/OL］.（2024-03-26）［2024-07-10］.https://www.huaihua.gov.cn/huaihua/c115180/202403/b7f6925be3584b59923d2f5b70237a3c.shtml.

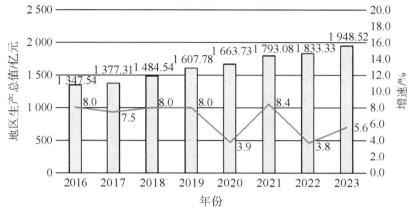

图 1.1 2016—2023 年怀化市地区生产总值及增速

（2）湖南怀化市城乡居民收支状况

2023 年，怀化市城乡居民人均可支配收入为 24 555 元，较上年增长 6.6%。其中，城镇居民人均可支配收入为 35 945 元，增长 5.2%；农村居民人均可支配收入为 15 352 元，增长 7.6%。全市城乡居民人均消费支出 18 866元，增长 6.3%。城镇居民人均消费支出 25 893 元，增长 5.5%；农村居民人均消费支出 13 189 元，增长 6.4%（见图 1.2)①。

图 1.2 2016—2023 年怀化市城乡居民人均可支配收入

---

① 怀化市统计局. 怀化市 2023 年国民经济与社会发展统计公报［R/OL］.（2024－03－26）［2024－07－10］.https://www.huaihua.gov.cn/huaihua/c115180/202403/b7f6925be3584b59923d2f5b70237a3c.shtml.

表 1.5 显示了怀化市的一些关键数据，包括农村居民人均可支配收入、城镇居民人均可支配收入。农村居民人均可支配收入从 2019 年的 10 870.45 元增加到 2023 年的 13 189 元，这表明农民的收入水平在不断提高。城镇居民人均可支配收入从 2019 年的 29 106.57 元增加到 2023 年的 35 945 元，这表明城镇居民的收入水平也在不断提高。

表 1.5　2019—2023 年怀化市城乡居民人口及人均可支配收入情况

指标	2019 年	2020 年	2021 年	2022 年	2023 年
年末常住人口/万人	498.33	458.26	455.95	452.07	447.21
城镇人口/万人	244.35	216.19	219.37	220.48	223.78
乡村人口/万人	253.98	242.07	236.58	231.59	223.43
农村居民人均可支配收入/元	10 870.45	11 990.27	13 321	14 267.44	13 189
城镇居民人均可支配收入/元	29 106.57	30 329.37	32 634	34 168.24	35 945

数据来源：湖南省统计局、国家统计局。

1.2.2.2　湖南怀化市政府医疗卫生支出与医疗卫生服务情况

（1）湖南怀化市政府医疗卫生支出状况

2021 年，怀化市一般公共预算支出 470.52 亿元，较上年下降 2.3%。其中，民生支出 380.20 亿元，较上年增长 3.1%；卫生健康支出 54.73 亿元，较上年增长 10.5%[①]。

2022 年，怀化市全市实现地方一般公共预算收入 119.56 亿元，较上年增长 6.8%。其中，卫生健康支出 56.05 亿元，较上年增长 8.3%。

2023 年，怀化市全市实现地方一般公共预算收入 124.18 亿元，较上年增长 3.9%。其中，卫生健康支出 66.98 亿元，较上年增长 19.5%。

根据上述数据，以对怀化市卫生健康支出情况进行分析：

①2021 年怀化市卫生健康支出为 54.73 亿元，较上一年增长了 10.5%。这表明该市在卫生健康领域的投入在增加，可能是为了响应公共卫生需求，提升医疗服务质量，或是为了应对特定公共卫生事件。

②2022 年怀化市卫生健康支出进一步增加到 56.05 亿元，增长率为 8.3%。虽然增长率较 2021 年有所下降，但支出总额仍在增加，显示出怀

---

① 怀化市统计局. 怀化市 2021 年国民经济与社会发展统计公报［R/OL］.（2022-03-23）
［2024-07-10］.https://www.huaihua.gov.cn/huaihua/c115180/202203/4ae6973c6cab45b397bd450eee
c637a3. shtml.

化市政府对卫生健康领域的持续重视。

③2023 年怀化市卫生健康支出大幅增长到 66.98 亿元，增长率达到 19.5%，是三年中增长率最高的一年。这表明该市在卫生健康方面的投入力度显著加大，可能是为了应对新的公共卫生挑战，提升医疗体系的能力，或是对之前政策的进一步强化和落实。

从这些数据中可以看出，怀化市在卫生健康领域的支出呈现出逐年增长的趋势，且增长速度在 2023 年显著加快。这反映出怀化市政府对于改善市民健康水平和生活质量的重视，同时也可能是为了响应国家关于健康中国建设的号召，加大在卫生健康领域的财政投入。此外，这种增长趋势也可能与应对疫情的影响有关，特别是在 2020 年疫情暴发后，各地政府普遍加大了对公共卫生和医疗体系的投资。

（2）湖南怀化市医疗卫生服务情况

表 1.6 显示了怀化市医疗资源情况，包括卫生机构数、卫生机构床位数、卫生机构人员数。从 2019 年到 2023 年，卫生机构数从 2019 年的 4 774 个减少到 2023 年的 4 731 个；卫生机构床位数从 2019 年的 37 558 张减少到 36 534 张；卫生机构人员数则在逐年增加，从 2019 年的 44 562 人增加到 2023 年的 48 988 人。

表 1.6　2019—2023 年怀化市医疗资源情况

指标	2019 年	2020 年	2021 年	2022 年	2023 年
卫生机构数/个	4 774	4 663	4 623	4 541	4 731
卫生机构床位数/张	37 558	38 704	41 165	43 115	36 534
卫生机构人员数/人	44 562	44 316	44 794	45 676	48 988

1.2.3　湖北恩施州经济社会发展与医疗卫生状况①

1.2.3.1　湖北恩施州经济社会发展与城乡居民收支状况

（1）湖北恩施州经济社会发展状况

恩施土家族苗族自治州，简称"恩施州"，是隶属于湖北省的一个少数民族自治州，其州政府所在地设在恩施市。该州坐落在中国湖北省的西南

---

① 恩施市统计局. 恩施市 2022 年国民经济和社会发展统计公报［R/OL］.（2023-04-06）［2024-07-10］.http://www.es.gov.cn/sj/qztjgb/202305/t20230523_1443557.shtml.

隅，恰好位于鄂、湘、渝三省市的交界地带。恩施州西面与重庆市的黔江区相接，北方紧邻重庆市万州区，南方则与湖南省的湘西土家族苗族自治州相邻，东方衔接神农架林区及宜昌市，全州土地总面积达 24 060.26 平方千米。恩施州成立于 1983 年 8 月 19 日，拥有丰富多元的民族，包括土家族、苗族、侗族、汉族、回族、蒙古族、彝族、纳西族和壮族等 29 个民族。作为武陵山区不可或缺的一部分，湖北省恩施土家族苗族自治州管辖着八个市县区，即恩施市、利川市以及建始县、巴东县、宣恩县、咸丰县、来凤县和鹤峰县。这片地域在中国的脱贫攻坚战略中占据着至关重要的地位，是国家重点扶持和发展的地区之一。截至 2023 年年底，恩施州全州年末户籍人口 398.65 万人。2023 年，恩施州全年出生人口 1.95 万人，出生率为 4.77‰；死亡人口 2.72 万人，死亡率为 6.65‰；自然增长率为 −1.88‰。

根据图 1.3 可知，恩施州地区生产总值自 2019 年来总体呈增长趋势，2023 年地区生产总值达到 1 481.29 亿元，受疫情影响，2020 年地区生产总值增速为−2.7%。其经济结构中第三产业占据主导地位，近五年来第三产业占比均超过 50%，旅游业、农业和生态产业是该地区重点发展的领域①。

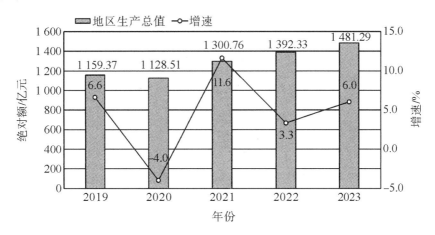

图 1.3　2019—2023 年恩施州地区生产总值及增速

① 恩施市统计局. 恩施市 2022 年国民经济和社会发展统计公报［R/OL］.（2023−04−06）［2024−07−10］.http://www.es.gov.cn/sj/qztjgb/202305/t20230523_1443557.shtml.

（2）湖北恩施州城乡居民收支状况

恩施州城镇常住居民人均可支配收入为 39 255 元，较上年增长 5.6%，年人均生活消费总支出 29 338 元，较上年增长 2.2%。农村常住居民年人均可支配收入 15 055 元，较上年增长 8.6%；年人均生活消费支出 13 430 元，较上年增长 8.4%。

据图 1.4 可知，2022 年年底恩施州总人口数为 400.25 万人，其中乡村人口 307.33 万人，城镇人口 92.92 万人[①]。2018—2022 年全州人口总数无明显变化，集中在 400 万人至 402 万人，乡村人口与城镇人口数量之比约为 3∶1。

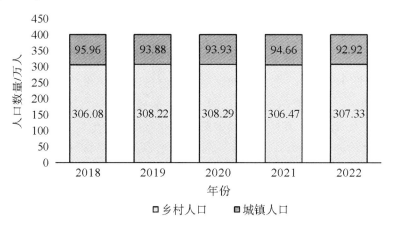

图 1.4　2018—2022 年恩施州人口数量

2021 年恩施居民人均生活消费支出金额为 51 386 元，其中医疗保健项目支出金额为 4 265 元，占人均生活消费支出的 8.30%，相较于 2018 年的 7.96%，增加了 0.34%[②]。随着人均生活消费水平的提高，医疗保健项目支出的增长意味着居民在看病就医上所花费的金额在不断增加。

2018—2022 年，湖北省恩施州人均可支配收入呈现出稳步增长的趋势，如图 1.5 所示。恩施州全年农村常住居民人均可支配收入从 10 524 元

---

①　恩施州统计局. 恩施州 2018—2022 统计年鉴［R/OL］.（2019-01-04）（2020-01-05）（2021-01-06）（2022-01-03）（2022-01-03）（2024-04-3）［2024-07-10］.http://www.es.gov.cn/sj/tjnj/.

②　恩施州统计局. 恩施州 2018-2022 统计年鉴［R/OL］.（2019-01-04）（2020-01-05）（2021-01-06）（2022-01-03）（2022-01-03）（2024-04-3）［2024-07-10］.http://www.es.gov.cn/sj/tjnj/.

增长至 14 384 元；城镇常住居民人均可支配收入从 28 918 元增长至 35 927 元①。从绝对数值来看，城镇居民人均可支配收入增长幅度约为农村居民人均可支配收入的 1.8 倍；从增长率来看，2022 年农村居民人均可支配收入相较于 2018 年增长 36.68%，而城镇居民人均可支配收入增幅仅为 24.24%，是农村居民人均可支配收入增幅的 0.66 倍。

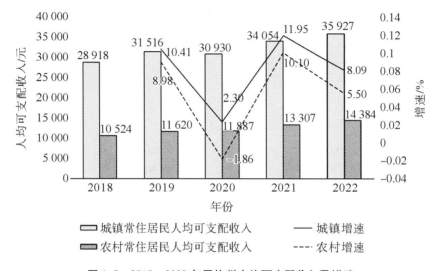

图 1.5　2018—2022 年恩施州人均可支配收入及增速

2023 年，恩施州农村常住居民人均可支配收入 15 571 元，比上年增长 8.3%；人均生活消费支出 14 115 元，比上年增长 10.0%；城镇常住居民人均可支配收入 38 248 元，比上年增长 6.5%；人均生活消费支出 29 160 元，比上年增长 8.6%。

1.2.3.2　湖北恩施州政府医疗卫生支出与医疗卫生服务情况

（1）湖北恩施州政府医疗卫生支出状况

2020 年，湖北恩施州政府在医疗卫生健康方面的支出为 9.11 亿元人民币。

2021 年，湖北恩施州政府在医疗卫生健康方面的支出为 45.92 亿元人民币，与上一年相比下降了 11.2%。

2022 年，湖北恩施州政府在医疗卫生健康方面的支出为 49.40 亿元人

---

①　恩施州统计局. 恩施州 2018-2022 统计年鉴[R/OL].（2019-01-04）（2020-01-05）（2021-01-06）（2022-01-03）（2022-01-03）（2024-04-3）[2024-07-10].http://www.es.gov.cn/sj/tjnj/.

民币，与上一年相比增长了 7.6%①。

2023 年，卫生健康支出 53.57 亿元，同比增长 8.4%。

根据上述数据，可以发现：

①支出增长趋势：2020—2021 年，恩施州在医疗卫生健康方面的支出大幅增加，从 9.11 亿元增加到 45.92 亿元，增长幅度较大；2021—2022 年，恩施州支出继续增长，从 45.92 亿元增加到 49.40 亿元，增长率为 7.6%；2022—2023 年，恩施州支出再次增长，从 49.40 亿元增加到 53.57 亿元，增长率为 8.4%。

②年度间比较：尽管 2021 年的实际支出较 2020 年大幅增长，但官方报告显示，2021 年的卫生支出相比 2020 年下降了 11.2%。这似乎与实际数据不符，可能是由于统计方法或者计算基准的不同造成的。2022 年与 2021 年相比，以及 2023 年与 2022 年相比，都显示了卫生支出呈正增长，这表明恩施州在医疗卫生健康方面的投入持续增加。

③增长原因分析：支出的增长可能反映了恩施州对公共卫生系统的重视，尤其是在疫情之后，政府可能增加了对医疗设施的投入，提高了公共卫生服务的覆盖范围和质量，增加了对医疗保健人员的培训和招募。

总体来看，恩施州在医疗卫生健康方面的支出呈现增长趋势，这对于提升当地居民的健康水平和服务质量是有益的。但需要注意的是，支出的增长应当与效率和效果的提升相结合，确保资金能够真正用于改善医疗服务的实际提供和居民的健康状况。

（2）湖北恩施州医疗卫生服务情况

卫生健康工作方面，从表 1.7 可以看出，截至 2022 年年末，湖北恩施苗族土家族自治州拥有各级医疗卫生机构 2 898 个，其中医院 63 个，基层医疗卫生机构 2 801 个，专业公共卫生机构 29 个，卫生技术人员 3.42 万人。实有床位数 2.85 万张，其中医院 1.92 万张，基层医疗卫生机构 0.86 万张，专业公共卫生机构 0.07 万张②。2018—2022 年恩施州社区卫生服务中心与村卫生室数量逐年减少。表 1.8～表 1.12 显示了恩施州卫生健康方面的情况。

① 恩施市统计局. 恩施市 2022 年国民经济和社会发展统计公报［R/OL］.（2023-04-06）［2024-07-10］.http://www.es.gov.cn/sj/qztjgb/202305/t20230523_1443557.shtml.

② 恩施市统计局. 恩施市 2022 年国民经济和社会发展统计公报［R/OL］.（2023-04-06）［2024-07-10］.http://www.es.gov.cn/sj/qztjgb/202305/t20230523_1443557.shtml.

湖北恩施州是我国的贫困地区之一，医疗资源相对匮乏，医疗设施和人员分布不均，城乡居民个人医疗费用高昂。截至2022年年末，恩施州财政卫生健康项目支出49.90亿元，人均卫生健康费用支出高达3 951.21元[①]。高昂的医疗费用迫使恩施州城镇居民面临严重的经济风险。

表1.7　2018—2022年度恩施州基本医疗卫生条件

指标	2018年	2019年	2020年	2021年	2022年
卫生机构数/个	2 954	2 947	2 966	2 864	2 898
卫生机构床位数/张	24 325	25 408	26 669	28 012	28 517
卫生机构人员数/人	28 515	30 025	31 128	33 149	34 231
医院/个	48	53	60	64	—
妇幼保健院（站、所）/个	9	9	9	9	—
专科疾病防治院（站、所）/个	1	1	1	1	—
诊所、卫生所、医务室/个	431	505	529	534	—
社区卫生服务中心（站）/个	27	15	15	9	—
乡镇卫生院/个	85	85	85	85	—
村卫生室/个	2 327	2 235	2 226	2 122	—

数据来源：湖北恩施州各年度统计年鉴。

表1.8　2022年湖北省、武汉市及恩施州医院病床使用情况[②]

地区	实际开放总床日数/床日	实际占用总床日数/床日	出院者占用总床日数/床日	病床使用率/%	出院者平均住院日/天
湖北省	112 222 396	86 606 917	84 789 000	77.17	9.2
武汉市	29 496 968	27 789 808	22 489 819	77.26	8.6
恩施州	6 618 881	4 892 011	4 560 298	73.91	8.6

---

① 恩施市统计局. 恩施市2022年国民经济和社会发展统计公报［R/OL］.（2023-04-06）［2024-07-10］.http://www.es.gov.cn/sj/qztjgb/202305/t20230523_1443557.shtml.

② 湖北省卫生健康委员会. 2022年全省分地区医院病床使用情况［R/OL］.（2023-10-25）［2024-07-10］.https://wjw.hubei.gov.cn/zfxxgk/fdzdgknr/tjxx/2023/202310/t20231025_4912771.shtml.

表 1.9　2022 年武汉市及恩施州医疗卫生机构住院服务情况

地区	入院人数/人	出院人数/人
湖北省	12 491 223	12 344 156
武汉市	2 849 667	2 823 802
恩施州	794 025	783 083

表 1.10　2022 年湖北省、武汉市及恩施州医疗卫生机构门诊服务情况

地区	总诊疗人次	门、急诊人次	小计	门诊人次	急诊人次
湖北省	343 320 075	322 819 458	70 171 327	32 499 630	1 041 397
武汉市	81 601 334	75 713 494	5 542 167	542 167	1 267 134
恩施州	17 843 967	16 727 476	15 586 005	1 141 397	1 141 471

表 1.11　2019—2022 湖北省、武汉市及恩施地区医院病床使用情况[①]

年份	地区	实际开放总床位/床日	实际占用总床日数/床日	出院者占用总床日数/床日	病床使用率/%	出院者平均住院日/天
2019	湖北省	102 098 803	94 019 598	92 226 202	92.09	9.3
	武汉市	28 743 035	27 271 192	26 836 989	94.88	9.2
	恩施州	6 024 402	5 722 556	5 334 752	94.99	9.4
2020	湖北省	101 937 192	73 466 084	72 286 440	72.07	10.1
	武汉市	26 824 414	18 573 850	18 360 135	69.24	10.4
	恩施州	5 870 123	4 191 102	4 132 040	71.40	9.70
2021	湖北省	109 673 559	86 566 638	85 229 614	78.93	9.4
	武汉市	29 428 575	23 714 427	23 446 903	80.58	8.9
	恩施州	6 211 545	4 855 201	4 809 373	78.16	9.2

---

① 湖北省卫生健康委员会.2022 年全省分地区医院病床使用情况［EB/OL］.（2023-10-25）［2024-04-09］https://wjw.hubei.gov.cn/zfxxgk/fdzdgknr/tjxx/2023/202310/t20231025_4912771.shtml

表1.11(续)

年份	地区	实际开放总床位/床日	实际占用总床日数/床日	出院者占用总床日数/床日	病床使用率/%	出院者平均住院日/天
2022	湖北省	112 222 396	86 606 917	84 787 900	77.17	9.2
	武汉市	29 496 968	27 789 808	22 489 819	77.26	8.6
	恩施州	6 618 881	4 892 011	4 560 298	73.75	8.6

表 1.12 2020—2022 年湖北省、武汉市及恩施州医疗卫生机构门诊服务情况

年份	地区	总诊疗人次	其中：门、急诊人次		
			小计	门诊人次	急诊人次
2020	湖北省	294 576 376	281 078 567	268 924 061	12 154 506
	武汉市	64 502 576	61 653 704	57 769 813	3 883 891
	恩施州	15 797 116	14 820 733	14 012 506	808 227
2021	湖北省	343 983 592	321 505 585	305 999 355	15 506 230
	武汉市	89 305 395	81 819 871	76 278 138	5 541 733
	恩施州	17 187 413	16 205 979	15 187 860	1 018 119
2022	湖北省	343 320 075	322 819 458	306 628 575	16 190 883
	武汉市	81 601 334	75 713 494	70 171 327	5 542 167
	恩施州	17 843 967	16 727 476	15 586 005	1 141 471

1.2.4 贵州铜仁市经济社会发展与医疗卫生状况 ①

1.2.4.1 贵州铜仁市经济社会发展与城乡居民收支状况

（1）贵州铜仁市经济社会发展状况

贵州省铜仁市地处黔、湘、渝三省市结合部，位于武陵山区腹地，自古有"黔中各郡邑，独美于铜仁"的美誉。截至 2023 年 4 月底，铜仁市辖碧江区、万山区、松桃苗族自治县、玉屏侗族自治县、印江土家族苗族自治县、沿河土家族自治县、江口县、石阡县、思南县、德江县，下设

---

① 铜仁市统计局. 铜仁市 2022 年国民经济和社会发展统计公报［R/OL］. (2023-05-18) ［2024-04-10］. https://www.TRS.gov.cn/zfsj/tjgb_5764697/202305/t20230518_79793276. html.

173 个乡镇、210 个居委会、2 745 个村委会。铜仁市东临湖南、北接重庆，素有"黔东门户"之称。铜仁市市域面积 1.8 万平方千米，辖 2 区 8 县、8 个省级经济开发区、2 个省级高新技术产业开发区、1 个省级大健康医药产业示范区。铜仁市是一个多民族聚居的城市，聚居着汉族、苗族、侗族、土家族、仡佬族等 29 个民族，总人口 449.1 万，少数民族人数占总人口的 71.75%，是国家卫生城市、国家森林城市、全国民族团结进步示范市、平安中国建设示范市，是首批国家智慧城市试点市、交通强国试点市、国家级跨境电商综合试验区，首批全国市域社会治理现代化试点市①。

2022 年贵州省铜仁市实现地区生产总值 1 477.19 亿元，相较于 2021 年增长 1%。其中第一产业增加值为 331.88 亿元；第二产业增加值为 342.12 亿元；第三产业增加值为 803.18 亿元（见表 1.13）②。根据图 1.6 可知，2018—2022 年铜仁市地区生产总值呈现出以递减的增速增长的趋势。这五年铜仁地区第三产业增加值在总增加值中占据主导地位，且保持持续增长的态势，自 2018 年占比 49% 增加到 2022 年占比 54.3%，增长 5.3%；第二产业占比整体呈现降低趋势，五年累计降低 5.1%；而第一产业比基本维持在 21% 左右，无明显变化（见图 1.7）。

表 1.13　2019—2022 年铜仁市地区内生产总值

指标	2019 年	2020 年	2021 年	2022 年
地区生产总值/亿元	1 249.16	1 327.79	1 462.6	1 477.185 5
人均地区生产总值/元	39 298	40 269	44 440	45 126
地区生产总值/%	8	4.4	8.6	0.348 3
人均地区生产总值/%	7.5	4	8.8	0.9

---

① 铜仁市统计局. 铜仁市 2022 年国民经济和社会发展统计公报［R/OL］.（2023－05－18）［2024－04－10］.https://www.trs.gov.cn/zfsj/tjgb_5764697/202305/t20230518_79793276.html.
② 铜仁市统计局. 铜仁市 2022 年国民经济和社会发展统计公报［R/OL］.（2023－05－18）［2024－04－10］.https://www.trs.gov.cn/zfsj/tjgb_5764697/202305/t20230518_79793276.html.

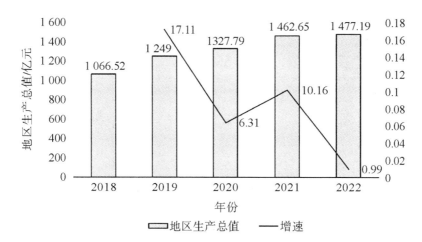

图 1.6　2018—2022 年铜仁市地区生产总值及增速

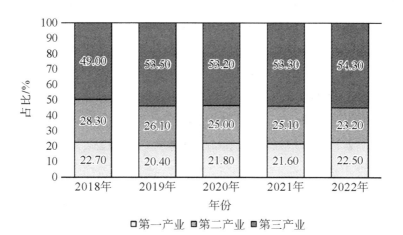

图 1.7　2018—2022 年铜仁市三次产业占比

2022 年，贵州省铜仁市常住人口 326.43 万人，相较于 2021 年降低了 0.56%。但与 2018 年 316.88 万常住人口相比，绝对值增加了 9.55 万人次，增幅达到 3.01%。铜仁市户籍人口数量也从 2018 年的 443.86 万人增长至 2022 年的 449.10 万人①，铜仁市户籍人口数量在 2021 年达到峰值，为 449.30 万人。由图 1.8 可知，2018—2021 年，铜仁市处于人口净流入的状态；2021—2022 年，铜仁市户籍人口数量出现了降低的情况。

----

① 铜仁市统计局. 铜仁市 2022 年国民经济和社会发展统计公报［R/OL］.（2023-05-18）［2024-04-10］.https://www.trs.gov.cn/zfsj/tjgb_5764697/202305/t20230518_79793276.html.

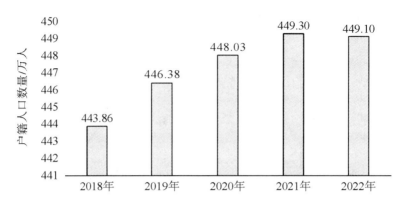

图 1.8　2018—2022 年铜仁市户籍人口数量

（2）贵州铜仁市城乡居民收支状况

2022 年，铜仁市城镇居民人均可支配收入为 38 475.17 元，同比增长 4.9%；城镇居民人均消费性支出 23 103 元，同比下降 2.5%；农村常住居民人均可支配收入 13 116 元，同比增长 6.7%①。铜仁市人均可支配收入如表 1.14 所示，铜仁市城镇居民人均可支配收入由 2018 年的 29 422.35 元增长至 2022 年的 38 475.17 元；农村居民人均可支配收入由 9 267.12 元增长至 13 116 元，说明铜仁市城乡经济发展和居民生活水平有所提高。

表 1.14　2018—2022 年铜仁市城乡居民人均可支配收入情况

单位：元

年份	2018	2019	2020	2021	2022
城镇居民人均可支配收入/元	29 422.35	32 158.25	33 798.00	36 684.10	38 475.17
农村居民人均可支配收入/元	9 267.12	10 258.57	11 100.24	12 291.30	13 116.00

数据来源：中国国家统计局。

同时，铜仁市农村居民人均生活消费支出和城镇居民人均生活消费支出也呈增长趋势，但增速略低于人均可支配收入。其中，农村与城镇常住居民人均生活消费支出在 2019 年出现了明显的增长，而在 2020 年都出现了下降（见图 1.9），这可能与国家政策调整有关。

---

① 铜仁市统计局. 铜仁市 2022 年国民经济和社会发展统计公报［R/OL］.（2023-05-18）［2024-04-10］.https://www.trs.gov.cn/zfsj/tjgb_5764697/202305/t20230518_79793276.html.

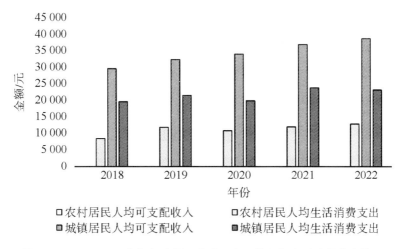

图 1.9　2018—2022 年铜仁市居民人均可支配收入与生活消费支出情况

1.2.4.2　贵州铜仁市政府医疗卫生支出与医疗卫生服务情况

（1）贵州铜仁市政府医疗卫生支出状况

政府医疗卫生支出方面，贵州铜仁市地区政府在医疗卫生方面的支出相对较为稳定，有着较高的投入。由图 1.10 可以看出，一般公共预算支出的总量在 2018—2020 年有逐年增加的趋势，由 2018 年的 409.43 亿元增长到了 2020 年的 458.69 亿元，但值得注意的是，在 2020—2022 年，尽管一般公共预算支出出现了下降趋势，由 2020 年的 458.69 亿元下降至 2022 年的 446.28 亿元，但是医疗卫生支出的比重却相对稳定。医疗卫生支出虽然总量相对于一般公共预算支出较小，但是它在这些年中也一直有逐年增加的趋势，由 2018 年的 45.69 亿元增长至 2022 年的 58.03 亿元①。其中，医疗卫生支出占一般公共预算支出的比例也呈现逐年增加的趋势，从最初2018 年的 11.16%，到 2022 年已经达到了 13.00%。这说明政府加大了对医疗卫生领域的投入，使其占比逐步提升。这对于提高人民群众的医疗保障水平具有非常积极的意义。

---

① 铜仁市统计局. 2022 铜仁统计年鉴［R/OL］.（2023-06-08）［2024-04-10］.https://www.trs.gov.cn/zfsj/tjnj/202306/t20230608_80112068.html.

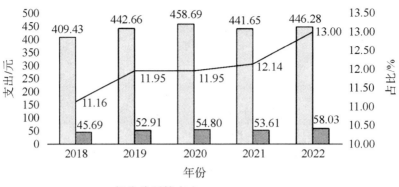

图 1.10 2018—2022 年铜仁市医疗卫生支出及占比

（2）贵州铜仁市医疗卫生服务情况

截至 2022 年年末，贵州省铜仁市共有卫生机构 3 429 个，卫生机构床位 28 524 张，卫生技术人员 27 876 人。通过表 1.15 可发现，2018—2022年铜仁市卫生机构床位数与卫生机构人员数保持持续增长，卫生机构数除了在 2019 年有明显减少后，2020—2022 年同样保持了持续增长的态势，说明铜仁市基本卫生医疗条件稳步提升；同时，铜仁市乡镇卫生院与村卫生室的数量总体呈现减少的趋势，分别由 2018 年的 152 个和 2 827 减少至2021 年的 145 个与 2 768 个（见表 1.15）。

表 1.15 2018—2022 年铜仁市基本医疗卫生条件

名称	2018	2019	2020	2021	2022
卫生机构数/个	3 443	3 394	3 412	3 441	3 429
卫生机构床位数/张	19 569	21 126	26 625	28 066	28 524
卫生机构人员数/人	22 191	24 063	25 286	26 595	27 876
医院/个	107	115	115	124	—
妇幼保健院（站、所）/个	11	11	11	11	—
专科疾病防治院（站、所）/个	0	0	0	0	—
诊所、卫生所、医务室/个	237	235	247	256	—
社区卫生服务中心（站）/个	76	92	98	109	—

表1.15(续)

名称	2018	2019	2020	2021	2022
乡镇卫生院/个	152	147	146	145	—
村卫生室/个	2 827	2 763	2 768	2 768	—

数据来源：贵州铜仁市统计局。

1.2.5　重庆秀山县经济社会发展与医疗卫生状况①

1.2.5.1　重庆秀山县经济社会发展与城乡居民收支状况

（1）重庆秀山县经济社会发展状况

秀山土家族苗族自治县，隶属重庆市，位于重庆市东南部，武陵山脉中段，四川盆地东南缘外侧，为重庆东南部重要门户。秀山县东临湖南省龙山县、保靖县、花垣县，西南连贵州省松桃苗族自治县，北接酉阳土家族苗族自治县，其居民以土家族、苗族为主，另有瑶族、侗族、白族、布依族等少数民族，共30个民族。秀山县总面积2 462平方千米，境内平坝、丘陵、山地各占三分之一，县境中部是武陵山区最大的平坝（758平方千米），辖5个街道、22个乡镇，素有"湘黔锁钥、武陵明珠"和"小成都"的美誉。2022年，秀山县户籍人口67.40万人，比上年增长0.08万人，其中，乡村人口45.40万人。秀山县全年人口出生率为7.50‰，死亡率为5.76‰，人口自然增长率为1.74‰。

如表1.16、图1.11和图1.12所示，2022年，秀山县实现地区生产总值262.52亿元，较上年增长4.3%。其中，第一产业实现增加值23.02亿元，增长3.8%；第二产业实现增加值100.28亿元，增长4.1%；第三产业实现增加值139.22亿元，增长4.5%；分别拉动经济增长0.3、1.5、2.5个百分点②。可见，秀山县在过去几年中保持了稳定的经济增长，并且第三产业的发展对经济增长起到重要作用，民营经济和医疗保险覆盖率也表现出较高水平。

---

① 秀山县统计局. 秀山土家族苗族自治县2022年国民经济和社会发展统计公报［R/OL］.（2023-03-31）［2024-04-10］. http://www.cqxs.gov.cn/bm/tjj/zwgk_77940/fdzdgknr_77942/tjxx/sjfb/tjgb/202304/t20230403_11841644. html.

② 秀山县统计局. 秀山土家族苗族自治县2022年国民经济和社会发展统计公报［R/OL］.（2023-03-31）［2024-04-10］. http://www.cqxs.gov.cn/bm/tjj/zwgk_77940/fdzdgknr_77942/tjxx/sjfb/tjgb/202304/t20230403_11841644. html.

表 1.16　2017—2022 年秀山县生产总值

年份	地区 生产总值 /万元	第一产业 /万元	第二产业 /万元	第三产业 /万元	人均地区 生产总值 /元
2017	2 285 556	212 405	1 017 846	1 055 305	47 280
2018	2 603 809	230 797	1 111 700	1 261 312	53 897
2019	2 830 091	269 125	1 234 022	1 326 944	58 196
2020	3 012 682	315 723	1 187 002	1 509 957	60 893
2021	3 409 351	330 299	1 264 408	1 814 644	68 661
2022	3 582 143	348 026	1 100 439	2 133 678	72 096

数据来源：重庆市统计局。

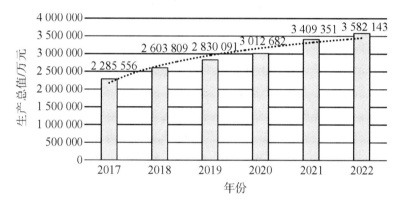

图 1.11　2017—2022 年秀山县生产总值

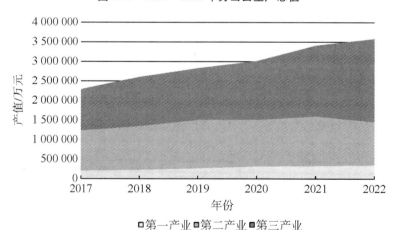

图 1.12　2017—2022 年秀山县三种产业产值概览

（2）重庆秀山县城乡居民收支状况

秀山县居民收入稳步增长，2022 年秀山县居民人均可支配收入 28 337 元，比上年增长 9.2%，其中，城镇常住居民人均可支配收入 42 421 元，比上年增长 4.9%；农村居民人均可支配收入 15 873 元，比上年增长 7.1%（见图 1.17）①。

秀山县农村居民人均可支配收入在逐年增加，从 2019 年的 12 261 元增加到了 2022 年的 15 873 元。秀山县城镇常住居民人均可支配收入也在逐年增加，从 2019 年的 35 199 元增加到了 2022 年的 42 421 元。这表明该地区的居民生活水平正在提高。秀山县农村居民人均消费性支出从 2019 年的 10 369 元增加到了 2022 年的 13 102 元，而秀山县城镇居民人均消费性支出则从 2019 年的 19 053 元增加到了 2022 年的 22 797 元（见表 1.17）。然而，虽然整体居民人均消费性支出在逐年增加，但农村居民人均消费性支出的增长速度明显低于城镇居民，这可能意味着农村居民的生活水平仍然相对较低，消费能力有限，反映了城乡之间的差距，需要政府和社会各界共同努力解决。

表 1.17　2019—2022 年秀山县居民可支配收入

指标	2019 年	2020 年	2021 年	2022 年
全县居民：				
人均可支配收入/元	21 862	23 673	25 954	28 337
人均消费性支出/元	14 004	14 615	16 422	17 654
人民生活（城镇）：				
人均可支配收入/元	35 199	27 853	29 774	42 421
人均消费性支出/元	19 053	19 563	21 814	22 797
人民生活（农村）：				
人均可支配收入/元	12 261	17 813	18 739	15 873
人均消费性支出/元	10 369	10 811	12 278	13 102

数据来源：秀山县统计局。

---

① 秀山县统计局. 秀山土家族苗族自治县 2022 年国民经济和社会发展统计公报［R/OL］. (2023-03-31)［2024-04-10］. http://www.cqxs.gov.cn/bm/tjj/zwgk_77940/fdzdgknr_77942/tjxx/sjfb/tjgb/202304/t20230403_11841644.html.

1.2.5.2 重庆秀山县政府医疗卫生支出与医疗卫生服务情况

(1) 重庆秀山县政府医疗卫生支出状况

2022 年，秀山县一般公共预算收入 17.05 亿元，比上年增长 19.1%。一般公共预算支出 61.77 亿元，比上年增长 15.9%。其中，卫生健康支出 4.78 亿元，占公共预算支出的 7.74%，和 2021 年相比，下降了 6.7%[①]。

从 2017 年至 2022 年，秀山县的卫生支出有所波动，2017—2020 年呈现上升趋势，表明县政府对医疗卫生事业的投资和支持力度在不断增加。2021—2022 年秀山县卫生支出有所下降，2022 年秀山县卫生健康支出为 4.78 亿元，与 2021 年相比下降了 6.7%（见表 1.18）。

表 1.18　2017—2022 年秀山县医疗卫生支出

年份	2017	2018	2019	2020	2021	2022
卫生支出/万元	54 025	62 666	67 193	78 386	51 223	47 800

(2) 重庆秀山县医疗卫生服务情况

截至 2021 年年末，秀山县共有卫生机构 351 个，其中医院、卫生院 40 个；全县共有卫生技术人员 4 369 人，其中执业（助理）医师 1 132 人，注册护士 1 602 人；医院拥有床位 3 758 张（见表 1.19）。随着卫生机构、配套设施、医护人员的数量不断增加，秀山县的医疗保障水平有所改善。

表 1.19　2019—2021 年秀山县基本医疗条件

指标	2019 年	2020 年	2021 年
卫生机构数/个	355	347	351
卫生机构床位数/张	3 331	3 474	3 758
卫生机构人员数/人	4 104	4 215	4 369
医院、卫生院/个	39	40	40
执业（助理）医师/人	1 033	2 083	1 132
注册护士/人	1 408	1 515	1 602

数据来源：EPS 数据库。

---

① 秀山县统计局. 秀山土家族苗族自治县 2022 年国民经济和社会发展统计公报[R/OL]. (2023-03-31)[2024-04-10]. http://www.cqxs.gov.cn/bm/tjj/zwgk_77940/fdzdgknr_77942/tjxx/sjfb/tjgb/202304/t20230403_11841644.html.

表1.20~表1.26，说明了截至2021年年末秀山县的医疗条件，具体如下。

表1.20　2021年秀山县基层医疗卫生机构数①

总计	社区卫生服务中心	社区卫生服务站	街道卫生院	乡镇卫生院	村卫生室	门诊部（医务室）	诊所（医务室）
334	4	–	–	23	234	5	68

数据来源：重庆卫生健康统计年鉴（2022）。

表1.21　2021年秀山县村卫生室基本情况

机构数/个	设村卫生室的村数占比/%	总收入/万元	总支出/万元	总诊疗人次数/万人次
234	89.59	1 609.3	1 438	91.03

数据来源：重庆卫生健康统计年鉴（2022）。

表1.22　2021年秀山县医疗卫生机构门诊服务情况

总诊疗人次/万人次	门、急诊人次/人次	门诊人次/人次	急诊人次/人次	观察室留观病例数/万例	健康检查人数/万人
321.91	304.75	296.55	8.2	0.06	13.55

数据来源：重庆卫生健康统计年鉴（2022）。

表1.23　2021年秀山县医疗卫生机构住院服务情况

入院人数/万人	出院人数/万人	住院病人手术次数/万次	百分百门、急诊的入院人数/人	死亡率/%
12.86	12.83	2.62	7.51	0.16

数据来源：重庆卫生健康统计年鉴（2022）。

表1.24　2021年秀山县医院门诊服务情况

总诊疗人次/万人次	门、急诊人次/人次	门诊人次/人次	急诊人次/人次	观察室留观病例数/万例	健康检查人数/万人	急诊病死率/%
93.82	92.2	86.08	6.12	0.06	3.66	0.02

数据来源：重庆卫生健康统计年鉴（2022）。

---

① 重庆市卫生健康委员会. 重庆卫生健康统计年鉴（2022）［R/OL］.(2023-03-31)［2024-05-10］.http://www.wsjkw.cq.gov.cn/zwgk_242/fdzdgknr/tjxx/sjzl/ndzl/202212/W020230329604980860655.pdf.

秀山县医疗卫生机构数量与设施配置：截至 2021 年年底，全县各类医疗卫生机构总数为 334 个，其中包括社区卫生服务中心、服务站、街道卫生院、乡镇卫生院、村卫生室以及门诊部（医务室）。秀山县内村卫生室的数量较多，有助于基层医疗服务网络的构建，反映出县域医疗卫生网络正逐步完善。

表 1.25　2022 年重庆市秀山县乡镇卫生院医疗服务情况

行政区划	总诊疗人次/万人次	门急诊人次/万人次	占基层总诊疗量比例/%	入院人数/万人	出院人数/万人	病床使用率/%	平均住院日/天	医师日均担负诊疗人次/人次	住院床日数/床日
重庆市	2 242.8	2 102.25	22.04	168.77	169.33	73.75	6.84	6.95	2.51
都市区	1 090.91	1 013.96	16.81	65.33	66.16	71.17	7.37	7.02	2.21
秀山县	52.19	43.39	24.68	4.05	4.04	70.08	5.57	6.73	2.01

数据来源：重庆卫生健康统计年鉴（2022）。

表 1.26　2022 年重庆市及秀山县村卫生室机构、人员、诊疗人次情况

行政区划	村卫生室机构数/个	卫生人员/人	乡村医生/人	卫生员/人	卫生技术员/人	执业（助理）医师/人	乡村全科执业助理医师/人	注册护士/人	总诊疗人次/万人次
重庆市	9 495	17 879	13 290	49	4 553	4 398	1 370	142	2 683.92
都市区	4 299	8 434	5 928	25	2 919	2 553	731	124	1 285.90
秀山县	234	442	421	9	12	9		3	91.03

数据来源：重庆卫生健康统计年鉴（2022）。

秀山县医疗卫生资源总量与结构情况如下：

①床位数和技术人员配置。秀山县卫生机构床位数从 2019 年的 3 331 张增加到 2021 年的 3 758 张，卫生技术人员数也相应增加，这有助于提高秀山县医疗服务能力和接纳患者的能力。

②村卫生室服务。2021 年，秀山县共有 234 个村卫生室，设村卫生室的村数占比达到 89.95%，在基层医疗服务中发挥着重要作用。

③门诊服务。秀山县的医疗卫生机构门诊服务人次逐年增长，从 2019 年的约 295.55 万人次增加到 2021 年的 321.91 万人次，显示了当地居民医疗服务需求的提升。

④住院服务。秀山县入院、出院人数逐年增加，且手术次数也有所增

长，但死亡率较低，证明秀山县在住院医疗服务质量和安全性上具有较高水平。

⑤卫生机构数量变迁。2019 年至 2021 年，秀山县的医疗卫生机构数有所减少，从 2019 年的 355 个减少到 2021 年的 334 个，这可能是政府对其进行了优化整合，使秀山县医疗卫生网络的逐步完善。

与重庆市其他区县和都市区相比，秀山县在医疗服务人次、床位使用率、医疗费用等方面存在一定差距，例如，秀山县次均门诊费用和人均住院费用较低，但村卫生室服务和基层医疗机构诊疗人次占有一定比例，显示出其在秀山县农村和基层医疗服务上有着重要地位。

总结而言，重庆秀山县的医疗卫生体系在过去的数年中有了明显的进步，主要体现在医疗卫生资源的扩充、服务人次的增加和服务质量的提高等方面，但秀山县还需进一步优化资源配置，加强基层医疗服务能力建设，以适应和满足人民群众日益增长的健康需求。同时，医疗保健支出的情况也应是秀山县今后关注的重点之一。

1.3 武陵山样本地区城乡居民医疗费用支出状况分析

1.3.1 全国及武陵山片区所在省份医疗费用支出概况

1.3.1.1 全国次均医疗费用及城乡居民医疗保健费用支出概况

从表 1.27 可以看出，全国城镇居民人均消费支出从 2019 年的 28 063.4 元增长到 2023 年的 2 994 元，说明城镇居民的消费水平总体上是呈上升趋势的。全国城镇居民人均医疗保健支出从 2019 年的 2 282.7 元增长到 2023 年的 2 460 元，可以看出城镇居民用于医疗保健方面的支出也是逐年增加的。全国城镇居民医疗保健支出占消费性支出的比例始终保持在 8% 左右，可见用于医疗保健方面的支出并没有显著增加或减少。

表 1.27　2019—2023 年全国城乡居民医疗保健费用支出及次均医疗费用情况

指标	2019 年	2020 年	2021 年	2022 年	2023 年
城镇居民人均年消费支出/元	28 063.4	27 007.4	30 307.0	30 391.0	32 994.0

指标	2019 年	2020 年	2021 年	2022 年	2023 年
城镇居民人均医疗保健支出/元	2 282.7	2 172.2	2 115	2 480.7	2 460
城镇居民医疗保健支出占消费性支出/%	8.1	8.0	8.8	8.2	7.5
农村居民人均年消费支出/元	13 327.7	13 713.4	15 916.0	16 632.0	18 175.0
农村居民人均医疗保健支出/元	1 420.8	1 417.5	1 579.6	1 632.5	1 916.0
农村居民医疗保健支出占消费性支出/%	10.7	10.3	9.9	9.8	10.5
门诊病人次均医药费/元	290.8	324.4	329.1	342.7	——
住院病人人均医药费/元	9 848.4	10 619.2	11 002.3	10 860.6	——

数据来源：国家卫生和计划生育委员会、国家中医药管理局。

全国农村居民人均消费支出从 2019 年的 13 327.7 元增长到 2023 年的 18 175 元，同样呈现出上升的趋势。全国农村居民人均医疗保健支出：从 2019 年的 1 420.8 元增长到 2023 年的 1 916 元，可以看到农村居民用于医疗保健方面的支出也有一定的增长。全国农村居民医疗保健支出占消费性支出的比例保持在 10% 左右。

全国门诊病人次均医药费从 2019 年的 290.8 元增长到 2022 年的 342.7 元，可以看出门诊病人的医药费也在逐年增加。全国住院病人人均医药费从 2019 年的 9 848.4 元 2022 年的 10 860.6 元，可以看出住院病人的医药费也在逐年增加。全国门诊病人次均医药费和住院病人人均医药费也都有所上升，这可能意味着医疗服务的价格在上涨或者人们更加重视健康问题并愿意为此付出更多的费用。

从表 1.27、图 1.13 和图 1.14 中可以看出，无论是城镇还是农村，人均消费支出都在逐年增加。同时，城镇居民的人均医疗保健支出也在逐年增长，但其在总消费支出中的比例保持稳定。而农村居民的人均医疗保健支出虽然也在增长，但在总消费支出中的比例却有所下降。

图 1.13　2012—2023 年中国人均医疗保健支出：城镇

数据来源：WWW.CEICDATA.COM；National Bureau of Statistics.

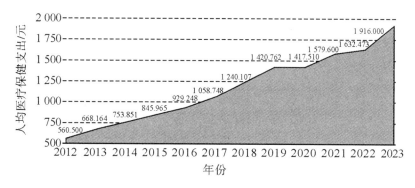

图 1.14　2012—2023 年中国人均医疗保健支出：农村

数据来源：WWW.CEICDATA.COM；National Bureau of Statistics.

总的来说，随着经济的发展和社会的进步，人们的消费水平不断提高，其中医疗保健方面的支出也在逐渐增加。同时，由于受人口老龄化等因素的影响，门诊和住院病人的医药费也在逐年增加。然而，在农村地区，尽管医疗保健支出绝对值增加了，但由于其他消费的增长更快，所以医疗保健支出占总消费的比例反而降低了，这反映出农村地区的医疗资源和服务还有待改善和提升。

1.3.1.2　武陵山片区所在省份平均医疗费用情况

表 1.28 列出了 2017—2020 年湖北、湖南、重庆和贵州四个省市的卫生总费用、卫生总费用占 GDP 的比重以及人均卫生总费用的数据。从卫生总费用来看，四个省份的卫生总费用都呈现逐年增长的趋势，这表明四个省份的医疗卫生事业均得到了发展，投入在医疗卫生领域的资金增多。从

卫生总费用占 GDP 的比重来看，四个省份的比重总体也都呈现增长趋势，其中贵州的比重最高，这表明四个省份的医疗卫生事业在经济发展中的地位越来越重要，医疗卫生领域得到的投入相对较多。从人均卫生总费用来看，四个省份的人均卫生总费用也呈现增长趋势，这表明四个省份的居民享受到的医疗卫生服务的质量和水平在提高。

表 1.28　2017—2020 年武陵山片区所在省份卫生总费用及其占比、次均医疗费用

指标	地区	2017 年	2018 年	2019 年	2020 年
卫生总费用/亿元	湖北	2 174.45	2 337.93	2 580.95	3 449.84
	湖南	2 147.28	2 484.4	2 771.68	2 878.3
	重庆	1 179.67	1 374.3	1 415.43	1 559.6
	贵州	1 044.07	1 206.76	1 390.84	1 490.37
卫生总费用占 GDP 的比重/%	湖北	6.15	5.56	5.63	7.94
	湖南	6.21	6.84	6.97	6.89
	重庆	6.05	6.37	6	6.24
	贵州	7.71	7.86	8.29	8.36
人均卫生总费用/元	湖北	3 698.89	3 951.21	4 354.57	5 973.48
	湖南	3 130.08	3 601.22	4 006.25	4 331.86
	重庆	3 836.11	4 430.65	4 530.36	4 860.2
	贵州	2 916.38	3 352.12	3 838.96	3 863.05

数据来源：国家卫生和计划生育委员会、国家中医药管理局。

综合来看，表 1.28 数据显示出四个省份的医疗卫生事业都在不断发展，投入在医疗卫生领域的资金增多，卫生总费用占 GDP 的比重也在增长，居民享受到的医疗卫生服务的质量和水平也在提高。

表 1.29 给出了武陵山片区所在省份（湖北、湖南、重庆和贵州）在 2017—2021 年门诊及住院人次的平均医药费用的变化情况。

从门诊病人次均医药费来看，湖北省的费用从 2017 年的 229.1 元增长至 2021 年的 291.8 元；湖南省的费用从 2017 年的 279.4 元增长至 2021 年的 344 元；重庆市的费用从 2017 年的 296.7 元逐年增长至 2021 年的 374.1 元；贵州省的费用从 2017 年的 232.3 元逐年增长至 2021 年的 275.3 元。

从住院病人人均医药费来看，湖北省的费用从 2017 年的 8 512.7 元逐

年增长至 2021 年的 11 224.1 元；湖南省的费用从 2017 年的 7 748.3 元逐年增长至 2021 年的 9 093.3 元；重庆市的费用从 2017 年的 7 885.1 元逐年增长至 2021 年的 9 697.6 元；贵州省的费用从 2017 年的 5 727.9 元逐年增长至 2021 年的 6 690.7 元。

表 1.29 2017—2021 年武陵山片区所在省份门诊及住院次均费用

指标	地区	2017	2018	2019	2020	2021
门诊病人次均医药费/元	湖北	229.1	243.6	265.6	300.8	291.8
	湖南	279.4	290.7	320.2	345.6	344
	重庆	296.7	320.1	329.9	363.1	374.1
	贵州	232.3	236.2	252.6	274.3	275.3
住院病人人均医药费/元	湖北	8 512.7	9 088.8	9 793.9	11 174.1	11 224.1
	湖南	7 748.3	8 020.7	8 433.1	8 777.8	9 093.3
	重庆	7 885.1	8 145.3	8 527.5	9 412.1	9 697.6
	贵州	5 727.9	5 730.7	6 177.6	6 584.8	6 690.7

整体来看，武陵山片区所在的四省份在门诊和住院病人的人均医药费用方面都有不同程度的增长。从中可以观察到以下五点：

（1）在所有省份中，门诊病人的次均医药费用和住院病人的人均医药费用总体上有所增加，这表明无论是门诊治疗还是住院治疗，患者的医疗花费总体上有所增长。

（2）截至 2021 年年末湖北省的住院病人的人均医药费用是最高的，且增长速度较快，这可能与该地区的医疗资源丰富程度有关，也可能是因为当地的医疗成本较高。

（3）截至 2021 年年末贵州省的门诊病人的次均医药费用和住院病人的人均医药费用最低，而且增长速度较慢，这可能是由于该地区的医疗资源较为有限，或者是当地医疗成本较低。

（4）各个省份之间人均医药费用存在差异，这种差异可能与各地的医疗资源分布、医疗技术水平、患者就医习惯等多种因素有关。

（5）整体而言，医疗费用的增加可能会给患者带来更大的经济负担，同时也可能导致医保基金的压力增大。因此，政府需要通过优化医疗资源配置、加强医疗监管等方式来控制医疗费用的不合理增长。

表 1.30 和表 1.31 给出了武陵山区所在省份（湖北、湖南、重庆和贵州）城乡居民医疗保健支出的情况。

表 1.30　2017—2020 年武陵山片区所在省份城镇居民医疗保健支出情况

指标	地区	2017 年	2018 年	2019 年	2020 年
城镇居民人均医疗保健支出/元	湖北	1 792.0	2 165.5	2 471.4	1 922.3
	湖南	1 362.6	1 693.0	2 305.2	2 350.5
	重庆	1 700.0	1 882.5	2 359.1	2 445.3
	贵州	1 050.1	1 244.0	1 850.8	1 706.6
城镇居民医疗保健支出占消费性支出/%	湖北	8.9	10.2	9.4	8.4
	湖南	6.4	7.3	8.6	8.8
	重庆	8.1	8.3	9.1	9.2
	贵州	5.5	6.1	8.6	8.3

表 1.31　2017—2020 年武陵山片区所在省份农村居民医疗保健支出情况

指标	地区	2017 年	2018 年	2019 年	2020 年
农村居民人均医疗保健支出/元	湖北	1 213.5	1 438.3	1 921.8	1 558.5
	湖南	986.5	1 171.8	1 614.5	1 706.6
	重庆	852.3	883.9	1 262.3	1 560.1
	贵州	527.8	602.5	878.3	959.4
农村居民医疗保健支出占消费性支出/%	湖北	11.1	12.4	12.5	10.8
	湖南	9.3	10.2	11.6	11.4
	重庆	8.6	8.1	9.6	11
	贵州	7	7.3	8.6	8.9

从 2017 年到 2020 年，湖北的城镇居民人均医疗保健支出从 1 792 元增长到 1 922.3 元，湖南从 1 362.6 元增长到 2 350.5 元，重庆从 1 700 元增长到 2 445.3 元，贵州从 1 050.1 元增长到 1 706.6 元。同时，城镇居民医疗保健支出占消费性支出的比例也有所变化，湖北从 8.9%降低到 8.4%，湖南从 6.4%增长到 8.8%，重庆从 8.1%增长到 9.2%，贵州从 5.5%增长到 8.3%。

从 2017 年到 2020 年，湖北的农村居民人均医疗保健支出从 1 213.5

元增长到 1 558.5 元，湖南从 986.5 元增长到 1 706.6 元，重庆从 852.3 元增长到 1 560.1 元，贵州从 527.8 元增长到 959.4 元。同时，农村居民医疗保健支出占消费性支出的比例也有所变化，湖北从 11.1% 降低到 10.8%，湖南从 9.3% 增长到 11.4%，重庆从 8.6% 增长到 11%，贵州从 7% 增长到 8.9%。

从以上数据可以看出，武陵山片区所在省份无论是城镇居民还是农村居民，医疗保健支出都在增加，并且占消费性支出的比例总体也在提高。因此，可以得出以下四个结论：

（1）武陵山片区所在省份的医疗保健支出在不断增长。无论是城镇居民还是农村居民，武陵山片区所在省份人均医疗保健支出都在增加，这表明医疗保健的负担正在加重。

（2）医疗保健支出占消费性支出的比例也在增加。无论是城镇居民还是农村居民，武陵山片区所在省份医疗保健支出占消费性支出的比例总体都在上升，这表明医疗保健的费用已成为居民生活中重要比例。

（3）不同省份之间的医疗保健支出存在差距，这可能与各省份的经济发展水平、医疗资源分配等因素有关。

（4）武陵山片区所在省份农村居民医疗保健支出占消费性支出的比例要普遍高于城镇居民，这主要是由于农村居民的收入增长对医疗保健支出的影响更为显著，以及农村居民在医疗保健方面的需求和支出增长速度较快。同时，社会经济因素在不同地区对医疗保健消费支出的影响程度也存在差异，这可能与农村地区的医疗资源不足、农民收入水平低等有关。

总之，医疗保健费用支出的增加加重了城乡居民的负担。因此，需要建立完善的医疗保障体系化解医疗费用支出。

1.3.2 样本地区各地居民医疗费用支出分析

1.3.2.1 湖南湘西州医疗保健费用支出

表 1.32 为湘西州城乡居民医疗保健费用支出情况。

表 1.32 2017—2020 年湘西州城乡居民医疗保健费用支出情况

指标	2017 年	2018 年	2019 年	2020 年
城镇居民可支配收入/元/人	33 947.9	36 698.3	39 841.9	41 697.5
城镇居民医疗保健支出/元/人	1 693.0	2 034.4	2 305.2	2 350.5

指标	2017 年	2018 年	2019 年	2020 年
城镇居民医疗保健支出比重/%	7.3	8.1	8.6	8.8
农村居民消费支出/元/人	11 533.6	12 720.5	13 968.8	14 974.0
农村居民医疗保健支出/元/人	1 171.8	1 385.5	1 614.5	1 706.6
农村居民医疗保健支出比重/%	10.2	10.9	11.6	11.4

数据来源：EPS 数据库。

根据表 1.32，可以发现：

（1）医疗保健支出：无论是全体居民还是细分到城镇、农村居民，湘西州医疗保健支出均逐年增加，反映出居民对健康保障的需求日益增长，以及随着生活水平提升，对医疗保健服务投入的重视程度也不断加深。具体表现为医疗保健支出占总消费支出的比例逐年上升，2017 年至 2020 年，湘西州城镇居民的医疗保健支出占比从 7.3%增长到 8.8%，农村居民的医疗保健支出占比则从 10.2%波动上升至 11.4%。

（2）农村居民消费支出与医疗保健支出：湘西州农村居民的消费支出也在逐年增长，且增速相较于城镇居民更为显著，这可能与国家政策扶持、扶贫项目实施等因素有关。同时，湘西州农村居民的医疗保健支出绝对值虽然低于城镇居民，但其在消费支出中的比重却较高，显示出农村地区居民在有限的收入条件下对健康的投入比例较大。

综上所述，湘西州近年来居民收入和消费水平持续提升，尤其是医疗保健方面的支出增长明显，且城乡差异依然存在并在医疗保健领域体现得尤为突出。未来需要进一步关注并采取措施缩小城乡收入差距，并加强农村地区的医疗保障建设，以实现更均衡的社会发展。

1.3.2.2　湖南怀化市卫生健康支出

2021 年，全市一般公共预算支出 470.52 亿元。其中，民生支出 380.20 亿元，较上年增长 3.1%。其中，教育支出 87.55 亿元，较上年下降 1.0%；文化旅游体育传媒支出 6.98 亿元，较上年增长 16.1%；社会保障和就业支出 68.84 亿元，较上年增长 2.7%；卫生健康支出 54.73 亿元，较上年增长 10.5%；住房保障支出 14.35 亿元，较上年增长 11.9%。

2022 年，全市一般公共预算支出 507.43 亿元。其中：民生支出

395.59 亿元，较上年增长 6.4%；教育支出 93.34 亿元，较上年增长 6.1%，其中义务教育支出 51.06 亿元，较上年增长 15.6%；文化旅游体育传媒支出 7.17 亿元，较上年增长 8.3%；社会保障和就业支出 70.13 亿元，较上年增长 5.0%；卫生健康支出 56.05 亿元，较上年增长 8.3%；住房保障支出 12.31 亿元，较上年增长 2.0%。

1.3.2.3　湖北恩施州医疗保健费用支出

表 1.33 显示的是 2022 年恩施州农村居民人均医疗保健支出的相关数据。具体来说，恩施州人均可支配收入 2022 年为 14 384 元，相比 2021 年的 13 307 元增长了 8.1%。生活消费支出 2022 年为 26 851 元，相比 2021 年的 26 299 元增长了 2.1%。医疗保健支出 2022 年为 2 236 元，相比 2021 年的 2 183 元增长了 2.4%。医疗保健支出比例：2022 年为 8.33%，与 2021 年的 8.3% 基本持平。

表 1.33　2021 年、2022 年恩施州农村居民人均医疗保健支出

指标	2021 年	2022 年	增幅%
人均可支配收入	13 307	14 384	8.1
生活消费支出	26 299	26 851	2.1
医疗保健支出/元	2 183	2 236	2.4
医疗保健支出比例/%	8.3	8.33	—

从这些数据可以看出，2022 年恩施州农村居民的人均可支配收入和生活消费支出都有所增加，其中医疗保健支出的增长幅度略高于整体的生活消费支出。同时，尽管医疗保健支出的绝对值有所上升，但其占总生活消费支出的比例并没有显著变化，这表明该地区的居民在医疗保健方面的投入相对稳定，没有出现大幅波动。

表 1.34 为 2017—2020 年恩施州城乡居民医疗保健费用支出情况。

表 1.34　2017—2020 年恩施州城乡居民医疗保健费用支出情况

指标	2017 年	2018 年	2019 年	2020 年
全体居民可支配收入/元/人	23 757.2	25 814.5	28 319.5	27 880.6
全体居民消费性支出/元/人	16 937.6	19 537.8	21 567.0	19 245.9
城镇居民可支配收入/元/人	31 889.4	34 454.6	37 601.4	36 705.7

表1.34(续)

指标	2017 年	2018 年	2019 年	2020 年
城镇居民医疗保健支出/元/人	2 165.5	2 162.8	2 471.4	1 923.3
城镇居民医疗保健支出比重/%	10.2	9.0	9.4	8.4
农村居民消费性支出/元/人	11 632.5	13 946.3	15 328.0	14 472.5
农村居民医疗保健支出/元/人	1 438.3	1 588.0	1 921.8	1 558.5
农村居民医疗保健支出比重/%	12.4	11.4	12.5	10.8

根据表1.34可以看出：

（1）全体居民收支状况：从2017年至2019年，恩施州全体居民的人均可支配收入稳步增长，从23 757.2元提高到28 319.5元，但在2020年出现了小幅下降至27 880.6元，可能是受到当年特定经济环境或疫情等不确定因素的影响。恩施州全体居民消费支出同样经历了连续增长后于2020年出现下滑，从最高点21 567.0元降至19 245.9元，反映出居民消费行为的变化或者宏观经济形势对地方消费市场的影响。

（2）城乡收入差距及变化：恩施州城镇居民的可支配收入在报告期间整体呈上升趋势，但同样在2020年有所回落，表明恩施州城镇居民收入受外部因素影响较为明显。恩施州农村居民的可支配收入虽低于城镇居民，但也保持了一定的增长势头，说明其农村经济发展和扶贫政策取得了一定成效，但城乡收入差距仍然存在。

（3）医疗保健支出及其占比：恩施州城乡居民的医疗保健支出在2017—2019年逐年增加，反映出了居民对健康保障需求的提升和医疗费用支出的增长。然而，2020年恩施州城镇居民和农村村民的医疗保健支出都有所减少，且在消费支出中的比重相应降低，尤其城镇居民的医疗保健支出比重从2019年的9.4%降至2020年的8.4%，这可能与当年的公共卫生政策调整、医疗服务使用频率变化或居民因经济压力而节约开支等因素有关。

（4）农村居民消费与医疗支出特点：尽管恩施州农村村民的消费支出在2020年有较大幅度的缩减，但其医疗保健支出的绝对数值和相对占比一直较高，并在 2019 年达到峰值，占比达 12.5%，显示出农村地区在消费升级过程中，对医疗保健的需求依旧强烈，但受收入水平限制，医疗保健支出在其消费结构中占据较大比重。

总的来说，恩施州城乡居民在 2017—2020 年的收入和消费状况经历了起伏变化，特别是在 2020 年，受内外部因素影响，居民消费和医疗保健支出表现出一定的波动性。针对恩施州农村地区较高的医疗保健支出占比，政府应继续关注农村卫生事业的发展，加大公共医疗卫生资源投入，减轻农民因病致贫的风险。

1.3.2.4　贵州铜仁市医疗费用支出

2022 年，贵州铜仁市人均总收入 52 964 元，人均可支配收入 38 475 元，人均消费支出 23 103 元，医疗保健 1 714 元，医疗器械及药品 480 元，医疗服务 1 234 元。根据表 1.35，可以发现：

表 1.35　2017—2020 铜仁市城乡居民医疗保健支出情况

指标	2017 年	2018 年	2019 年	2020 年
全体居民可支配收入/元/人	16 703.6	18 430.2	20 397.4	21 795.4
全体居民消费支出/元/人	12 969.6	13 798.1	14 780.0	14 873.8
农村居民可支配收入/元/人	8 425.0	9 267.0	10 259.0	13 882.0
农村民居民消费支出/元/人	8 299.0	9 170.2	10 221.7	10 817.6
农村民居医疗保健支出/元/人	602.5	703.2	878.3	959.4
农村民居医疗保健支出比重/%	7.3	7.7	8.6	8.9
城镇居民可支配收入/元/人	29 079.8	31 591.9	34 404.2	36 096.2
城镇居民医疗保健支出（元/人）	1 244.0	1 657.8	1 850.8	1 706.6
城镇居民医疗保健支出比重（%）	6.1	8.0	8.6	8.3

（1）城乡居民收入变化：从 2017 年至 2020 年，贵州铜仁市的城乡居民收入均有显著增长，城镇居民可支配收入从 29 079.8 元逐步攀升至 36 096.2 元，农村居民可支配收入也从 84 元提升至 13 882.0 元，表明铜仁市在推进城乡经济发展方面取得了积极成果，城乡居民收入差距逐渐缩小，但城镇居民收入仍远高于农村居民。

（2）医疗保健支出及比重：无论是全体居民还是城镇、农村居民，医疗保健支出总体上都呈现出递增的趋势，而且占消费支出的比重也不断上升。这反映了随着人们生活水平提高，健康意识增强，对医疗保健服务的需求和支出意愿在同步增长。不过，在城镇居民中，医疗保健支出的比重在2020年略有下降，可能与当年特殊的社会经济背景如疫情等因素有关。

（3）城乡医疗保健支出对比：城镇居民的医疗保健支出绝对数额大于农村居民，但相对于各自的消费支出，农村居民用于医疗保健的比例更高，这说明农村居民在有限的收入下，医疗保健成为重要的消费支出部分，同时也体现了农村地区医疗资源的相对短缺和看病难问题。

综合来看，贵州铜仁市在2017—2020年实现了城乡居民收入和消费能力的双重提升，但城乡差距仍然存在，尤其是在医疗保健领域的支出表现得尤为明显。政府在推动经济发展的同时，需进一步关注农村地区的医疗卫生条件改善，以促进城乡均衡发展。

1.3.2.5 重庆秀山县医疗费用支出

表1.36给出了秀山县次均门诊费用。表1.37给出了秀山县医院人均住院费用。

表1.36 2021年重庆及秀山县次均门诊费用　　　单位：元

行政区划	次均门诊费用	挂号费	诊断费	检查费	化验费	治疗费	手术费	卫生材料费	药费
重庆市	374.1	0.8	11.6	64.1	32	62.7	22.2	19.2	139.4
都市区	392.5	0.9	12.3	63.7	32.6	68.9	25.8	18.5	146.0
秀山县	251.7	0.1	13.1	47.9	21	35.6	4.6	18.1	92.5

表1.37 2021年重庆市秀山县医院人均住院费用　　　单位：元

行政区划	人均住院费用	床位费	诊断费	检查费	化验费	治疗费
重庆市	9 697.6	522	179.2	1 062.4	1 228.7	1 586.7
都市区	8 372.8	489.4	190.5	898.7	1 097.1	1 427.8
秀山县	6 474.6	336.4	112.8	570.4	975.3	990.6

根据表1.36和表1.37可知：

次均门诊费用：重庆市全市范围内，次均门诊费用为374.1元，而秀山县次均门诊费用仅为251.7元，比重庆市全市平均水平低了约三分之一。其中，秀山县各项门诊费用构成中，除诊断费以外，其余各项费用均低于重庆市全市水平，表明秀山地区的门诊服务成本控制较好，居民承受的门诊医疗费用相对较低。

医院人均住院费用：重庆市全市医院人均住院费用为 9 697.6 元，都市区为 8 372.8 元，而秀山县为 6 474.6 元，是全市最低，表明秀山县住院服务价格相对低廉。分析住院费用构成发现，秀山县在床位费、诊断费、检查费、化验费和治疗费各项指标上也低于全市平均水平，这反映了秀山地区医疗服务定价较为亲民，有利于缓解居民住院经济负担。

基层医疗服务成本：通过秀山县与其他区县的社区卫生服务中心、乡镇卫生院、村卫生室等基层医疗机构的服务情况来看，秀山县的医疗费用总体处于较低水平，且基层医疗机构发挥了重要的初级卫生保健作用，有效降低了医疗成本。

综上所述，重庆秀山县在医疗费用管理上采取了合理控制策略，使得居民能够以相对较低的成本获得医疗服务，这既体现了当地医疗服务的普惠性，也反映了政府在控制医疗费用、优化医疗资源配置方面所做的努力。但需要注意的是，秀山县在保持低成本的医疗服务的同时，也要确保医疗服务质量的稳定和提升。

表 1.38 给出了秀山县城乡居民医疗保健支出情况。

表 1.38　2017—2020 年秀山县城乡居民医疗保健支出情况

指标	2017 年	2018 年	2019 年	2020 年
全体居民可支配收入/元/人	24 153.0	26 385.8	28 920.4	30 823.9
全体居民消费支出/元/人	17 898.1	19 248.5	20 773.9	21 678.1
城镇居民可支配收入/元/人	32 193.2	34 889.3	37 938.6	40 006.2
城镇居民医疗保健支出/元/人	1 882.5	2 054.5	2 359.1	2 445.3
城镇居民医疗保健支出比重/%	8.3	8.5	9.1	9.2
农村居民消费支出/元/人	10 936.1	11 976.8	13 112.1	14 139.5
农村居民医疗保健支出/元/人	883.9	1 075.1	1 262.3	1 560.1
农村居民医疗保健支出比重/%	8.1	9	9.6	11

数据来源：EPS 数据库。

根据表 1.38 可以得出：

（1）全体居民收入与消费情况：2017—2020 年，重庆秀山县全体居民的人均可支配收入逐年增长，从 24 153.0 元增长至 30 823.9 元，表明当地居民的生活水平和经济状况在逐步提升。与此同时，秀山县全体居民消费支出也呈现上升趋势，从 17 898.1 元增加至 21 678.1 元，说明居民消费能力随着其收入增长而增强。

（2）城乡收入差距：秀山县城镇居民的可支配收入明显高于农村居民，比如在 2020 年，城镇居民人均可支配收入达到了 40 006.2 元，农民居民人均可支配收入则显著较低。这种差距揭示出城乡经济发展水平的不平衡以及资源配置差异。

（3）医疗保健支出：秀山县城镇居民和农村居民在医疗保健方面的支出均有显著增加，其中城镇居民的医疗保健支出绝对值更大，但占可支配收入的比例维持在 9% 左右；而农村居民的医疗保健支出占其消费支出的比例从 2017 年的 8.1% 增长至 2020 年的 11%，增幅较为明显，显示农民群体对医疗保健的需求增长迅速，且在总收入较低的情况下，医疗保健支出负担相对较重。

（4）农村居民消费支出与医疗保健支出关系：秀山县农村居民的消费支出亦逐年上涨，而其中医疗保健支出的增长尤为突出，不仅绝对金额从 883.9 元增加至 1 560.1 元，占消费支出的比重也从 8.1% 增长至 11%，反映出农村地区在生活质量改善的过程中，对健康保障的需求日渐增强，但这也可能加重了农民的生活成本负担。

综上所述，重庆秀山县在 2017—2020 年，居民收入和消费支出呈现良好的增长态势，特别是农村居民在医疗保健方面的支出增长迅猛，反映出农村地区健康保障需求的紧迫性和潜在的民生短板，建议在政策制定时加大对农村医疗卫生事业的支持力度，减轻农民群众因医疗支出带来的经济压力。

秀山县居民医疗保健支出在个人消费支出中所占比例逐渐提高，其城镇居民和农村居民医疗保健支出的具体金额和占比较其他消费项目明显增加，凸显了居民对健康保健的重视程度在增强。

秀山县农村居民的医疗保健支出虽然绝对值低于城镇居民，但占其消费支出的比重较大，侧面反映了秀山县农村地区医疗保健需求的迫切性，以及城乡医疗资源分布的不均衡性。

综合以上数据可以看出，重庆秀山县在医疗卫生资源和服务方面持续优化升级，但同时也面临着农村地区医疗保健需求旺盛与资源配置相对不足的问题，需要在未来发展中进一步加强农村卫生服务体系建设，确保优质医疗资源向基层下沉，提升全民健康水平。

1.4 武陵山样本地区城乡居民医疗保障状况

1.4.1 湖南湘西州城乡居民医疗保障状况

（1）基本医疗保险。截至 2022 年年底，湘西州基本医保参保人数达 263.21 万人，参保率保持在 95% 以上。当年医保基金收入 37.85 亿元，同比增长 12.96%，支出 29.04 亿元，同比微增 0.56%，年末累计结余基金为 45.88 亿元①。

（2）城乡居民基本医疗保险。2022 年，湘西州城乡居民基本医疗保险参保人数为 242.78 万人，较上年减少约 6.06 万人，降幅 2.50%。湘西州人均筹资金额 930 元，较上年增长 8.14%；全年基金收入 23.24 亿元，较上年增长 4.75%，支出 20.79 亿元，较上年下降 1.14%，实现当期结余 24 500 万元，期末累计结余增至 9.99 亿元。湘西州参保人员待遇享受人次增长 13.45% 至 208.77 万人次，医疗总费用则下降 3.88% 至 33.76 亿元。湘西州住院率降至 22.95%，次均住院费用降为 5 412 元；住院政策报销比例（含大病支付、其他支付）下滑至 67.16%，较上年减少 11.94 个百分点②。

（3）医疗救助。2022 年湘西州医疗救助基金支出 13 822 万元，资助 200 116 人参加基本医疗保险，实施门诊和住院救助 143 455 人次，全州平均次均住院救助、门诊救助分别为 1 270 元、235 元③。

（4）医保基金监管、协议管理。2022 年湘西州 800 余家医保定点医药机构监督检查覆盖率达到了 100%。2022 年对医保定点医药机构约谈了 138 家，责令改正 228 家，通报批评 127 家，暂停医保 44 家；全州相关案件立案 53 件，行政处罚 344.52 万元，退回基金本金 235.58 万元；协议处理

---

① 湘西自治州医疗保障局.2022 年湘西州医疗保障事业发展统计公报［R/OL］.（2023-03-29）［2024-04-10］.https://ybj.xxz.gov.cn/zwgk_166/fdxxgknr/tjxx/202305/t20230512_2016384.html.

② 湘西自治州医疗保障局.2022 年湘西州医疗保障事业发展统计公报［R/OL］.（2023-03-29）［2024-04-10］.https://ybj.xxz.gov.cn/zwgk_166/fdxxgknr/tjxx/202305/t20230512_2016384.html.

③ 湘西自治州医疗保障局.2022 年湘西州医疗保障事业发展统计公报［R/OL］.（2023-03-29）［2024-04-10］.https://ybj.xxz.gov.cn/zwgk_166/fdxxgknr/tjxx/202305/t20230512_2016384.html.

243 件，追回医保基金 1 072.68 万元①。

1.4.2　湖南怀化市城乡居民医疗保障现状

截至 2022 年年底，怀化市基本医疗保险参保人数为 454.76 万人，相比上年减少了 16.82 万人，参保覆盖率高达 99.74%。其中城乡居民基本医疗保险参保者达到 411.93 万人②。

2022 年，怀化市居民医保个人缴费标准 320 元/人，比上年增加 40 元/人，财政补助标准 610 元/人，比上年增加 30 元/人。

2022 年，怀化市城乡居民基本医疗保险基金总收入为 39.11 亿元，较上年同期下降 1.89%，基金总支出为 42.33 亿元，同比增长 32.54%，当期结余出现负值，为-3.22 亿元。不过，在剔除因系统平台清算的 2021 年度费用 4.36 亿元后，当期实际结余为 1.14 亿元，基金累计结余仍维持在 26.42 亿元水平③。

怀化市待遇保障情况如下：

（1）门诊大病情况。2022 年怀化市全体居民门诊大病就诊人次增长至 49.26 万人次，同比增长 46.56%。门诊大病费用总计 4.04 亿元，其中基金支付 3.23 亿元，个人自付 0.76 亿元，个人自费 0.04 亿元，政策范围内报销比为 80.91%，实际报销比例为 80.14%。

（2）住院情况。2022 年，怀化市全体居民住院共 100.36 万人次，比上年增加 0.78 万人次，同比增长 0.78%，住院率为 24.36%，同比增长 1.14%；住院医疗总费用 55.09 亿元，其中基金支付 31.85 亿元，个人自付 17.13 亿元，个人自费 6.12 亿元。政策范围内报销比例为 65.03%，实际报销比例为 57.81%。

（3）大病保险情况。2022 年，怀化市全体居民大病保险资金筹集 3.09 亿元，比上年增长 10.75%。享受大病保险待遇人员医疗费用支出

---

① 湘西自治州医疗保障局. 2022 年湘西州医疗保障事业发展统计公报［R/OL］.（2023-03-29）［2024-04-10］.https://ybj.xxz.gov.cn/zwgk_166/fdxxgknr/tjxx/202305/t20230512_2016384.html.

② 怀化市医疗保障局. 2022 年怀化市医疗、生育保险统计公报［R/OL］.（2023-05-16）［2024-04-10］. https://www. huaihua. gov. cn/ylbzj/c133252/202305/b8dfd98be735407c97100c9f7fe32069. shtml.

③ 怀化市医疗保障局. 2022 年怀化市医疗、生育保险统计公报［R/OL］.（2023-05-16）［2024-04-10］. https://www. huaihua. gov. cn/ylbzj/c133252/202305/b8dfd98be735407c97100c9f7fe32069. shtml.

14.72亿元，其中基金支付9.80亿元，大病保险赔付2.58亿元，报销比例66.58%，同比增长6.65%[①]。

1.4.3　湖北恩施州城乡居民医疗保障状况

表1.39是2022年度恩施州基本医疗保险基金收支、结余情况的统计。具体来说：恩施州居民基本医保基金统筹基金收入为311 141.10万元，支出为278 625.58万元，结余为32 515.52万元。可以看出，2022年度恩施州的基本医疗保险基金总体上实现了盈余，即收入大于支出，并且有一定的结余。说明该地区的医疗保险制度运行良好，能够保障参保人员的基本医疗需求。

表1.39　2022年恩施州基本医疗保险基金收支、结余情况[②]

单位：万元

险种	项目	收入	支出	结余
居民基本医保基金	统筹基金	311 141.1	278 625.58	32 515.52
职工基本医保基金（含生育保险）	统筹基金	121 728.43	79 395.55	42 332.88
	个人账户	89 428.92	64 711.45	24 717.47
	合计	211 157.35	144 107.0	67 050.35

数据来源：恩施州医疗保障服务中心。

基本医疗保险。"十三五"期末，恩施州城镇医疗保险规划参保人数63万人，期末城乡医保实际参保人数达到370.31万人（其中城镇职工参保28.51万人，城乡居民参保341.80万人），参保率达到98.4%。

医疗救助。"十三五"期末，恩施州纳入医疗救助的各类对象达到205 658人，其中重点对象205 600人，资助率达到100%。

大病保险。2016年1月，恩施州政府发布《恩施州城乡居民大病保险实施办法》，对大病保险制度进行修订升级。随后在2017年6月，出台《恩施州城乡基本医疗保险实施办法》，并于2018年1月完成了医保信息

---

① 怀化市医疗保障局. 2022年怀化市医疗、生育保险统计公报［R/OL］.（2023-05-16）［2024-04-10］. https://www. huaihua. gov. cn/ylbzj/c133252/202305/b8dfd98be735407c97100c9f7fe32069. shtml.

② 恩施州医疗保障服务中心. 2022年度恩施州基本医疗保险基金收支、结余情况表［R/OL］.（2023-05-16）［2024-04-10］. http://ybj. enshi. gov. cn/zfxxgk/fdzdgknr/tjsj/202310/t20231008_1486751. shtml.

系统改革，正式启动新的医保体系。该体系成功整合了城镇居民基本医保与新型农村合作医疗，实现了管理体制、覆盖人群、筹资机制、保障待遇、医保目录、定点管理及基金管理的"七统一"，建立了城乡居民基本医疗保险制度，有效解决了城乡医保二元分割问题，并构建了农村贫困人口涵盖基本医保、大病保险、民政救助、补充保险在内的"四位一体、一站式"结算服务机制[①]。

打击欺诈骗保。2019年4月起，恩施州医疗保障局联合公安、卫健、人社、市场监管等部门，启动全州范围内打击欺诈骗取医保基金专项治理行动，取得显著成效。期间，这些部门共对2 414家定点机构进行了检查，处理435家医疗机构，成功追回医保基金1 403.71万元（其中个人追回16.10万元），并移交5件刑事案件给公安机关，逮捕5名犯罪嫌疑人。此外，恩施州医疗保障局大力推行医保智能监控系统，借助信息化技术强化对定点医疗机构诊疗行为及参保人就医购药信息的事前事中实时监控，有效转变了监管模式[②]。

1.4.4 贵州铜仁市医疗保障现状

（1）基本医疗保险待遇保障：铜仁市实施了一系列措施以完善城乡居民基本医疗保险制度，坚持"以收定支，收支平衡、保障适度、略有结余"的原则，实施权利和义务对等的风险分担机制，保障了广大参保群众的医疗待遇水平[③]。

（2）三重医疗保障制度：铜仁市建立了以基本医疗保险为主体，大病保险为辅助，医疗救助为托底的医疗保障制度框架，以减轻参保患者家庭医疗费用负担。2023年以来，铜仁市脱贫人口、监测对象、特困供养人员、低保对象享受三重医疗保障，分别惠及大量人次。

（3）DRG支付方式改革：铜仁市医疗保障局实施了DRG支付方式改

---

① 恩施州医保局. 恩施州医疗保障事业"十三五"规划实施情况评估报告[R/OL].（2021-01-31）[2024-04-10]. http://ybj.enshi.gov.cn/zfxxgk/fdzdgknr/ghjh/202111/t20211105_1201075.shtml.

② 恩施州医保局. 恩施州医疗保障事业"十三五"规划实施情况评估报告[R/OL].（2021-01-31）[2024-04-10]. http://ybj.enshi.gov.cn/zfxxgk/fdzdgknr/ghjh/202111/t20211105_1201075.shtml.

③ 铜仁市医保局. 关于印发《铜仁市城乡居民基本医疗保险待遇保障实施方案》的通知[R/OL].（2023-12-25）[2024-04-10]. https://www.trs.gov.cn/ztzl/ylbz2022/ylbz2/202312/t20231225_83395964.html.

革，覆盖了 80% 以上的定点医疗机构。这一改革旨在提升医疗服务的质量和效率的同时降低患者的医疗费用。

（4）跨省通办业务：铜仁市已实现医保服务事项跨省通办业务，包括异地就医备案、医保关系转移、门诊费用跨省直接结算等，提高了医保服务的效率和质量①。

综上所述，铜仁市在城乡居民医疗保障方面采取了一系列措施，以减轻患者负担，提升医疗服务的质量和效率，确保了广大人民群众的医疗需求得到有效满足。

1.4.5 重庆秀山县医疗保障现状

重庆秀山县的城乡居民医疗保障现状表现在以下六个方面：

（1）医疗保障体系不断完善：秀山县积极推进医保基金征缴工作，扩大异地就医联网医疗机构覆盖面，实现医保定点医院全部跨省异地就医直接结算。此外，秀山县内还持续优化医保经办流程和经办管理机制，加强了慢性病防治②。

（2）打击欺诈骗保行为：秀山县建立了基金风险运行分析会议机制，利用医保智能监控系统严格审核要求，确保医保基金运行安全。2023 年，秀山土家族苗族自治县对违规使用医保基金的医药机构进行了处理。这些处理措施旨在提升医保基金监管效能，加大对违规行为的曝光力度，接受社会监督，并形成震慑作用。例如，秀山县医疗保障局召开了打击欺诈骗保专项整治 "3.10" 专案警示约谈会，以强化医保基金监管，规范定点医药机构的医保服务行为③。

（3）群众受益范围扩大：秀山县加大医保政策宣传普及力度，推进医保参保扩面，提高人民群众医疗保障获得感。2023 年，全县医保参保人数达到 606 512 人次，其中城乡居民医疗保险参保率稳定在 95% 以上。

（4）医疗保障重点领域改革：秀山县落实国家组织药品集中采购和使用试点工作，取消医用耗材加成，实行零差率销售，完成了目录调整工作

---

① 罗灿. 铜仁市：医保惠民暖人心 托起"稳稳的幸福"［EB/OL］.（2023-05-16）［2024-04-10］. https://www.trs.gov.cn/xwzx/bmdt/202305/t20230512_79677510.html.

② 杨乐. 打造秀山县"满意医保"的问题与对策［J］. 重庆行政，2020（2）：57-59.

③ 秀山县医保局. 以案示警 以案为鉴：秀山自治县打击欺诈骗保专项整治"3.10"专案以案促改警示约谈会议［R/OL］.（2023-11-08）［2024-04-10］. http://www.cqxs.gov.cn/bm/ybj/dt_77939/202311/t20231108_12530315.html.

任务。

（5）群众就医费用负担较重：由于秀山县医保目录范围较窄且调整缓慢，一些新药品和诊疗技术未纳入医保目录，患者个人自付费用负担较重。

（6）医疗保障脱贫攻坚成果：巩固拓展医保脱贫成果，实现由集中资源支持脱贫攻坚向统筹基本医保、大病保险、医疗救助三重制度常态化保障平稳过渡。

1.5　武陵山片区国民经济、卫生健康与医疗保障综合评价

1.5.1　国民经济状况

1.5.1.1　经济发展稳步提升

武陵山片区的各省份和地区，如湖南湘西州、湖北恩施州、重庆秀山县和贵州铜仁市等地，尽管地区间经济发展存在一定差异，但整体国民经济发展态势良好。农业经济和非农产业齐头并进，产业结构也均在逐步优化。

在农业经济方面，武陵山片区各地充分利用其丰富的自然资源和独特的气候条件，大力发展现代农业，积极推进特色农产品基地建设和产业化经营，如茶叶、中药材、优质水果等特色产业逐渐形成规模效应，为农民增收提供了有力支撑。同时，随着农业现代化步伐加快，新型农业经营主体不断壮大，武陵山片区农业生产效率和质量显著提升。

武陵山片区非农产业领域也得到了长足发展，尤其是在旅游业、康养产业、现代物流业等方面表现突出。例如，张家界凭借世界级自然景观的驱动，成功带动了区域旅游及相关产业转型升级；铜仁市则依托其区位优势和生态资源，致力于打造武陵山区的康养产业基地和对外开放的新窗口。此外，工业和现代服务业也在该区域内因地制宜地布局和发展，新兴产业集群初见雏形。

然而，在取得上述成就的同时，武陵山片区内部不同地区的经济发展依然存在一定的不平衡性。虽然农村居民家庭人均纯收入持续增加，反映出了脱贫攻坚战的成效，但是城乡收入差距依然是制约片区均衡发展的重要因素，尤其在贵州省的部分贫困地区，农村居民收入水平相较于其他发

达地区仍有较大提升空间。

为缩小这一差距，各地政府积极推动乡村振兴战略，加大基础设施投入，改善公共服务设施，强化金融对县域经济的支持力度，并通过产业转移、技术培训、教育扶贫等多种手段，旨在促进农民就业创业，拓宽增收渠道，进而确保武陵山片区整体经济稳健提升，朝着更高水平、更高质量的全面发展目标迈进。

1.5.1.2 脱贫攻坚成果显著

武陵山片区作为我国集中连片特困地区之一，曾经是脱贫攻坚战的重要战场。近年来在国家精准扶贫方略的指导下，取得了举世瞩目的脱贫减贫成就。从 2016 年到 2019 年，武陵山片区的贫困人口数量大幅度下降，贫困发生率显著降低，体现了国家扶贫政策的有效实施。随着扶贫工作的深入推进，基础设施建设、特色产业培育和公共服务改善等方面都取得了实质性进展。

在基础设施建设方面，武陵山片区全面推进交通、水利、电力、通信等基础设施网络的延伸和完善，昔日的偏远山区如今已不再遥远，便捷的交通大大缩短了与外界的距离，水电供应稳定，信息通信畅通无阻，极大地改变了当地群众的生活条件，也为产业发展奠定了坚实基础。

特色产业培育更是武陵山片区脱贫攻坚的一大亮点。武陵山片区根据当地资源禀赋和市场需求，大力推广茶叶、中药材、特色养殖等适宜本地发展的产业项目，通过产业扶贫带动贫困农户增收致富。以湖北恩施州为例，当地依托富硒茶资源，打造品牌，拓展市场，使茶产业成为带动百姓脱贫致富的主导力量。同样，湖南湘西州利用丰富的民族文化和生态旅游资源，推动乡村旅游、民宿经济等业态发展，让"绿水青山"真正变成了"金山银山"。

与此同时，公共服务改善也是脱贫攻坚工作中的重要一环。武陵山片区各级政府投资大量资金用于改善和提升教育、医疗、养老等基本公共服务设施，确保贫困地区的群众能够享受到更加公平、更有质量的基本公共服务。特别是在教育扶贫上，武陵山片区各级政府通过加大对乡村学校的投入，落实"控辍保学"政策，有效阻断了贫困代际传递。

综上所述，武陵山片区的脱贫攻坚取得了实实在在的成果，不仅体现在贫困人口数量和贫困发生率的大幅下降，更是从源头上解决了贫困问题，实现了由"输血式"扶贫向"造血式"扶贫的根本转变，为实现乡村振兴奠定了坚实的基础。

1.5.2 居民收支情况

1.5.2.1 收入水平逐步提高

近年来，在国家一系列扶贫开发和区域协调发展战略的推动下，武陵山片区内城乡居民的收支情况有了显著改观。

首先，从收入水平来看，无论是城镇还是农村居民，其可支配收入均呈逐年上升趋势。其中，城镇居民收入增长速度更为明显，主要得益于产业结构调整升级和城镇化进程加速，就业机会增多，工资水平和财产性收入均有不同程度的提高。然而，农村居民收入，受限于相对较低的农业产值以及受农村劳动力向外输出的影响增长相对较缓。这一现象提示我们，仍需进一步深化农村改革，发展特色农业和农村二三产业，以切实缩小城乡收入差距。

其次，在消费支出层面，随着生活水平的不断提高和消费观念的更新，武陵山片区居民的生活消费结构发生了深刻变化。一方面，该地区居民对于教育、文化娱乐消费的投入逐年增加，这不仅是生活质量提升的体现，更是对精神文化需求日益增强的回应，标志着该地区人民正逐步走向物质与精神双丰收的生活阶段。另一方面，医疗保健消费支出的增长尤为引人关注，反映出居民健康意识的觉醒和对医疗服务需求的增大。这也折射出国家在公共卫生和医疗保障体系建设上的持续投入和改进，使得居民在面对疾病时的经济压力得以缓解，并能享受到更好的健康服务。

总的来说，武陵山片区居民收支情况的改善，既体现了国家精准扶贫政策的有效实施，也提出了政府未来在平衡城乡发展、优化消费结构、提升公共服务等方面需要继续努力的方向。只有持续推进区域协调发展，才能确保每一位居民都能共享经济社会发展的成果，从而实现共同富裕的目标。

1.5.2.2 医疗保健支出占比增大

武陵山片区作为我国重要的集中连片特困地区，其医疗保健支出的变化趋势具有典型性和代表性。近年来，不论是城镇居民还是农村居民，他们在消费性支出中的医疗保健支出比例呈现逐年升高的态势。这种现象背后，一方面，彰显出随着经济社会的不断发展，人民生活水平提高，人民的健康意识普遍增强，对高质量医疗服务和健康管理的需求日渐旺盛，越来越多的家庭愿意在日常消费中划拨更多的预算来保障家庭成员的健康，因此其购买药品、进行体检、预防接种、治疗疾病等各类医疗保健活动的开支随之增加。另一方面，医疗保健支出占比的上升也折射出当前医疗费用上涨的问题。由于医疗技术进步、医疗服务项目扩展以及药品价格波动等因素，居民在享受更高品质医疗服务的同时，承担的医疗费用也随之增长。此外，随着人口老龄化程度加深，慢性病发病率上升，居民在长期治疗和康复方面的支出压力增大，这也是医疗保健支出占消费性支出比重上升的一个重要原因。

同时，医疗保健支出占比的增加还反映了居民对医疗保险保障需求的提升。国家虽已在医疗保险制度上做出了重大改革和推进，覆盖面不断扩大，报销比例逐步提高，但由于医疗费用的整体上涨，部分大病重病的高昂医疗费用依然给患者家庭带来了沉重负担，因此，居民愈发依赖并主动寻求更加完善、更高层次的医疗保障，使得医疗保健类支出在居民消费支出中的地位愈发凸显。

总之，武陵山片区居民医疗保健支出占比的增大，既是社会经济发展和人们生活质量提高的必然结果，也是当前医疗费用上涨和医疗保障需求增强的真实写照。武陵山片区各级政府应在深化医疗体制改革、控制医疗费用、完善医保体系和提高基层医疗服务能力等方面持续做出努力，以确保居民能够享有更高水平、更优质的医疗服务，同时减轻因病致贫、因病返贫的风险。

1.5.3 卫生健康状况

1.5.3.1 卫生资源投入加大

近年来，在国家高度重视与精准施策下，武陵山片区卫生健康事业取得了显著进步，卫生资源投入明显加大，形成了卫生健康事业发展的强劲动力。

具体表现为武陵山片区卫生总费用的持续增长，片区各省份在卫生健康领域的财政投入力度逐年加强，卫生总费用占地区生产总值（GDP）的比重逐年攀升，这意味着政府将更多公共资源投入到改善医疗卫生条件、提升医疗服务能力建设上。这种财政倾斜策略充分体现了武陵山片区各省份各级政府以人为本的发展理念，力求破解山区卫生健康难题，确保人民群众的生命健康权益得到保障。

与此同时，武陵山片区内的人均卫生总费用亦呈现逐年递增态势，这不仅直观反映了区域内每名居民在医疗卫生服务上的实际投入增多，也意味着居民可以享受到的医疗保障范围扩大，医疗服务的质量和效率得到大幅提升。比如，武陵山片区在基础医疗设施的建设和更新换代，医疗人才队伍的培养和引进，以及新型医疗技术的应用和推广等多方面都有了显著改观。

此外，随着健康扶贫工程的深入实施，武陵山片区内贫困人口看病难、看病贵的问题得到了有效缓解，基本医疗和公共卫生服务水平与全国平均水平的差距正在逐步缩小。武陵山片区的全民医保体系不断完善，基层医疗机构服务能力明显增强，公共卫生事件应对能力全面提升，都为改善该区域居民的卫生健康状况奠定了坚实基础。

总之，武陵山片区卫生资源投入的增多，标志着区域卫生健康事业迈入了一个崭新的发展阶段，不仅提高了居民的健康保障水平，也有利于推进整个区域的经济社会可持续发展，为实现全民健康覆盖和健康中国的宏伟目标贡献了不可或缺的力量。

1.5.3.2 医疗保障体系完善

在武陵山片区，由于地域广阔且涵盖多个经济欠发达省份，医疗保障体系建设一直是民生改善的重要任务。随着城乡居民大病保险制度的全面落实，这一地区的医疗保障网得到了前所未有的强化和完善。

首先，各地区积极响应国家政策号召，按照中央统筹、分级负责的原则，通过整合财政补贴、个人缴费以及社会捐赠等多种途径筹集资金，不断扩大城乡居民大病保险的参保人群，确保了所有符合条件的城乡居民都能纳入到大病保险的覆盖范围内，尤其注重对农村低收入群体、建档立卡贫困户以及残疾人等特殊群体的医疗保障支持。

其次，针对武陵山片区疾病谱特点以及居民就医需求，各地方政府不断优化大病保险补偿政策，提高报销比例，设置合理的起付线和封顶线，切实减轻了大病患者的经济负担。不仅如此，部分地区还探索建立了分层分类的大病保险补偿机制，对高额医疗费用给予更大程度的补偿，防止居民因一次性的大额医疗支出导致家庭陷入贫困。

最后，为了确保大病保险制度的有效实施，武陵山片区还加强了医疗服务体系建设，提高了基层医疗机构的服务能力和技术水平，鼓励并支持患者在基层首诊和双向转诊，降低医疗成本，提高医保基金使用效率。同时，武陵山片区还建立健全了医疗救助制度，对于低保户、特困人员等困难群体实行医疗救助全覆盖，确保他们即使罹患大病也能得到有效救治。

总体来说，武陵山片区通过构建多层次、广覆盖、可持续的医疗保障体系，切实增强了大病保险的保障效能，有效降低了因病致贫、返贫的发生概率，为巩固脱贫攻坚成果、推进乡村振兴战略提供了坚实的健康保障基础。同时，这一系列举措也为全国类似地区完善医疗保障体系提供了宝贵的实践经验。

1.5.4 医疗费用状况

1.5.4.1 医疗费用持续攀升

武陵山片区作为我国集中连片特困地区之一，由于地域广阔且地形复杂、交通不便等因素，医疗资源布局与配置相对不足，加之该区域人口老龄化程度加深，慢性病、地方病发病率较高，该地区的医疗保健服务需求不断攀升，从而带动了该区域城乡居民人均医疗保健消费支出的快速增长。

在医疗技术迅速发展的今天，先进的医疗设备、高效的诊疗技术虽极大地提高了医疗服务质量和效率，但同时也相应提高了居民的医疗成本。武陵山片区的居民，在享受现代医学成果的同时，不得不承受日益增长的医疗费用压力。尤其是对于患有重大疾病（如心脏病、癌症等）的患者，往往需要进行长期且复杂的治疗过程，涉及的药物、手术、康复治疗等费用高昂，使得他们在大病医疗领域的医疗负担尤为沉重。

另外，虽然国家已逐步建立并完善了包括城乡医保等政策在内的多层次的医疗保障体系，力求缓解居民看病贵的问题，但在实际操作中，因报销比例、报销范围等因素，部分高额医疗费用依然难以得到有效分担，这对于收入水平普遍偏低的武陵山片区城乡居民来说，无疑是雪上加霜。

面对这样的现实挑战，要解决武陵山片区医疗费用持续攀升的问题，除了应继续加大对基层医疗卫生事业的投入，优化医疗资源配置，还需要深化医疗改革，推进分级诊疗制度建设，引导医疗资源下沉，同时扩大医保覆盖范围，提高大病保险待遇，积极探索社会力量参与医疗救助的新模式，从而有效减轻城乡居民特别是贫困人群的医疗负担，确保他们能够获得及时、有效的医疗服务，真正实现全民健康的愿景。

1.5.4.2 医疗保障压力凸显

武陵山片区地处我国中西部交界，地势险峻，交通条件相对落后，其特殊的地理位置和经济社会发展状况使得医疗资源分配存在较大不平衡，医疗保障压力尤为凸显。随着我国医疗技术水平的不断提升，以及各类先进诊疗手段和药物的应用，武陵山片区医疗服务的质量得到了显著改善，但与此同时，医疗费用也随之快速攀升，尤其是大病医疗领域，其高昂的治疗费用给当地城乡居民带来了沉重的经济负担。

近年来，尽管我国推行的大病保险制度在武陵山片区得以落实，各级政府也不断加大医疗救助政策的力度，医疗保障覆盖面得到扩展，使得许多原本无力承担高额医疗费用的家庭得到了一定的经济援助，一定程度上缓解了居民的医疗支出压力。然而，随着人民群众对医疗保健需求的日益增强，各种慢性病、重大疾病的发病率逐年升高，医保基金支付的压力随之增大。

在此背景下，医保基金面临着既要满足广大居民日益增长的医疗保健需求，又要保持基金收支平衡的双重考验。如何在保证医保基金可持续运行的前提下，进一步提高医保保障水平，降低居民就医经济负担，成为了当前武陵山片区乃至全国医保制度改革的重要课题。

为有效破解这一难题，各级政府一方面应继续加大财政投入，优化医保基金使用结构，合理调整报销目录和比例，重点关注大病、重病的保障力度；另一方面，需深入推进医药卫生体制综合改革，规范医疗服务行为，严格控制医疗费用的不合理增长，倡导合理用药、合理检查、合理治疗，强化医疗机构的控费责任。同时，还要积极引导和支持社会力量参与医疗保障体系建设，构建多元化、多层次的医疗保障网，共同致力于减轻武陵山片区居民的医疗负担，切实保障人民群众的健康权益。

综上所述，武陵山片区在经历经济社会发展的同时，也在逐步解决民生问题，特别是在卫生健康和医疗保障领域取得了一定的成绩。然而，受制于地区经济发展的不平衡以及医疗费用增长等因素，武陵山片区的各级政府仍需进一步深化医疗保障制度改革，优化资源配置，提升服务质量，以更好地满足人民群众的健康需求。

2 武陵山片区城乡居民大病保险政策及其演进

2.1 国家层面的城乡居民大病保险政策

2012 年国家启动大病保险工作，国家发展改革委等六部委颁布了《关于开展城乡居民大病保险工作的指导意见》（发改社会〔2012〕2605 号），主要包括：大病保险工作的基本原则、筹资机制、保障内容、承办方式以及监管方面的要求。2015 年，国务院办公厅颁布了《国务院办公厅关于全面实施城乡居民大病保险的意见》（国办发〔2015〕57 号），全面推行城乡居民大病保险制度。上述政策中提到，要完善大病保险筹资机制，不断提高大病保险保障水平，规范运作，严格监管。

2018 年 3 月，我国组建了国家医疗保障局。国家医保局、财政部、人力资源社会保障部、国家卫生健康委联合发布的《关于做好 2018 年城乡居民基本医疗保险工作的通知》（医保发〔2018〕2 号）中指出，要不断提高城乡居民医保筹资标准。

我国大病保险制度从地方试点到全面推开，并逐步扩大覆盖人群，可以分为三个阶段[①]。

（1）第一阶段：2012 年 8 月至 2015 年 7 月，试点推广阶段

2012 年 8 月，国家发展和改革委员会等六部委联合发布《关于开展城乡居民大病保险工作的指导意见》，标志着我国大病保险制度正式确立，

[①] 冯鹏程. 大病保险十年：政策演进、国际经验及规范完善 [J]. 上海保险，2024（1）：33－38.

大病保险作为基本医保的补充，专为大病患者高额医疗费提供额外补偿，旨在解决"因病致贫、因病返贫"问题。截至 2015 年 4 月底，该制度已在全国 31 个省份（除港、澳、台）试点，全面覆盖 16 个省份，惠及约 7 亿人，报销比例较基础医保提升 10%~15%，显著减轻民众疾病经济负担。

2. 第二阶段：2015 年 8 月至 2020 年 2 月，全面实施阶段

2015 年 8 月，国务院办公厅发布的《国务院办公厅关于全面实施城乡居民大病保险的意见》，标志着大病保险制度全国性推广的开始，系统规划了该制度的原则、目标、筹资、保障水平提升及与其他医保制度的衔接等关键方面。随后，2016 年 10 月，原中国保监会通过五项暂行办法，细化保险公司参与大病保险的规范，强化了制度的规范化与完善性。2014—2019 年，国务院《政府工作报告》连续六年强调大病保险的重要性，突出政府对大病患者减负的承诺与投入。进入 2020 年，原中国银保监会等 13 部门联合发布，旨在通过优化商业保险机构在大病保险中的运作与监管机制，提升服务与医保控费能力，进一步遏制"因病致贫、因病返贫"现象，展现了政策层面持续推动大病保险发展的决心与行动。

（3）第三阶段：2020 年 3 月至今，规范完善阶段

2020 年至今，中国深化医疗保障制度改革，关键政策频出。2020 年，《中共中央 国务院关于深化医疗保障制度改革的意见》强调强化"基本医保+大病保险+医疗救助"三层保障，提升重特大疾病保障效能，规范大病保险机制。2021 年，中国银保监会印发《保险公司城乡居民大病保险业务管理办法》，构建了从经营准入到退出的全方位监管体系，旨在规范市场，保护参保人权益。同年，国家医保局、财政部发布《关于建立医疗保障待遇清单制度的意见》，明确大病保险作为补充医保的角色，聚焦高额医疗费的二次保障。2022 年，国家医保局、财政部、国家税务总局颁发了《关于做好 2022 年城乡居民基本医疗保障工作的通知》（医保发〔2022〕20号），强调中央财政对地方进行差异化补助，保持大病保险资金充足与待遇稳定，创新性地提出增强门诊保障，将高额门诊费纳入大病保险范围，统筹救助资源，深化医疗保障体系效能。

2.2 武陵山样本地区城乡居民大病保险政策

2.2.1 湖南省及湘西州、怀化市城乡居民大病保险政策

2.2.1.1 湖南省大病保险政策

湖南省 2013 年启动大病保险试点，2015 年出台《湖南省城乡居民大病保险实施方案》，2018—2019 年，筹资标准按上述湖南省方案统一执行。近年来，湖南省政府对大病保险政策进一步优化完善调整，逐步形成了由基本医疗保险、大病保险、医疗救助相结合的大病保障体系。

（1）方案试点。2013 年，湖南省根据国家发展改革委等六部委发布的《关于开展城乡居民大病保险工作的指导意见》（发改社会〔2012〕2605 号）和湖南省人民政府《关于印发〈湖南省"十二五"期间深化医药卫生体制改革规划暨实施方案〉的通知》（湘政发〔2012〕30 号）精神和要求，制定了《湖南省城乡居民大病保险试点实施方案》（湘发改医改〔2013〕589 号），选择常德市、郴州市、湘西州、永州市 4 个市（州）于 2013 年开展城乡居民大病保险试点工作。

（2）全面推行。2015 年，湖南省人民政府办公厅颁布了《湖南省城乡居民大病保险实施方案》，在全省范围内全面推行大病保险政策。主要包括大病保险实施方案的基本原则和主要目标、筹资机制、保障水平、制度衔接、承办服务和监督管理等内容。

（3）政策完善。2018 年湖南省政府对大病保险政策进一步优化调整。发布了《关于进一步做好城乡居民大病保险工作的通知》（湘人社发〔2018〕67 号），就提高大病保险筹资标准、提高大病保险待遇水平以及落实贫困人口倾斜政策给予了具体的实施规定。2018 年，湖南省城乡居民医保人均新增财政补助中的一半（人均 20 元）用于大病保险，大病保险筹资标准提高到 50 元/人，具体标准由各市（州）结合实际确定。2019 年，湖南省对大病保险筹资标准进行了调整，规定新增财政补助的一半用于提高大病保险保障能力，在 2018 年人均筹资标准上增加 15 元，大病保险筹资标准提高到 65 元/

人，具体标准由各市（州）根据测算结果确定①。湖南省调整了大病保险支付政策，统一了大病保险起付线，原则上按各市（州）上一年度全体城乡居民人均可支配收入的50%确定，并提高大病保险支付比例。对参保人员一个自然年度内累计个人负担的合规医疗费用，扣除大病保险起付线以后，原则上分五段累计补偿：0至3万元（含）部分报销60%，3万元以上至8万元（含）部分报销65%，8万元以上至15万元（含）部分报销75%，15万元以上部分报销85%，大病保险年度累计补偿限额统一为30万元。2021年1月，国家医保局、财政部印发的《关于建立医疗保障待遇清单制度的意见》（医保发〔2021〕5号）明确要求：统筹制度安排，明确决策层级和权限，推进医疗保障制度管理法治化、规范化、标准化。

党的二十大报告强调，要健全覆盖全民、统筹城乡、公平统一、安全规范、可持续的多层次社会保障体系。健全基本医疗保险筹资和待遇调整机制，推动基本医疗保险省级统筹。促进多层次医疗保障有序衔接，完善大病保险和医疗救助制度。

湖南省为全面贯彻落实国家医疗保障待遇清单制度要求和党的二十大精神，在"十四五"期间积极推进医保省级统筹工作。为了实现全省居民医保政策纵向统一、待遇横向均衡，制度可持续发展，湖南省人民政府在深入调研的基础上，研究起草了《湖南省城乡居民基本医疗保险实施办法（征求意见稿）》（以下简称《居民医保实施办法》），多次征求了各市州、县市区医保部门意见，并在省医保局官网上公开征求了社会公众意见，书面征求了省直相关部门意见、各市州人民政府意见，根据各方面意见建议进行修改完善（见表2.1、表2.2）。

表2.1 2015年、2022年湖南省城乡居民大病保险费用报销调整

年份	扣除起付线后补偿区间	报销比例/%
2015	0~30 000元	50
	30 001~80 000元	60
	80 001~150 000元	70
	150 000元以上	80

---

① 湖南省医疗保障局. 关于调整城乡居民大病保险的通知. 湘医保发【2019】22号［R/OL］. (2019-12-31)［2024-04-10］. https://ybj. hunan. gov. cn/ybj/first113541/firstF/f2113606/201912/t20191213_10859838. html.

表2.1(续)

年份	扣除起付线后补偿区间	报销比例/%
2022	0~30 000 元	60
	30 001~80 000 元	65
	80 001~150 000 元	75
	150 000 元以上	85

数据来源:《湖南省城乡居民大病保险实施方案》(湘政办发〔2015〕92 号)。

2022 年 12 月 19 日,湖南省政府常务会议审议并原则通过《湖南省城乡居民医保实施办法》(以下简称《办法》),且从 2023 年 1 月 1 日起施行。《办法》规定,居民大病保险筹资标准原则上控制在当年居民医保基金筹资标准的 10%左右,参保人员患大病发生高额医疗费用,经居民基本医保按规定支付后,个人负担的政策范围内医疗费用由大病保险按规定比例支付;大病保险起付标准按湖南省全省上年度居民人均可支配收入的 50%左右确定,对特困人员、低保对象、返贫致贫人口实施起付线降低 50%;对参保人员一个自然年度内累计个人负担的政策范围内医疗费用,扣除大病保险起付线以后,分四段累计补偿:0 至 3 万元(含)部分报销 60%,3 万元以上至 8 万元(含)部分报销 65%,8 万元以上至 15 万元(含)部分报销 75%,15 万元以上部分报销 85%,大病保险年度最高支付限额为 40 万元;另外,特困人员、低保对象、返贫致贫人口,在扣除大病保险起付线以后,各段报销比例分别提高 5 个百分点,并取消大病保险最高支付限额。

表 2.2　2019—2023 年湖南省城乡居民大病保险政策

年份	政策文件	政策主要内容
2019	《关于做好 2019 年城乡居民基本医疗保障工作的通知》(医保发〔2019〕30 号)	完善统一的城乡居民基本医疗保险制度和大病保险制度
2019	《关于调整城乡居民大病保险政策的通知》(湘医保发〔2019〕22 号)	结合湖南省实际,调整城乡居民大病保险政策
2020	《湖南省基本医疗保险全覆盖实施方案》(湘医保发〔2020〕12 号)	积极应对疫情对城乡居民参保缴费工作的影响,全面完成基本医疗保险全覆盖的目标任务

表2.2(续)

年份	政策文件	政策主要内容
2021	《湖南省城乡居民大病保险实施办法》（湘医保发〔2021〕41号）	进一步健全完善、统一规范全省城乡居民大病保险制度
2023	《城乡居民医保实施办法》	实现全省居民医保政策纵向统一、待遇横向均衡，制度可持续发展

资料来源：根据历年医保政策整理。

2.2.1.2 湘西州大病保险政策

湘西土家族苗族自治州辖1个县级市、7个县，即吉首市、泸溪、凤凰、花垣、保靖、古丈、永顺、龙山县。本节会对湘西州进行总体分析，并对各县市具体分析。

2013年，湘西州进行大病保险试点。2015年12月30日，湘西州正式启动城乡居民大病保险工作。2016年，《湘西自治州城乡居民大病保险实施细则》明确，大病保险覆盖所有城镇居民基本医疗保险和新型农村合作医疗参保人群，实行城乡统筹、政策联动，统一政策、统一组织实施、统一筹资标准和补偿范围等。湘西州大病保险筹资标准为每人24元（个人不需另行缴费）。湘西州大病保险起付线为10 000元，低保困难群众补偿起付线为5 000元。对参保、参合人员一个自然年度内个人负担的合规医疗费用累计超过大病保险起付线以上的费用分四段累计补偿：3万元（含）以内部分报销50%，3万元以上至8万元（含）部分报销60%，8万元以上至15万元（含）部分报销70%，15万元以上部分报销80%，年度累计补偿金额不超过20万元[1]。

2018年，湘西州城乡居民大病保险筹资标准为50元/人，城乡居民大病保险年度累计补偿金额由20万元提高到30万元，城乡居民大病保险分段补偿比例增加5个百分点，即由50%、60%、70%、80%分别提高到55%、65%、75%、85%。其中，低保困难群众、建档立卡贫困户的补偿比

---

[1] 童光丽. 湘西州实施统一城乡居民大病保险[EB/OL].(2016-09-20)[2024-04-10]. http://www.xxz.gov.cn/zwyw/xxsz/201609/t20160920_1000045.html.

例再提高 5 个百分点，即分别提高到 60%、70%、80%、90%（见表2.3）[1]。

表 2.3　2016 年、2018 年湘西州城乡居民大病保险费用报销调整

年份	扣除起付线后补偿区间	报销比例/%
2016	0~30 000 元	50
	30 001~80 000 元	60
	80 001~150 000 元	70
	150 000 元以上	80
2018	0~30 000 元	55
	30 001~80 000 元	65
	80 001~150 000 元	75
	150 000 元以上	85

数据来源：《湘西自治州城乡居民大病保险实施方案》。

2022 年，湘西州实施了以下城乡居民大病保险政策[2]：

（1）筹资标准提高：城乡居民基本医疗保险（居民医保）的筹资标准得到提高。人均财政补助标准增加 30 元，每人每年不低于 610 元。个人缴费标准也提高 30 元，达到每人每年 350 元。中央财政对地方实施分档补助，对西部、中部地区分别按人均财政补助标准的 80%、60% 给予补助。此外，湘西州大病保险资金得到统筹安排，确保政策范围内筹资标准和待遇水平不降低。

（2）待遇水平巩固提升：确保政策范围内基金支付比例稳定在 70% 左右，增强了大病保险和医疗救助的门诊保障功能。

此外，湘西州遵循《湖南省城乡居民大病保险实施办法》[3] 的规定，包括：

---

① 湘西自治州人力资源和社会保障局等. 湘西州关于调整城乡居民大病保险政策的通知. 湘西州人社发［2018］31 号［R/OL］.（2018-06-11）［2024-04-10］.https://si12333.cn/policy/mryi.html.

② 国家医保局 财政部 国家税务总局关于做好 2022 年城乡居民基本医疗保障工作的通知医保发［2022］20 号［R/OL］.（2022-07-09）［2024-05-10］.https://www.gov.cn/zhengce/zhengceku/2022-07/09/content_5700123.htm.

③ 李琪.《湖南省城乡居民大病保险实施办法》出台 自 2022 年 1 月 1 日起执行［N］.湖南日报,2022.11.08. https://gov.rednet.cn/content/2021/11/08/10373810.html.

（1）大病保险年度补偿限额提高。大病保险年度补偿限额提高至 40 万元。特困人员、低保对象、返贫致贫人口的大病保险没有封顶限制。

（2）筹资标准明确。大病保险筹资标准原则上控制在当年城乡居民医保筹资总额的 10%之内。大病保险资金直接从城乡居民基本医保基金中划拨，参保人员无需另外缴费。

（3）支付范围和报销比例。大病保险支付范围包括住院总医疗费用剔除基本医疗保险"三个目录"之外的全自费费用、无第三方责任的意外伤害医疗费用、无商业保险理赔的交通事故的医疗费用等。起付线暂定为各市州上年度居民人均可支配收入的 50%左右，支付比例分为四段，最高可达 85%。

2.2.1.3 怀化市大病保险政策

2015 年，怀化市启动农村大病保险。2016 年，《怀化市人民政府关于整合城乡居民基本医疗保险制度的实施意见》（怀政发〔2016〕16 号），将农村大病保险覆盖范围扩大到城镇居民，从而进入全面实施城乡居民大病保险阶段。2016 年 10 月 10 日，怀化市全面实施城乡居民大病保险制度，补偿机制主要内容为：补偿起付线为 8 000 元，8 000 元至 3 万元补偿 50%，3 万元以上至 8 万元补偿 60%，8 万元以上至 15 万元补偿 70%，15 万元以上补偿 80%，年度累计补偿金额不超过 20 万元，其中，低保困难群众大病保险补偿起付线标准降低 50%[①]。筹资机制包括：①统筹层次。城乡居民大病保险实行市级统筹，统一政策、统一组织实施。②筹资标准。规定"大病保险筹资标准原则上控制在当年城乡居民基本医保基金筹资标准的 5%左右。"具体的，怀化市当年筹资标准暂定为 20 元。③筹资方式。由财政、人力资源社会保障部门依照当年大病保险筹资标准向县市区下达大病保险资金上解任务，各县市区应将上解大病保险资金及时缴入市财政设立的大病保险资金账户。

2017 年，怀化市城乡居民医保筹资标准为 570 元/人（其中个人缴费 150 元）。2018 年，怀化市城乡居民基本医保个人缴费标准为 180 元/人。2019 年，怀化市城乡居民大病保险筹资标准 65 元/人。2019 年，怀化市补偿标准，按照《关于调整城乡居民大病保险政策的通知》（湘医保发〔2019〕22 号）执行，起付线为 8 000 元，封顶额为 30 万元。2023 年，怀

---

① 怀化市人社局医保科. 怀化 2017 年度大病保险补偿到位 3 815 万元 [N]. 边城晚报，2017-10-01. https：//www. sohu. com/a/195807559_ 650993.

化市根据《国务院办公厅关于全面实施城乡居民大病保险的意见》（国办发〔2015〕57号）及《湖南省城乡居民大病保险实施办法》（湘医保发〔2021〕41号）有关精神，结合怀化市实际，制定《怀化市城乡居民大病保险实施细则》。《怀化市城乡居民大病保险的实施细则》主要包括以下几个方面。

（1）保障对象：所有参加城乡居民基本医保的参保人员，包括因特殊情形中途参保的人员。

（2）资金来源：大病保险资金直接从城乡居民基本医保基金中划拨，筹资标准原则上控制在当年城乡居民医保筹资总额的10%之内。

（3）起付线和补偿比例：起付线按上年度居民人均可支配收入的50%确定，年度补偿限额统一为40万元，对特困人员、低保对象、返贫致贫人口取消封顶线。

（4）支付范围：大病保险支付范围包括参保人员住院总医疗费用中基本医保政策报销后的自付费用。

（5）承办机构：城乡居民大病保险由商业保险机构承办，根据本地实际从省级招标确定入围的商业保险机构中选定不超过4家机构承办。

《怀化市城乡居民大病保险实施细则》中规定的城乡居民大病保险待遇见表2.4。

表2.4　怀化市城乡居民大病保险待遇

人员类别	起付标准/元	扣除起付线后补偿区间/%				年度最高支付限额
		0-3万元（含）	3-8万元（含）	8-15万元（含）	>15万元	
普通城乡居民	16 000	60	65	75	85	40万元
特困、低保、返贫致贫人员	8 000	65	70	80	90	不设最高支付限额

2.2.2　湖北省及恩施州城乡居民大病保险政策

2.2.2.1　湖北省大病保险政策

湖北省于2013年1月发布《湖北省城乡居民大病保险工作实施方案（试行）》，启动大病保险工作。方案明确大病保险资金实行市（州）级统筹，2013 年湖北省各市（州）城乡居民大病保险指导性筹资标准为 25 元/人，规定大病保险对参保（合）人基本医疗保险报销后超过大病保险起付线标准的高额合规个人负担费用的实际支付比例不低于 50%。2013 年湖北省城乡居民大病保险起付线标准为 8 000 元，超过 8 000 元则按分段支付比例 50%、60%、70% 进行赔付①。

随后，湖北省在 2014 年和 2015 年分别出台《关于做好城乡居民大病保险工作通知》与《省人民政府办公厅关于进一步做好城乡居民大病保险工作的通知》，进一步完善了湖北省大病保险政策，明确了大病保险的参保对象为参加湖北省城镇居民基本医疗保险和新型农村合作医疗的人员。同时，筹资标准更加灵活化，由固定的 25 元/人变更为上一年度城乡居民基本医保人均筹资标准的 5% 左右，对于大病保险基金规模小、抗风险能力弱的地区，最高不超过上一年度城乡居民基本医保人均筹资标准的 10%。起付标准与支付比例也相应提高，增强了大病保险的保障能力，具体情况如表 2.5 所示。

表 2.5　2016—2018 年湖北省大病保险理赔标准

扣除超付线后补偿区间	支付比例/%
12 000 元及以下	0
12 001～30 000 元	50
30 001～100 000 元	65
100 00 元以上	75

数据来源：湖北省人民政府

（1）2015 年年底，湖北省政府印发《关于进一步做好城乡居民大病保险工作的通知》，调整了城乡居民大病保险政策。新政策提高了大病医疗费用报销比例，并在计算大病保险个人累计负担额度时，不扣除贫困患者当年享受的医疗救助额度。2013—2015 年的 3 档报销比例分别是 50%、60%、70%，新规定在原政策基础上报销比例提高 5 个百分点，即政策范围内个人自付医疗费用 1.2 万元以上 3 万元以下部分赔付 55%，3 万元以上 10 万元以下部分赔付 65%，10 万元以上部分赔付 75%，并规定各地最

① 湖北省人民政府. 湖北省城乡居民大病保险工作实施方案（试行）. 鄂政办发〔2013〕6 号[R/OL]. (2013-01-28)[2024-05-10].http://www.nhc.gov.cn/tigs/dfdt/201308/71c5dbf2424f4f22 8817b61c125cd792. shtml.

高支付限额不得低于 30 万元①。

2022 年，湖北省政府办公厅印发《关于健全重特大疾病医疗保险和救助制度的实施意见》，着力减轻困难群众重特大疾病医疗费用负担，建立健全防范和化解因病致贫返贫长效机制。该政策自 2022 年 9 月 1 日起实施②。主要包括以下六个方面：

（1）缴费和资金来源：参保城乡居民个人不需要为大病保险缴费，费用从城乡居民基本医保基金中列支。

（2）适用范围：大病保险适用于参保人员患门诊重症慢性病和住院所发生的高额医疗费用。这些费用在基本医保按规定支付后，个人年度累计负担的政策范围内的医疗费用超过大病保险起付标准以上的部分，由大病保险给予补偿。

（3）起付标准和报销比例：2020—2022 年，大病保险起付标准为 1.2 万元，起付标准以上部分由大病保险分段按比例报销。累计金额在 1.2 万元以上 3 万元（含）以下部分赔付 60%；3 万元以上 10 万元（含）以下部分赔付 65%；10 万元以上部分赔付 75%，年度最高支付限额为 35 万元。每名参保患者在一个保险年度内只扣除一次大病保险起付标准金额。

（4）救助对象与保障措施：湖北省将救助对象分为四类，实施分层分类救助。一类包括城乡特困人员、孤儿；二类为城乡最低生活保障对象、返贫致贫人口；三类为城乡低保边缘家庭成员、纳入监测范围的农村易返贫致贫人口（包含脱贫不稳定、边缘易致贫、突发严重困难人口三类监测对象）；四类为因病致贫重病患者和县级以上地方人民政府规定的其他特殊困难人员。

（5）基本医保与大病保险补充保障：基本医保主体保障包括对参保居民实行普惠性财政补助，并通过全额或定额资助特困人员、低保对象、返贫致贫人口等医疗救助对象参保。一类、二类对象大病保险执行起付线降低 50%、报销比例提高 5%、取消封顶线的倾斜支付政策。

（6）医疗救助托底保障：在定点医药机构发生的住院费用、因慢性病需要长期服药治疗的费用、患重特大疾病需要长期门诊治疗的费用，经基

① 湖北省人社厅. 湖北全面实施城乡居民大病保险［R/OL］.（2016-08-10）［2024-05-10］. http://www.mohrss.gov.cn/SYrlzyhshbzb/dongtaixinwen/dfdt/201608/t20160810_245191.html.

② 龙华. 湖北省政府出台政策 健全重特大疾病医疗保险和救助制度［EB/OL］.（2022-08-18）［2024-05-10］.https://www.gov.cn/xinwen/2022-08/18/content_5705897.htm.

本医保、大病保险等支付后政策范围内个人自付费用部分，按规定纳入医疗救助保障范围。符合条件的门诊慢特病政策范围内个人自付医疗费用，各市（州）按不低于50%比例救助。住院医疗救助中，一类、二类对象，不设起付标准，对其政策范围内个人自付医疗费用分别按100%、不低于70%比例救助；三类、四类对象，起付标准分别按各市（州）上年度居民人均可支配收入的10%、25%确定，对其政策范围内个人自付医疗费用分别按不低于60%、50%比例救助①。

这些政策体现了湖北省在完善城乡居民大病保险制度方面的努力，旨在实现更全面、更公平的医疗保障。

2.2.2.2　恩施州大病保险政策

2013年9月，恩施州城乡居民大病保险项目进入实施阶段。2016年1月，恩施州制定颁发《恩施土家族苗族自治州城乡居民大病保险实施办法》（以下简称《办法》），标志着恩施州城乡居民大病保险制度正式建立。《办法》明确保障对象为全州城镇居民医保和新农合的参保（合）人员。大病保险以州为单位组织实施，实行统一政策体系、统一筹资标准、统一待遇水平、统一经办服务、统一核算盈亏。筹资标准一般为上一年度城乡居民基本医保人均筹资标准的5%左右，最高不超过上一年度城乡居民基本医保人均筹资标准的10%。全州大病保险起付线为1.2万元（贫困患者起付线为8 000元）。一个保险年度内，对参保、参合人员个人负担的合规医疗费用累计超过大病保险起付线以上费用分三段累计补偿：累计金额1.2万元（贫困患者累计金额8 000元）以上3万元（含）以下部分赔付55%，3万元以上10万元（含）以下部分赔付65%，10万元以上部分赔付75%，一个保险年度内大病保险最高赔付额度50万元②。

2022年，为切实做好恩施州全州城乡居民大病保险工作，根据《国务院办公厅关于全面实施城乡居民大病保险的意见》（国办发〔2015〕57号）和《省人民政府办公厅关于进一步做好城乡居民大病保险工作的通知》（鄂政办发〔2015〕79号）等文件精神，结合恩施州实际，在2022

---

① 龙华. 湖北省政府出台政策 健全重特大疾病医疗保险和救助制度[EB/OL]. (2022-08-18)[2024-05-10]. https://www.gov.cn/xinwen/2022-08/18/content_5705897.htm.

② 恩施自治州人民政府. 恩施土家族苗族自治州城乡居民大病保险实施办法. 恩施州政规〔2016〕1号[R/OL]. (2016-01-08)[2024-05-10]. http://ybj.enshi.gov.cn/zfxxgk/zc/gfxwj/202103/t20210319_1109472.shtml.

年制定了《恩施土家族苗族自治州城乡居民大病保险实施办法》（恩施州政规〔2022〕3号），对恩施州城乡居民大病保险政策进行了进一步优化：城乡居民大病保险超过起付线的第一段补偿比例增加5%，由55%提升至60%；特困人员、低保对象、返贫致贫人口大病保险起付线由8 000元降低至6 000元，大病保险分段补偿比例由55%、65%、75%分别提高到65%、70%、80%，且取消年度封顶线限制[①]。具体如下：

（1）资金筹集与管理。大病保险的每个保险年度具体筹资标准根据恩施州全州经济社会发展水平、患大病发生的高额医疗费用情况、基本医保筹资能力和支付水平以及大病保险保障水平等因素科学测算、合理确定、适时调整，原则上不超过上年度城乡居民基本医保人均筹资标准的10%。大病保险资金从城乡居民医保统筹基金或州级统筹前各县市留存的累计结余中列支。

（2）保障范围与水平。大病保险的保障对象包括全州城乡居民基本医疗保险的参保人。起付线为12 000元，分段标准为：累计金额在12 000元以上至3万元（含3万元）以下部分报销60%，3万元以上至10万元（含10万元）以下部分报销65%，10万元以上部分报销75%，一个年度大病保险报销最高支付限额为50万元。特困人员、低保对象、返贫致贫人口大病保险起付线为6 000元，分段标准为：累计金额在6 000元以上至3万元（含3万元）以下部分报销65%，3万元以上至10万元（含10万元）以下部分报销70%，10万元以上部分报销80%，无年度封顶线[②]。

2.2.3　贵州省及铜仁市居民大病保险政策

2.2.3.1　贵州省大病保险政策

为进一步完善城乡居民医疗保障制度，健全多层次医疗保障体系，有效提高重特大疾病保障水平，贵州省发展改革委等六厅局在2013年1月21日颁布了《贵州省开展城乡居民大病保险工作实施方案（试行）》（黔发改社会〔2013〕201号）方案，该文件的出台标志着贵州省正式启动大

---

① 恩施自治州人民政府. 恩施土家族苗族自治州城乡居民大病保险实施办法. 恩施州政规〔2022〕3号. [R/OL].（2022-04-08）[2024-05-10].http://www.enshi.gov.cn/zt/n2022/xjccmq/zc/202204/t20220415_1279577.shtml.

② 恩施自治州人民政府. 恩施土家族苗族自治州城乡居民大病保险实施办法. 恩施州政规〔2022〕3号. [R/OL].（2022-04-08）[2024-05-10].http://www.enshi.gov.cn/zt/n2022/xjccmq/zc/202204/t20220415_1279577.shtml.

病保险制度。贵州省自 2013 年于贵阳市、毕节市、黔西南州开展城乡居民大病保险试点工作，大病保险补偿实际支付比例不低于 50%。不同试点市（州）起付线设在 4 000~10 000 元，补偿比例从 50% 至 90% 不等，医疗费用越高补偿比例越高[①]。

在总结试点经验基础上，2015 年贵州省人民政府发布《贵州省全面实施城乡居民大病保险方案》，全面推进贵州省城镇居民大病保险制度。文件规定贵州省城镇居民基本医疗保险、新型农村合作医疗大病保险筹资标准原则上不低于年度人均筹资总额的 5%，各市州相关部门应结合当地实际情况建立大病保险筹资标准动态调整机制。大病保险实行市州级统筹，以市州为单位统一资金管理，统一保障政策，统一组织实施。

2022 年为进一步减轻贵州省困难群众和大病患者医疗费用负担，有效防范因病返贫致贫风险，贵州省人民政府办公厅印发《省人民政府办公厅关于健全重特大疾病医疗保险和救助制度的实施意见》，文件将需救助人群分为四类实施分类救助，进一步增强对困难群众和大病患者兜底性保障。一类人员不设起付线，政策范围内个人自付费用给予全额救助；二类人员不设起付线，政策范围内个人自付费用按 70% 比例救助；三类人员起付线为 1 000 元，政策范围内个人自付费用按 60% 比例救助；四类人员起付线为 2 000 元，政策范围内个人自付费用按 50% 比例救助[②]。贵州省历年大病保险政策如表 2.6 所示。

表 2.6　贵州省历年大病保险政策

年份	文件
2013	《贵州省开展城乡居民大病保险工作实施方案（试行）》
2014	《关于全面推进我省城镇居民大病保险工作有关问题的意见》
2015	《贵州省全面实施城乡居民大病保险方案》
2019	《省医疗保障局关于进一步做好城乡居民大病保险有关工作的通知》

---

① 贵州省发展和改革委员会. 贵州省开展城乡居民大病保险工作实施方案（试行）. 黔发改社会〔2013〕201 号〔R/OL〕.（2013 - 01 - 31）〔2024 - 05 - 10〕. http://www.nhc.gov.cn/tigs/s9662/201308/8835f3578ffb45f7b674f0cb3cd099e1.shtml.

② 贵州省人民政府. 省人民政府办公厅关于健全重特大疾病医疗保险和救助制度的实施意见. 黔府办发〔2022〕19 号.〔R/OL〕.（2022 - 08 - 15）〔2024 - 05 - 08〕. https://sjt.guizhou.gov.cn/zwgk/zfxxgk/fdzdgknr/zcwj/202208/t20220815_76087759.html.

表2.6(续)

年份	文件
2022	《贵州省人民政府办公厅关于健全重特大疾病医疗保险和救助制度的实施意见》

资料来源：根据历年医保政策整理所得。

2.2.3.2 铜仁市截至保险政策

2014年2月，铜仁市人民政府颁布《铜仁市新型农村合作医疗重大疾病保险实施办法（试行）》，标志着贵州省铜仁市新农合重疾医疗保险项目进入实施阶段。新农合重大疾病基金从各区（县）当年新农合基金总额中提取9%和市级财政每年补助资金200万元作为重大疾病基金。当参合群众因病治疗发生的医疗费经新农合政策补偿后，当次个人自付合规医疗费达到6 000元的，对超出部分按50%再补偿；当参合群众年度内因重特大疾病住院治疗当次医疗总费用10万元（含10万元）以上的超出部分按80%比例补偿，封顶线为40万元[①]。

2015年，随着贵州省大病医保政策的推进，铜仁市为进一步完善城镇居民基本医疗保险制度，健全多层次的医疗保障体系，有效提高重特大疾病保障水平，制定出台了《铜仁市城镇居民大病保险实施办法》（以下简称《办法》）。《办法》明确大病保险保障对象为参加城镇居民基本医疗保险的参保人，大病保险实行市级统筹，县级经办，统一政策，统一待遇支付标准。筹资标准为铜仁市城镇居民医保基金当年筹资总额的7%。铜仁市大病保险起付线为1.5万元，一个保险年度内，对参保人员个人负担的合规医疗费用累计超过大病保险起付线以上费用分两段累计补偿：累计金额1.5万元以上8万元以下部分赔付60%，8万元（含）以上部分赔付70%。一个保险年度内大病保险最高赔付额度为15万元[②]。

2019年，铜仁市城乡居民大病保险政策进一步优化，起付线由1.5万元降低至9 000元，年度累积自付在9 000元以上3万元（含）以内的部分按60%比例支付；3万元以上5万元（含）以下的部分按65%比例支

---

① 铜仁市人民政府. 铜仁市新型农村合作医疗重大疾病保险实施办法（试行）. 铜府办发〔2014〕62号〔R/OL〕.（2014－02－24）〔2024－05－08〕.https://www.zgdbjz.org.cn/Home/Guids/article/id/4467.dbjz

② 铜仁市人民政府. 铜仁市城镇居民大病保险实施办法（试行）. 铜府办发〔2015〕113号〔R/OL〕.（2015－07－15）〔2024－05－08〕.https://www.trs.gov.cn/zwgk/zfxxgkzl/fdzdgknr/zcwj/zfgw/tfbf/201705/t20170510_64232993.html.

付，5 万元以上的部分赔付 70%，封顶线为 30 万元。针对建档立卡贫困人口，大病保险起付线在普通人群基础上降低 50%，各档赔付比例均提高了 5 个百分点，且不再设置封顶线①。具体情况见表 2.7。

表 2.7　2019 年铜仁市大病保险保障待遇

普通人群补偿区间	普通人群报销比例/%	贫困户补偿区间	贫困户报销比例/%
9 000 元及以下	—	4 500 元及以下	—
9 001~30 000 元	60	4 501~30 000 元	65
30 001~50 000 元	65	30 001~50 000 元	70
50 000 元以上	70	50 001 元以上	75
封顶线 30 万元		上不封顶	

数据来源：铜仁市医疗保障局。

铜仁市自 2020 年以来，城乡居民大病保险政策经历了以下三个重要变化和发展②：

（1）政策调整与执行标准：铜仁市根据贵州省医保局的新规定，对城乡居民医保待遇政策进行了调整，以符合省级政策标准。这包括对异地就医支付比例、起付标准等方面的调整，以确保与省级政策一致。

（2）起付标准调整：根据贵州省医保局的要求，铜仁市将大病保险的起付标准由 9 000 元降低至 7 000 元，扩大了受益人数和受益率。

（3）异地就医待遇提升：铜仁市提高了异地就医参保人员的待遇标准，取消了省内门诊、住院异地就医备案手续，并提高了报销比例。

这些变化和调整体现了铜仁市在城乡居民大病保险政策方面的持续优化和提升，旨在提供更全面、更公平的医疗保障。

铜仁市自 2022 年以来，城乡居民大病保险政策主要体现在以下两个方面③：

（1）居民医保报销待遇：包括普通门诊、"两病"门诊、慢特病门诊、

---

① 铜仁市医保局. 政策解读《铜仁市城乡居民基本医疗保险待遇保障实施方案》［R/OL］.（2023-12-25）［2024-05-08］.https://si12333.cn/qa/mybpi.html.

② 铜仁市医保局. 政策解读《铜仁市城乡居民基本医疗保险待遇保障实施方案》［R/OL］.（2023-12-25）［2024-05-08］.https://si12333.cn/qa/mybpi.html.

③ 铜仁市医保局. 铜仁市 2024 年城乡居民基本医疗保险参保征缴公告［R/OL］.（2024-1-3）［2024-05-08］.https://m12333.cn/policy/mkski.html.

生育检查和住院待遇等。普通门诊最高可报销 500 元,慢特病门诊多数病种政策范围内可报销 8 000 元以上,住院待遇每年最高可报销 25 万元,加上大病保险,最高可报销 55 万元。

（2）特殊困难人员保障：特困人员、低保对象、监测对象等特殊困难人员在定点医疗机构发生的住院费用、慢特病门诊费用,大病保险起付标准较普通居民降低 50%,报销比例提高 5 个百分点,且不设年度支付限额。经基本医保、大病保险报销后,还可以享受不超过 5 万元的医疗救助,根据人员类别分别按 100%、70%、60%、50% 的比例予以保障。

这些政策体现了铜仁市在完善城乡居民大病保险制度方面的努力,旨在实现更全面、更公平的医疗保障。

2.2.4 重庆市及秀山县城乡居民大病保险政策

2.2.4.1 重庆市大病保险政策

重庆市依据国务院办公厅于 2015 年发布的《国务院办公厅关于全面实施城乡居民大病保险的意见》（国办发〔2015〕57 号）,于 2022 年出台了《重庆市人民政府办公厅关于健全重特大疾病医疗保险和救助制度的实施意见》等一系列政策文件,旨在确保全市居民享有可靠且有力的大病医疗保障。具体举措上,重庆市强化了大病保险的减负效应,针对特困人员、低保对象以及返贫致贫人口,不仅将大病保险起付线降低了 50%,还将报销比例提高了 5 个百分点,并取消了报销上限,以确保这部分群体能够承受得起高额医疗费用①。

为了深入贯彻国家医保局、财政部以及国务院扶贫办联合发布的《关于印发〈医疗保障扶贫三年行动实施方案 2018—2020 年〉的通知》（国医发〔2018〕18 号）及其市级配套方案（渝医保发〔2018〕23 号）的精神,从 2019 年 1 月 1 日开始,重庆市加大了对建档立卡贫困人口、特困人员等农村贫困群体大病保险报销比例的支持力度。在城乡居民大病保险现有报销比例的基础上,农村贫困人口在 20 万元（含）以内和 20 万元以上的自付合规费用,大病保险报销比例分别提升至 55% 和 65%,同时逐步提高并最终取消了农村贫困人口的大病保险年度报销上限。截至 2019 年年底,这一上限被提升至 30 万元;而到了 2020 年,农村贫困人口的大病保

---

① 梅小燕. 重庆市大病保险中存在的问题及对策研究 [D]. 重庆：重庆大学,2019.

险年度报销封顶线得以彻底取消。

2022 年重庆市城乡居民大病保险政策主要包括以下两个方面①：

（1）起付线与报销比例调整：特困人员、低保对象和返贫致贫人口的大病保险起付线降低 50%，报销比例提高 5 个百分点，并且不设封顶线。

（2）医疗救助托底保障：按照"先保险后救助"的原则，对基本医保、大病保险等支付后个人医疗费用负担仍然较重的救助对象按规定实施救助，以合力防范因病致贫返贫风险。

这些政策旨在减轻困难群众的医疗费用负担，并防范因病致贫的风险。

重庆市自 2023 年以来的城乡居民大病保险政策主要包括以下四个方面：

（1）起付线调整：从 2023 年 1 月 1 日起，大病保险的起付线调整为每年 16 901 元/人。

（2）最高报销限额：年度最高报销限额为 20 万元。

（3）报销比例：起付标准至 20 万元（含）以内的部分报销 50%；符合重庆市大病保险报销的自付费用，首次或累计超过起付标准以上的部分，报销比例为 60%。

（4）对特困人员、低保对象和返贫致贫人口实施倾斜政策，起付线降低 50%，报销比例提高 5 个百分点，并取消了年度最高支付限额。

通过这一系列精准而及时的政策改革，重庆市成功地推进了大病保险制度的深化和完善，赋予了广大人民群众更高水平、更全面的医疗保障，切实提升了民众生活质量。

2.2.4.2　秀山县大病保险政策

（1）大病保险报销比例逐年增加，保障范围逐年扩大。

2017 年，重庆市政府出台《重庆市人民政府办公厅关于调整城乡居民大病保险报销比例的通知》（渝府办发〔2016〕164 号），规定从 2017 年 1 月 1 日起，参保人员在一个自然年度内发生的符合我市城乡居民大病保险报销的自付费用首次或累计超过起付标准以上的，报销比例分二段累进补偿：起付标准以上至 20 万元（含）以内部分报销 50%，20 万元以上部分

---

① 重庆市人民政府办公厅. 关于健全重特大疾病医疗保险和救助制度的实施意见（渝府办发〔2022〕116 号）〔R/OL〕.（2022-10-28）〔2024-05-08〕. https://www.cq.gov.cn/zwgk/zfxxgkml/szfwj/xzgfxwj/szfbgt/202211/t20221107_11271774.html.

报销 60%。

2019 年，重庆市政府出台了《关于调整农村贫困人口城乡居民大病保险报销比例等有关事宜的通知》，提高了农村贫困人口大病保险报销比例，在城乡居民大病保险报销比例基础上，将农村贫困人口符合大病保险报销范围自付费用在起付标准以上 20 万元（含）内、20 万元以上的大病保险报销比例提高 5 个百分点，分别达到 55% 和 65%。逐步提高甚至取消了农村贫困人口大病保险年度报销封顶线，重庆市于 2019 年将农村贫困人口大病保险年度报销封顶线提高到 30 万元，又于 2020 年取消了农村贫困人口城乡居民大病保险年度报销封顶线。

（2）医疗救助协调配合大病保险政策，加大居民罹患大病时的保障力度。

2012 年出台的《关于进一步完善城乡医疗救助制度的意见》[①] 规定，22 类重疾纳入医疗救助，住院或特定门诊治疗费用，经医保报销后的自付部分，对首要五类救助对象（如城乡低保户、三无人员等）提供不低于 70% 的救助，其余对象不低于 50%。年救助上限至少 10 万，非特殊病种但单次住院医保范围内自费超 3 万者，同样按上述比例救助，年度封顶线不少于 6 万。

2017 年，秀山县政府印发《秀山土家族苗族自治县扶贫济困医疗基金实施方案》规定，农村建档立卡贫困人口，纳入民政救助系统的低保、三无、五保、孤儿、在乡重点优抚对象、重度残疾人、民政部门建档的其他特殊困难人员、家庭经济困难的在校大学生、因病致贫家庭重病患者政策对象发生医保目录外的医疗费用（以下简称"自负费用"）占总费用不超过 30% 的，对其医疗目录外自负费用予以救助；超过 30% 的，对自负费用 30% 以内的费用予以救助。原则上符合条件的单次自负费用超 3 000 元以上的，可享受救助；每人每年最高救助额度不超过 5 万元。详见表 2.8。

表 2.8 2017 年秀山县大病保险政策救助比例

扣除起付线后补偿区间	重点救助对象报销比例/%	其他救助对象报销比例/%
3 000~10 000 元	25	20

---

① 重庆市人民政府. 重庆市人民政府关于进一步完善城乡医疗救助制度的意见渝府发（〔2012〕78 号）[R/OL].（2022−07−24）[2024−05−08].https://www.cq.gov.cn/zwgk/zfxxgkml/szfwj/xzgfxwj/szf/201207/W020230309481093745703.pdf.

扣除起付线后补偿区间	重点救助对象报销比例/%	其他救助对象报销比例/%
10 001~30 000 元	30	25
30 001~50 000 元	35	30
50 000 元以上	40	35

数据来源：《秀山土家族苗族自治县扶贫济困医疗基金实施方案》。

注：重点救助对象包括城乡低保、农村五保、城市三无和孤儿。

2021 年，民政部发布《关于进一步加强医疗救助与城乡居民大病保险有效衔接的通知》（民发〔2017〕12 号），强调加强医疗救助与大病保险衔接，要求调整资金结构，提升重特大疾病救助资金占比，低收入群体和因病致贫家庭的重病救助比例上调至不低于 60%，重点对象不低于 70%；医疗救助范围扩大，个人承担的合规医疗费，在基本医保、大病保险等报销后，纳入救助计算；合规费用参考大病保险标准，与医保付费改革协同，倡议设立扶贫医疗基金，针对目录外大额费用实施梯度救助，以增强重病救助效能。

2023 年，秀山县根据《重庆市人民政府办公厅关于健全重特大疾病医疗保险和救助制度的实施意见》文件要求，发布了落实重特大疾病医疗保险和救助制度有关事宜意见稿，主要内容如下①：①实施重大疾病医疗救助保障。医疗救助全面覆盖医疗费用负担较重的困难职工和城乡居民，对救助对象按类别实施分类救助。救助对象包括低保对象、特困人员、低保边缘家庭成员、城乡孤儿、事实无人抚养儿童、返贫致贫人口、脱贫不稳定户、边缘易致贫户、因病因灾因意外事故等刚性支出较大或收入大幅缩减导致基本生活出现严重困难户、享受国家定期抚恤补助的在乡重点优抚对象、城乡重度（一级、二级）残疾人员等。②特殊病种医疗救助标准。上述救助对象若患特殊疾病，在定点医药机构发生住院费用或门诊治疗费用的，经基本医保、大病保险报销后的政策范围内费用，按比例给予救助。低保对象、特困人员、城乡孤儿、事实无人抚养儿童、返贫致贫人口按 70%的比例救助，低保边缘家庭成员、脱贫不稳定户、边缘易致贫户、

---

① 秀山县医疗保障局. 关于公开征求《贯彻落实重特大疾病医疗保险和救助制度有关事宜的通知（征求意见稿）》意见的公告［R/OL］.（2023－08－11）［2024－05－08］. http://www.cqxs.gov. cn/bm/ybj/dt_77939/202308/t20230811_12232328_wap.html.

突发严重困难户、在乡重点优抚对象（不含 1~6 级残疾军人）、城乡重度（一级、二级）残疾人员、因病致贫重病患者对象按 60% 的比例救助，年度救助限额为 10 万元。

这些政策体现了秀山县在完善城乡居民大病保险制度方面的努力，旨在实现更全面、更公平的医疗保障。

3 武陵山样本地区城乡居民大病保险实施现状及效果分析

3.1 湖南湘西州城乡居民大病保险实施现状及效果

3.1.1 湖南湘西州城乡居民大病保险实施现状

3.1.1.1 总体状况

2024 年，湘西州城乡居民医疗保险总体状况如下①：

（1）参保覆盖率：截至 2024 年 2 月 19 日，湘西州完成了 2024 年度城乡居民基本医疗保险的参保缴费，参保人数达到 223.11 万人，参保率达到 99.36%，连续三年领跑湖南省。

（2）特殊人群参保：湘西州作为精准扶贫思想的"首倡地"，确保特殊人群百分之百参保，坚决防止因病返贫的情况发生。

（3）数据传递与共享平台：税务、医保、乡村振兴等部门建立了数据传递共享平台，定期开展数据比对，构建了全域覆盖、联动贯通的参保缴费动态体系。

（4）创新征缴机制与宣传活动：县市税务与医保创新推出了"五个一批"征缴机制，联动乡镇专干、乡村振兴工作队员开展宣传活动，实现逐村逐户逐人动态清零。

（5）宣传与缴费服务优化：湘西州税务和医保部门通过多种宣传方式，如苗语版和土家语版宣传视频、山歌、情景案例等，并优化缴费服

---

① 向宇、邓依乔. 湘西州基本医疗保险参保覆盖率连续三年全省第一[EB/OL].（2024-02-23）[2024-05-08].https://new.qq.com/rain/a/20240223A059V900.

务，如推广 POS 机刷卡缴费等，确保群众能够更方便地参保和缴费。

（6）政府主导与部门合作：湘西州税务部门负责人表示，湘西州将持续巩固政府主导、部门配合、乡镇主抓、税务征收的城乡医保征缴模式，围绕"基本医疗有保障，不让一个群众因病致贫、因病返贫"的目标，努力为健康湘西发展提供坚实的医保支撑。

这些措施和成就表明，湘西州城乡居民大病保险在提高参保率、覆盖特殊人群、创新征缴机制、优化服务等方面取得了显著效果。

自 2016 年湘西州全面实施城乡居民大病保险以来，大病保险制度总体平稳运行，在帮助人民参保，防止群众因病致贫、因病返贫等方面发挥了重要作用。为进一步健全完善、统一规范全州城乡居民大病保险制度，提高大病保险保障能力，规范大病保险管理服务，根据湖南省医保局联合省财政厅、省卫生健康委员会、中国银行保险监督管理委员会湖南监管局等部门联合印发的《湖南省城乡居民大病保险实施办法》（湘医保发〔2021〕41 号）要求，结合湘西州当前工作实际，会同州财政局、州卫生健康委员会、中国银行保险监督管理委员会湘西监管分局制定了《湘西自治州城乡居民大病保险实施细则》。

2020 年，湘西州州委、州政府把医疗保障工作作为精准脱贫攻坚工作中的重要任务，把医疗救助帮扶纳入精准扶贫脱贫"十项工程"扎实推进，全州建档立卡贫困人口参保率、大病保险率、大病救助率均达 100%；湘西州贫困群众医疗费用报销 85% 以上、特困群众全额报销，有效缓解了因病致贫、因病返贫问题，并加入了福建三明采购联盟。

2020 年，湘西自治州城乡居民大病保险的实施状况如下①：

（1）医疗保障工作的重要性：湘西州将医疗保障工作作为精准脱贫攻坚的重要任务，积极推进医疗救助帮扶，全州建档立卡贫困人口参保率、大病保险率、大病救助率均达到 100%。

（2）报销比例和起付线：根据《城乡居民基本医疗保险实施细则》，建档立卡贫困户和低保户在二级以上定点医疗机构住院时，起付线减半，报销比例提高 10 个百分点。此外，贫困人口个人缴费部分由政府资助50%以上。

（3）大病保险的调整：自 2016 年以来，大病保险经历了两次调整，

---

① 王柯沣. 医保扶贫的"湘西样本"［EB/OL］.（2020-09-24）［2024-02-18］.https://ybj.hunan.gov.cn/ybj/first113541/f2_1/202009/t20200924_13753174.html.

2018 年筹资标准为 50 元/人，2019 年调整到 65 元/人。大病保险的封顶限额为 30 万元，并取消了建档立卡贫困人口的封顶线。建档立卡贫困人口、特困人员、城乡低保对象的起付线下调至 4 000 元，分段补偿比例也有所提高。

这些措施表明湘西州在医疗保障方面做出了显著努力，特别是在帮助贫困人口减轻医疗费用负担方面。

2023 年 3 月 31 日，湘西州医保局与 6 家承办公司的负责人分别签署《2023 年度湘西自治州城乡居民大病保险服务合同》[①]。湘西州城乡居民大病保险的实施现状主要体现在以下几个方面[②]：

（1）政策背景与目标：为贯彻落实国家关于深化医疗保障制度改革的决策部署，湘西州致力于医疗保障的高质量发展，并确保基本医疗保险的覆盖率和参保率稳定在 95% 以上。

（2）参保对象范围：除了职工基本医疗保险应参保人员和国家规定的其他保障人员外，所有城乡居民都被纳入居民医保制度的覆盖范围。这包括农村居民、城镇非从业居民、在校学生及学龄前儿童等。

（3）财政补助标准：2023 年，湘西州居民医保的财政补助标准为 640元/人。2024 年的标准将按照国家规定执行。

（4）个人缴费标准：2023 年，湘西州居民医保的个人缴费标准为每人每年 380 元。2024 年，这一标准保持不变。

（5）困难群众参保资助政策：对特困供养人员、低保对象、监测对象等困难群众，政府提供个人缴费部分的资助，特困供养人员给予全额资助，低保对象等给予 50% 的资助。

这些措施体现了湘西自治州在医疗保障方面的努力，特别是在帮助困难群众和提高医疗保障覆盖率方面的成效。

3.1.1.2　筹资状况

筹资标准：居民大病保险筹资标准原则上控制在当年城乡居民医保筹资总额的 10% 之内。根据湘西州参保患者大病发生的高额医疗费用情况、

---

① 文晓辉、黄茜. 2023 年度湘西州城乡居民大病保险合同顺利签订［EB/OL］.（2023-04-01）［2024-04-28］.https://m.voc.com.cn/xhn/news/202304/17188943.html.

② 湖南省医疗保障局. 关于做好 2024 年度城乡居民基本医疗保险参保缴费工作的通知（湘医保发〔2023〕41 号）［R/OL］.（2023-10-08）［2024-04-28］.https://ybj.hunan.gov.cn/ybj/first113541/firstF/f2113606/202309/t20230912_29482397.html.

基本医保筹资能力和支付水平，以及大病保险保障水平等因素，2022年大病保险筹资标准为72元/人，以后年度如需调整，由湘西州医疗保障局会同州财政局测算，报州政府批准后实施①。

资金来源：大病保险资金直接从城乡居民基本医保基金中划拨。如出现大病保险资金不足时，在确定下年度城乡居民医保筹资标准时统筹考虑调整。

统筹层次：大病保险严格实行州级统筹，统一筹集、管理和使用大病保险资金，切实提高抗风险能力。

2023年，湘西治州城乡居民大病保险的筹资状况如下②：

（1）财政补助标准：2023年，湘西州居民医保的财政补助标准为640元/人。这一标准是根据国家相关政策和地方实际情况制定的，确保了医疗保险的财政支持力度。

（2）个人缴费标准：2023年，湘西州居民医保的个人缴费标准为每人每年380元。这一标准是为了适应医疗费用的增长和基本医疗需求的提升，确保参保人员的医保权益。

这些筹资标准反映了湘西自治州在医疗保障方面的努力，旨在确保居民能够获得必要的医疗保障，并减轻他们的医疗费用负担。

3.1.1.3　保障范围及水平

根据《国务院办公厅关于全面实施城乡居民大病保险的意见》（国办发〔2015〕57号）和《中共湖南省委 湖南省人民政府关于深化医疗保障制度改革的实施意见》（湘发〔2021〕3号）、《湖南省城乡居民大病保险实施办法》（湘医保发〔2021〕41号）有关精神，湘西州2022年制定了《湘西自治州城乡居民大病保险实施细则》。

（1）保障范围

大病保险的保障对象为参加城乡居民基本医保的所有参保人员（含因特殊情形中途参保人员）。参保人员患大病发生高额医疗费用，经城乡居民基本医保按规定支付后，个人负担的政策范围内医疗费用由大病保险按

---

① 湘西州医疗保障局.2022年湘西自治州城乡居民大病保险实施细则［R/OL］.（2022-04-12）［2024-04-28］.https://www.xxz.gov.cn/zwgk/fdxxgknr/lzyj/gfxwj/202206/t20220607_1898292.html.

② 湖南省医保局.关于做好2024年度城乡居民基本医疗保险参保缴费工作的通知湘医保发〔2023〕41号［R/OL］.（2023-09-12）［2024-04-28］.https://ybj.hunan.gov.cn/ybj/first113541/firstF/f2113606/202309/t20230912_29482397.html.

规定比例支付。

（2）支付范围

大病保险政策范围内医疗费用原则上执行基本医疗保险药品目录、医用耗材和医疗服务项目支付范围规定。大病保险支付范围为：参保人员住院总医疗费用剔除基本医疗保险"三个目录"之外的全自费费用、并经城乡居民基本医保政策报销后的自付费用；参保人员无第三方责任的意外伤害、无商业保险理赔的交通事故的政策范围内医疗费用，以及经相关部门认定、按比例剔除应由第三方负担后的医疗费用，先按基本医保政策规定视同疾病纳入基本医疗保险支付（含医保部门委托商业保险管理的意外伤害保险），剩余的政策范围内医疗费用纳入大病保险支付范围；门诊（含普通门诊和特殊门诊）自付费用、单行支付药品的自付部分、按基本医疗保险政策规定不予支付的其他医疗费用暂不纳入大病保险支付范围[1]。

（3）大病保险支付待遇[2]

①起付标准：大病保险起付线暂按湘西州上年度居民人均可支配收入的50%左右确定。湘西州2022年大病保险起付线统一为9 000元，对特困人员、低保对象、返贫致贫人口起付线降低50%。

②支付比例：对参保人员一个自然年度内累计个人负担的政策范围内医疗费用，扣除大病保险起付线以后，分四段累计补偿：0至3万元（含）部分报销60%，3万元以上至8万元（含）部分报销65%，8万元以上至15万元（含）部分报销75%，15万元以上部分报销85%。特困人员、低保对象、返贫致贫人口，在扣除大病保险起付线以后，各段报销比例分别提高5个百分点（见表3.1）。

表3.1　2022年湘西州大病保险累积补偿情况

大病医疗保险报销区间	报销比例/%
0至3万元（含）	60
3万元以上至8万元（含）	65

---

① 湘西州医疗保障局. 2022年湘西自治州城乡居民大病保险实施细则［R/OL］.（2022-04-12）［2024-04-28］. https://www.xxz.gov.cn/zwgk/fdxxgknr/lzyj/gfxwj/202206/t20220607_1898292.html.

② 湘西州医疗保障局. 2022年湘西自治州城乡居民大病保险实施细则［R/OL］.（2022-04-12）［2024-04-28］. https://www.xxz.gov.cn/zwgk/fdxxgknr/lzyj/gfxwj/202206/t20220607_1898292.html.

表3.1(续)

大病医疗保险报销区间	报销比例/%
8万元以上至15万元（含）	75
15万元以上部分	85

数据来源：湘西医疗保障局。

③补偿限额：大病保险年度补偿限额统一为40万元，对特困人员、低保对象、返贫致贫人口取消大病保险封顶线。城镇居民基本医疗保险起付标准和报销比例按照参保人员的类别确定不同的标准。

（4）医疗机构支付起付标准

一级医疗机构及基层医疗卫生机构不设起付标准，按70%比例支付；二级医疗机构起付标准为200元，按60%比例支付；三级医疗机构起付标准为300元，按60%比例支付。

3.1.1.4 报销比率

2022年湘西州居民医保住院政策范围内报销（含大病支付、其他支付）比例为67.16%，比上年下降11.94个百分点。其中：三级、二级、一级及以下医疗机构住院政策范围内报销比例分别为62.84%、68.71%、81.72%。2019—2021年湘西州住院费用报销水平见表3.2。

表3.2 2019—2021年湘西州住院费用报销水平　　　　单位:%

医疗机构级别	2019年		2020年		2021年	
	政策范围内报销比例	实际报销比例	政策范围内报销比例	实际报销比例	政策范围内报销比例	实际报销比例
三级	63.87	50.25	65.48	50.44	66.23	51.09
二级	74.63	61.94	74.01	62.48	74.50	63.16
一级及以下	80.81	71.58	80.25	70.73	80.76	72.08

数据来源：2022年湘西州医疗保障事业发展统计公报。

2019年9月，湘西州医疗保障系统开展百日攻坚战"四百行动""三个回头"，即贫困人口参保个人缴费政府补助政策落实率达100%，贫困人口参保率达100%，贫困人口住院"一站式"结算资金及时足额到位率达100%，贫困人口县域内住院医疗费用实际报销比例达到85%以上不超过

90%标准的达100%；对贫困人口参保信息全面"回头比"，对贫困人口县域内住院医疗费用报销情况"回头查"，对贫困人口医保优惠政策宣传情况"回头看"，进一步为贫困群众兜牢了医疗保障底线，让贫困群众有了满满的获得感和稳稳的幸福感。

截至2020年6月30日，湘西州建档立卡贫困人口657 214人，100%纳入城乡居民基本医保、大病保险和医疗救助制度覆盖范围，县域内住院补偿134 957人次，总医疗费用46 392.47万元，报销总金额达到40 536.96万元，综合保障比例平均达到87.38%，医保扶贫政策实现全覆盖①。

3.1.1.5　运行状况

湘西州城乡居民大病保险的运行情况如下：

（1）政策制定与实施

2023年8月24日，湖南省医疗保障局、湖南省财政厅、国家金融监督管理总局湖南监管局联合印发了《湖南省城乡居民大病保险承办服务考核试行办法》。该办法旨在通过政府主导、专业承办的原则，提高大病保险的运行效率、服务水平和质量。

（2）考核办法

《考核办法》分为正文和年度考核表两个部分，共有四章十四条。考核内容包括组织管理、政策执行、资金安全、经办服务、群众满意度等方面，各项目累计满分100分。考核结果将作为续签大病保险服务协议和结算承办费用的重要参考依据。

（3）管理控费激励机制

考核结果与续签大病保险服务协议、结算承办费用挂钩。根据考核结果，对承办机构进行"优秀""良好""合格""不合格"四个评价等次的划分，并根据等次确定承办费用。这些措施和办法表明，湘西州城乡居民大病保险在运行过程中注重效率和质量，并通过严格的考核和管理机制，确保保险服务的高效和公正。

（4）承办方式

湘西州医疗保障局根据本地实际从省级招标确定入围的商业保险机构

---

① 王柯沣. 医保扶贫的"湘西样本"［EB/OL］.（2020 – 09 – 23）［2024 – 05 – 28］. https://ybj. hunan.gov.cn/ybj/first113541/f2_1/202009/t20200924_13753174.html.

中，按省文件规定选定商业保险机构承办湘西州大病保险业务①。

（5）待遇享受情况②

2022 年湘西州居民医保参保人员共享受待遇 2 087 730 人次，比上年增长 13.45%；医疗总费用 337 638 万元，比上年下降 3.88%（见图 3.1）。

居民医保参保人员住院率为 22.95%，比上年下降 0.53 个百分点；次均住院费用 5 412 元，比上年下降 3.51%。其中，三级、二级、一级及以下医疗机构的次均住院费用分别为 12 667 元、5 030 元、1 388 元，分别比上年增长-3.20%、2.32%、-24.32%。居民医保住院政策范围内报销（含大病支付、其他支付）比例为 67.16%，比上年下降 11.94 个百分点。其中：三级、二级、一级及以下医疗机构住院政策范围内报销比例分别为 62.84%、68.71%、81.72%。

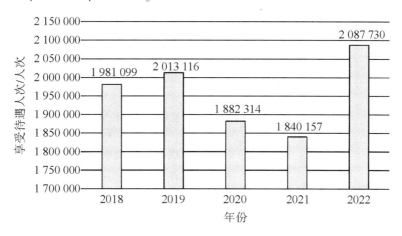

图 3.1　2018—2022 年湘西州城乡居民享受待遇人次情况

（数据来源：湖南省统计局，国家统计局）

（6）大病保险基金收支情况

①城乡居民基本医疗保险筹资标准：2023 年，城乡居民基本医疗保险的筹资标准为 1 020 元。其中，人均财政补助标准为每人每年不低于 640 元，个人缴费标准为每人每年 380 元。

---

① 湘西州医保局.解读《湘西自治州城乡居民大病保险实施细则》［R/OL］.（2022-03-22）
［2024-04-28］.https://ybj.xxz.gov.cn/slhzq/zczx/zcjd1/202203/t20220322_1874383.html.

② 湘西州医保局.2022 年湘西州医疗保障事业发展统计公报［R/OL］.（2023-03-29）［2024-
05-28］.https://ybj.xxz.gov.cn/zwgk_166/fdxxgknr/tjxx/202305/t20230512_2016384.html.

②大病保险费结算后的资金拨付：根据《湖南省城乡居民大病保险承办服务考核试行办法》，大病保险费结算后（包括扣除承办费用）无结余的，按大病保险筹集资金总额的 3.0%拨付承办费；有结余的，以大病保险筹集资金总额的 4.0%为基准拨付，根据资金结余情况提高承办费标准，最高不超过资金总额的 5%①。

③基金规模：截至 2022 年年底，湘西州基本医疗保险（以下简称"基本医保"）参保人数 2 632 094 人，参保率稳定在 95%以上。2022 年湘西州基本医保基金总收入 378 468 万元，比上年增长 12.96%；全州基本医保基金总支出 290 351 万元，比上年增长 0.56%；全州基本医保基金期末累计结余 458 765 万元。2022 年湘西州居民医保人均筹资 930 元，比上年增长 8.14%；基金收入 232 386 万元，比上年增长 4.75%；基金支出 207 886 万元，比上年下降 1.14%；当期结余 24 500 万元，期末累计结余 99 942 万元（见表 3.3）。

表 3.3　2020—2022 年湘西州基本医保、居民医保基金收支情况

医保基金	项目	2020 年		2021 年		2022 年	
		数额/万元	增长率/%	数额/万元	增长率/%	数额/万元	增长率/%
全州基本医保基金	总收入	341 683	8.29	337 416	−2.04	378 468	12.96
	总支出	290 279	5.34	291 466	−0.80	290 351	0.56
	累积结余	324 334		374 296		458 765	
居民医保基金	收入	213 327	10.79	221 841	3.99	232 386	4.75
	支出	207 326	5.66	210 289	1.41	207 886	−1.14
	当期结余	6 001		11 552		24 500	
	累积结余	63 890		75 442		99 942	

数据来源：湘西土家族苗族自治州医疗保障局。

3.1.1.6　医保基金监管状况

2019 年，湘西州持续保持打击欺诈骗保高压态势，畅通举报渠道，加强部门联合执法，对所有的定点协议医药机构进行全覆盖检查，对涉嫌犯

---

① 湖南省医保局等. 湖南省城乡居民大病保险承办服务考核试行办法（湘医保发〔2023〕37 号）〔R/OL〕.（2023-08-02）〔2024-05-28〕. https://www.hunan.gov.cn/zqt/zcsd/202309/t20230906_29477946. html.

罪的依法追究刑事责任。为堵塞监管漏洞，湘西州各县市医保部门积极探索，不断创新监管方式，提升科学监管水平。其中古丈县医疗保障局，创新监管方式，提升科学监管水平，启动住院病人"人脸识别"智能监控试点工作，保证了住院信息的准确性、真实性，从源头上防范、杜绝参保人员冒名顶替住院等违规行为。同时，该局积极探索"系统报警"智能审核工作，将医保监管由点到面、由表及里向纵深推进①。

2020年，湘西州医疗保障部门始终把维护基金安全作为重要任务。《中共中央 国务院关于深化医疗保障制度改革的意见》（2020年2月25日）中指出，医疗保障基金是人民群众的"救命钱"，要以零容忍的态度严厉打击欺诈骗保行为，确保基金安全高效、合理使用②。

2022年，湘西州800余家医保定点医药机构监督检查覆盖率达到了100%，且立案案件均已办结，有效期办结率已达100%。在日常监督检查、全州县市交叉检查以及省级飞行检查中发现的违法违规问题，严格按照时间节点要求完成处理。2022年以来，湘西州医保局对医保定点医药机构约谈了138家，责令改正228家，通报批评127家，暂停医保44家；全州立案案件53件，行政处罚344.52万元，退回基金本金235.58万元；协议处理243件，追回医保基金1072.68万元③。

2024年，湘西州在医疗保障监管方面采取了一系列措施④：

（1）集中宣传活动：2024年4月，湘西州开展了医保基金监管集中宣传活动，主题为"基金监管同参与 守好群众救命钱"。这些活动包括在城市中心广场、公交站台、公交车座椅背板、商品房楼宇电梯、政务中心等地张贴宣传海报，以及在墟场日深入基层，直面参保群众，开展医保公众普法宣传。这些举措旨在提高公众对医保基金监管举措和违法违规使用医

① 湖南省医疗保障局. 湘西医有所保 民有所依：2019年以来医疗保障工作综述［R/OL］.（2020-05-25）［2024-05-28］.http://ybj.hunan.gov.cn/ybj/first113541/f3113602/202005/t20200525_12170667.html.

② 湖南省医疗保障局. 湘西医有所保 民有所依：2019年以来医疗保障工作综述［R/OL］.（2020-05-25）［2024-05-28］.http://ybj.hunan.gov.cn/ybj/first113541/f3113602/202005/t20200525_12170667.html.

③ 湘西州医保局. 2022年湘西州医疗保障事业发展统计公报［R/OL］.（2023-03-29）［2024-05-28］.https://ybj.xxz.gov.cn/zwgk_166/fdxxgknr/tjxx/202305/t20230512_2016384.html.

④ 湘西自治州医疗保障局. 医保基金同监管 守好群众"救命钱"：湘西州正式开展医保基金集中宣传活动，［R/OL］.（2024-04-07）［2024-05-28］.https://ybj.xxz.gov.cn/zwgk_166/fdxxgknr/gzdt/202404/t20240407_2138125.html.

保基金的司法后果的知晓度。

（2）"两定"机构政策业务培训会：湘西州医疗保障局利用医保基金集中宣传月活动为契机，在四月中旬分批、分类开展了全州"两定"机构政策业务培训会。这些培训会以"'两定'机构如何做好医保基金监管工作"为主题，梳理总结2023年省局发布的四批医保基金违规收费问题清单，并深入解读相关法规。此外，湘西州医保局还强化了医保基金监管执法和打击医保骗保法治培训，既注重正面宣传引导，又开展反面典型案例的警示教育，以提升震慑效果。

这些措施表明，湘西州在医疗保障监管方面采取了积极的态度，旨在提高公众和医保机构对监管措施的认知，并强化法律意识和执行力。

3.1.1.7　典型案例分析

案例1：凤凰县某医院违规结算医保基金案

凤凰县某医院因涉嫌骗保被湘西州中级人民法院判定，2016年7月至2018年7月，以挂空床、延长住院天数、虚假用药等手段，骗取医保基金5 690 000元。医院原法人吴某某被判犯诈骗罪有期徒刑十五年，追缴违法所得，没收个人财产1 000 000元，其他涉案人员也分别以诈骗罪受到刑事处理①。此外，县纪委监委对9名监管履职不到位公职人员进行党纪政纪处分①。

案例2：花垣县双龙镇某卫生院因违规使用医保基金被查处②

该卫生院于2021年7月1日至2022年2月8日，存在苯唑西林钠超标准收费违规行为，造成医保基金损失13 102元。花垣县医保局对该卫生院进行了处理，包括责令其立即整改，追回造成的医疗保障基金损失13 102元，并对违规金额13 102元处2倍罚款计26 204元。

这些案例反映了湘西州在医保欺诈方面的严格监管和严肃处理态度，有效地维护了医保基金的安全和合理使用。

3.1.2　湖南湘西州城乡居民大病保险实施效果

3.1.2.1　湘西州医保扶贫成效

近年来，湘西土家族苗族自治州因地因人因病精准落实健康扶贫政

---

① 欧阳仕君.湖南湘西州一医院骗取医保基金569万元，10名公职人员被处罚或处分[EB/OL].（2020-07-07）[2024-05-28].http://xxlz.xxz.gov.cn/gzkx/gzdt/202007/t20200703_1704007.html.

② 梅玫.湖南医保集中曝光2023年欺诈骗保、违法违规使用医保基金等10起典型案件[N].潇湘晨报，2024-04-10（10）.

策，全州受惠群众 26.8 万人次，有效缓解了群众因病致贫、因病返贫问题。湘西州医保扶贫的效果显著，主要体现在以下几个方面：

（1）建档立卡贫困人口的医保覆盖：湘西州 65.77 万建档立卡贫困人口全部参加城乡居民基本医疗保险。医保扶贫政策为贫困家庭提供了实质性的帮助，使他们能够负担得起医疗费用，避免其因病致贫。自 2017 年以来，湘西州多项健康扶贫措施并施，先后实施了先诊疗后付费制度和"一站式"报销结算，方便群众看病就医；州、县两级定点医院对贫困人口中罹患消化道肿瘤、终末期肾病、儿童白血病和儿童先天性心脏病等疾病患者进行集中救治；建档立卡贫困人口家庭医生签约服务实现全覆盖等。健康扶贫措施实施以来，医疗救助帮扶工程得到扎实推进，目前湘西州高血压、糖尿病规划管理率均超过 70%，重性精神病和结核病的规范化管理率超过 90%；全州贫困人口参合率、大病保险率、大病救助率均达 100%，医疗费用实际报销比例达 84.2%，合规费用报销达 95% 以上，特困患者实现 100% 报销①。

（2）资助与救助资金的投入：2019 年，湘西州资助农村低保对象、建档立卡贫困户、农村特困人员等 75 万余人参加城乡居民医保，资助金额达 15 420.92 万元。此外，还拨付救助资金 5 000 万元，救助 93 508 人次，全州资助参保和门诊住院救助两项共筹集医疗救助资金 20 420.92 万元。截至 2019 年年底，湘西州 657 735 名建档立卡贫困人口全部参保，贫困人口参保率 100%，县域内住院医疗费用综合实际报销率达 87.35%②。

（3）大病保险政策的调整：湘西州还调整大病保险政策，将城乡居民大病保险起付线由 1 万元下调为 0.8 万元，对建档立卡贫困人口、特困人口、低保对象"三类人群"的起付线下调为 0.4 万元，并提高了其分段报销比例，取消了建档立卡贫困人口封顶线限制③。

这些措施体现了湘西州在医保扶贫方面的积极努力，有效地帮助了贫困人口减轻医疗费用负担，提高了他们的生活质量和福祉。

---

① 湖南省人民政府. 湘西自治州健康扶贫 26.8 万人次受益［R/OL］. (2018-01-24)［2024-05-28］.http://www.hunan.gov.cn/hnyw/szdt/201801/t20180124_4931688.html.

② 湖南省人民政府. 湘西自治州健康扶贫 26.8 万人次受益［R/OL］. (2018-01-24)［2024-05-28］.http://www.hunan.gov.cn/hnyw/szdt/201801/t20180124_4931688.html.

③ 湖南省医疗保障局. 湘西医有所保 民有所依：2019 年以来医疗保障工作综述［R/OL］. (2020-05-25)［2024-05-28］.http://ybj.hunan.gov.cn/ybj/first113541/f3113602/202005/t20200525_12170667.html.

3.1.2.2　保障水平

（1）住院及门诊费用保障水平

由表 3.4 可知，2022 年湘西州医疗救助基金支出 13 822 万元，资助参加基本医疗保险 200 116 人，实施门诊和住院救助 143 455 人次，湘西州平均次均住院救助、门诊救助分别为 1 270 元、235 元。

表 3.4　2020—2022 年湘西州住院费用及门诊费用保障水平

医疗保险及救助	2020 年	2021 年	2022 年
资助参加基本医疗保险人次/人	725 357	690 979	200 116
实施门诊和住院救助/人次	90 475	94 125	143 455
医疗救助基金支出/万元	17 682	17 167	13 822
全州平均次均住院救助/元	491	668	1 270
全州平均次均门诊救助/元	176	121	235

数据来源：3 年湘西州医疗保障事业发展统计公报。

（2）保障范围

大病保险的保障对象为参加城乡居民基本医保的所有参保人员（含因特殊情形中途参保人员）。参保人员患大病发生高额医疗费用，经城乡居民基本医保按规定支付后，个人负担的政策范围内医疗费用由大病保险按规定比例支付。

大病保险保障疾病类别主要包括终末期肾病、乳腺癌、宫颈癌、重性精神疾病、耐多药肺结核、艾滋病机会性感染和肺癌等 22 类重疾，其住院和大病门诊医疗费用，经新农合报销后，新农合报销政策范围内个人自负费用年度累计 3 000 元以上（含 3 000 元）部分和政策范围外个人自负费用年度（自然年度，下同）累计 3 000 元以上（含 3 000 元）部分。除上述 22 类重大疾病外，当年度住院和大病门诊医疗费用，经报销后个人自负费用年度累计 2 万元以上（含 2 万元）部分和政策范围外个人自负费用年度累计 4 万元以上（含 4 万元）部分。

3.1.2.3　受益情况

湘西州出台"两病"用药报销政策，落实国家谈判抗癌药品、湖南省特殊药品在湘西州的使用，增加 31 个大病特殊药品纳入医保报销，重大疾病、罕见病用药品种达到 78 种。全州使用 31 种谈判抗癌药 1 015 人次，总费用 1 490.19 万元，纳入报销总费用 1 466.02 万元，基金支付 926.24 万元[①]。2020—2021 年湘西州大病保险受益情况见表 3.5。

表 3.5 2020—2021 年湘西州大病保险受益情况

基金支付类别	2020 年	2021 年
全州建档立卡贫困人口/人	—	644 200
参保率/%	100	100
贫困人口住院就医各项医保扶贫政策惠及/人次	180 111	179 255
住院医疗费用/万元	101 285	98 552
统筹基金支付/万元	61 299	60 309
大病保险基金支付/万元	4 649	6 289
其他支付/万元	20 706	17 131

数据来源：湘西州医疗保障事业发展统计公报。

以凤凰县为例，2022 年，湘西州特殊人群住院 7 668 人次，其中大病二次补偿 1 606 人次。城乡居民住院共 61 261 人次，住院总费用 34 790.68 万元，政策范围内费用 27 996.48 万元，基本医疗补偿 15 938.60 万元，大病保险补偿 5 032 人次 1 740.02 万元，医疗救助 4 616 人次 586.81 万元，门诊 1 096 787 人次，基本医疗补偿 2 277.28 万元，医疗救助 2 811 人次 194.76 万元[②]。

3.1.2.4 监管成效

2019 年，湘西州持续保持打击欺诈骗保高压态势，畅通举报渠道，加强部门联合执法，对所有的定点协议医药机构进行全覆盖检查，对涉嫌犯罪的依法追究刑事责任。2019 年，湘西州共稽查审核协议医疗机构 519 家，协议零售药店 498 家，暂停医保服务协议 84 家，解除医保服务协议 11 家，行政罚款 65 家，约谈及其他处理 220 家，拒付及追回医保基金共 1 620.46 万元，行政处罚 530 万元，全州欺诈骗保势头得到有效遏制，医

---

① 湖南省医疗保障局. 湘西医有所保 民有所依：2019 年以来医疗保障工作综述［R/OL］.（2020-05-25）［2024-05-28］. http://ybj.hunan.gov.cn/ybj/first113541/f3113602/202005/t20200525_12170667.html.

② 凤凰县医疗保障局. 医疗保障 2022 年工作总结及 2023 年工作计划［R/OL］.（2022-12-19）［2024-05-28］. http://www.fhzf.gov.cn/zwgk_49798/xxgkml/bmxxgkml_49803/fhfcj/jhzj/202212/t20221219_1970802.html.

保基金安全得到有效保障①。

3.1.2.5　典型案例

大病保险是在基本医疗保障的基础上，对大病患者发生的高额医疗费用给予进一步保障的一项制度性安排，进一步放大保障效用，是基本医疗保障制度的拓展和延伸，是对基本医疗保障的有益补充。

凤凰县大病保险起付线为 10 000 元（低保困难群众补偿起付线降低至 50%）。经城乡居民基本医疗保险按规定支付后，由参保负担的合规医疗费用累计达到大病保险起付线以上的给予大病保险补偿。其中 3 万元（含）以内部分报销 50%，3 万元以上至 8 万元（含）部分报销 60%，8 万元以上至 15 万元（含）部分报销 70%，15 万元以上部分报销 80%，但年度累计补偿最高金额为 20 万元。

2016 年，凤凰县廖家桥镇上报村一组人麻某成，时年 28 岁，家中有四口人，他患尿毒症两年多了，2016 年换肾。为了生活和解决医疗费用，两口子只能让子女在家读书，他们去长沙打工。2016 年度，他在湘雅医院住院 8 次，累计享受了基本医疗补偿金额 57 900 多元。回来后，城乡居民大病保险政策又给他补偿了 22 742.78 元。城乡居民大病保险有效地减轻了他的高额医疗费用负担②。

3.2　湖南怀化市城乡居民大病保险基金运行情况

2017 年，怀化市城乡居民大病保险筹资总额为 130 146 570.00 元，截至 2017 年 12 月 31 日，2017 年怀化市补偿金额共支出 97 588 320.27 元，计提 5% 的管理费 6 507 328.5 元，当期基金账面余额 26 050 921.23 元；2018 年怀化市城乡居民大病保险筹资总额 213 497 050 元，截至 2018 年 12 月 31 日，2018 年度补偿金额共支出 164 589 401.16 元，计提 5% 的管理费

---

①　湖南省医疗保障局. 湘西医有所保 民有所依：2019 年以来医疗保障工作综述［R/OL］.（2020-05-25）［2024-05-28］. http://ybj.hunan.gov.cn/ybj/first113541/f3113602/202005/t20200525_12170667.html.

②　黄亮力，等. 凤凰县发放大病保险待遇 400 余万元 助推精准脱贫［EB/OL］.（2017-02-22）［2024-02-28］. https://hn.rednet.cn/c/2017/02/22/4218546.htm.

10 674 852. 5 元，当期基金账面余额 38 232 796. 34 元①。

2022 年，怀化市的城乡居民大病保险政策主要体现在以下四个方面：

（1）大病保险资金筹集：2022 年，怀化市居民大病保险资金筹集总额达到 3. 09 亿元，较上年增长 10. 75%；享受大病保险待遇的人员医疗费用支出为 14. 72 亿元，基金支付 9. 80 亿元，其中大病保险赔付 2. 58 亿元，报销比例为 66. 58%，同比增长 6. 65%。

（2）筹资标准：2022 年，怀化市大病保险的筹资标准为每人 75 元，用于大病统筹赔付。从 2022 年开始，怀化市根据其基金承受能力，建立了大病保险筹资标准的动态调整机制。2022 年怀化市参保缴费标准执行全省统一标准 320 元/人。

（3）保障对象与支付范围：怀化市大病保险的保障对象为参加城乡居民基本医保的所有参保人员，包括因特殊情形中途参保的人员；参保人员患大病发生的高额医疗费用，在城乡居民基本医保按规定支付后，个人负担的政策范围内医疗费用由大病保险按规定比例支付；大病保险的支付范围包括参保人员住院总医疗费用剔除基本医疗保险"三个目录"之外的全自费费用，以及经城乡居民基本医保政策报销后的自付费用。

（4）支付限额：在一个结算年度内，城乡居民基本医疗保险住院累计最高支付限额为 15 万元，大病保险累计最高补偿额为 30 万元。这些措施旨在有效减轻疾病费用负担，防止因病致贫返贫，以及防范意外伤害带来的风险②。

这些政策内容体现了怀化市在完善城乡居民大病保险制度方面的努力，旨在实现更全面、更公平的医疗保障。

具体的，本书选取湖南武陵山片区怀化市的沅陵县、鹤城区、芷江县、靖州县和通道县 5 个县区为样本地区，分析 2019 年度大病保险基金的运行情况。

3.2.1　参保及基金筹集情况

根据表 3. 6 数据可知，2019 年参保人数和 2018 年相比，除通道县参

---

① 资料来源：中国人寿保险股份有限公司怀化分公司健康保险部. 2019 年度城乡居民大病保险基金运行报告。

② 怀化市医保局. 2022 年城乡居民医保缴费标准 320 元，2021 年 9 月 1 日开始［R/OL］.（2021-09-03）［2024-02-28］.https：//m12333. cn/policy/ikmd. html.

保人数略有增加外（增加 374 人），其他各县参保人数均有所减少。各县减少的人数分别为：沅陵县 10 007 人，鹤城区 13 765 人，芷江县 4 864 人，靖州县 1 361 人。但由于 2019 年怀化市人均筹资标准比 2018 年多 15 元，所以基金规模呈现大幅递增（见表 1）。各县递增幅度为：沅陵县 27.5%，鹤城区 23.95%，芷江县 27.86%，靖州县 29.23%，通道县 30.3%。

表 3.6   2018—2019 年怀化市 5 县区参保人数及基金规模

县区	参保人数/人		人均筹资标准/元		基金规模/元	
	2018 年	2019 年	2018 年	2019 年	2018 年	2019 年
沅陵县	527 668	517 661	50	65	26 393 400	33 647 965
鹤城区	296 584	282 819	50	65	14 829 200	18 383 235
芷江县	295 605	290 741	50	65	14 780 250	18 898 165
靖州县	231 126	229 765	50	65	11 556 300	14 934 725
通道县	211 732	212 106	50	65	10 586 600	13 786 890

数据来源：中国人寿怀化分公司。

3.2.2   受益情况

如表 3.7 所示，怀化市各县区 2019 年大病保险补偿情况如下：沅陵县累计补偿（含追补年）11 543 人次，次均补偿金额 2 617 元；鹤城区累计补偿 6 266 人次，次均补偿金额 2 860 元；芷江县累计补偿 6 861 人次，次均补偿金额 2 165 元；靖州县累计补偿 5 936 人次，次均补偿金额 2 357 元；通道县累计补偿 4 569 人次，次均补偿金额 2 194 元。5 县区中，沅陵县、鹤城区和靖州县的基金使用情况良好，分别达到 94.74%、102.48%、98.66%，而芷江县和通道县的基金使用明显不足，分别为 83.57% 和 77.69%，因而这 2 县的次均补偿金额明显低于其他 3 县区，其大病保险基金没有充分发挥应有作用。

表 3.7 2019 年怀化市 5 县区大病保险基金补偿情况

县区	保费收入 /元	累计补偿人次 （含追补往年） /人次	累计补偿金额 （含追补往年） /元	基金 使用率 /%	次均补偿 金额 /元
沅陵县	33 647 965	11 543	30 197 246.44	94.74	2 617
鹤城区	18 383 235	6 266	17 919 756	102.48	2 860
芷江县	18 898 165	6 861	14 848 500.8	83.57	2 165
靖州县	14 934 725	5 936	13 987 138.96	98.66	2 357
通道县	13 786 890	4 569	10 021 062.21	77.69	2 194

数据来源：中国人寿怀化分公司。

3.2.3 补偿情况

根据表 3.8，可以得出，补偿人次：2019 年度补偿人次比 2018 年有大幅增加，芷江县 40.16%，鹤城区 23.20%，靖州县 56.58%，通道县 35.13%，沅陵县 42.13%；次均补偿金额：2018 年，芷江县、鹤城区、靖州县、通道县、沅陵县分别为 2 021.49 元、2 759.32 元、2 128.90 元、2 154.27 元、2 591.84 元；2019 年，5 县区分别为 2 165.19 元、2 907.48 元、2 354.62 元、2 196.51 元、2 655.09 元，比 2018 年分别增长 7.11%、5.37%、10.6%、1.96%、2.44%。除靖州县增幅在 10%以上，其他各县区次均补偿金额增幅较小。

根据表 3.6 的参保人数，结合表 3.8 的补偿人次，可以得出：2018 年度各县区的受益面（补偿人次/参保人数），沅陵县 1.48%，鹤城区 1.64%，芷江县 1.63%，靖州县 1.62%，通道县 1.42%；2019 年度为芷江县 2.33%，鹤城区 2.12%，靖州县 2.55%，通道县 2.14%，沅陵县 2.14%。可见，5 县区 2019 年度受益面比 2018 年度略有增加。

表 3.8 2018—2019 年怀化市 5 县区大病保险补偿情况

县区	2018 年			2019 年			补偿金额同期同比增长	
	基金规模 /元	补偿 人次 /人次	补偿金额 /元	基金规模 /元	补偿 人次 /人次	补偿金额 /元	金额 /元	比例 /%
沅陵县	26 393 400	7 800	20 216 321.37	33 647 965	11 077	29 410 447.33	9 194 125.96	31.26
鹤城区	14 829 200	4 862	13 415 820.03	18 383 235	5 990	17 415 828.00	4 000 007.97	22.97
芷江县	14 780 250	4 826	9 755 716.74	18 898 165	6 764	14 645 317.00	4 889 600.26	33.39

表3.8(续)

县区	2018年			2019年			补偿金额同期同比增长	
	基金规模/元	补偿人次/人次	补偿金额/元	基金规模/元	补偿人次/人次	补偿金额/元	金额/元	比例/%
靖州县	11 556 300	3 745	7 972 718.94	14 934 725	5 864	13 807 518.35	5 834 799.41	42.26
通道县	10 586 600	2 999	6 460 641.41	13 786 890	4 541	9 973 894.00	3 513 252.59	35.22

数据来源：中国人寿怀化分公司

3.2.4 补偿费用水平

3.2.4.1 大病保险补偿费用情况

2018年、2019年当期（未含追补）大病保险已补偿5个县区人员各费用段情况，如表3.9所示。

表3.9 2018—2019年怀化市5县区大病保险补偿费用情况

单位：万元

年度	医疗总费用	医保保内费用	医保报销费用	大病合规费用	大病补偿金额
2018	59 680.49	47 180.06	28 822.81	18 367.07	5 782.13
2019	79 892.52	61 992.53	38 784.25	23 865.94	8 525.31

数据来源：中国人寿怀化分公司

基于基本医疗药品范围的增加、药品零差价、物价上涨，人民生活水平提高对健康和幸福指数的追求等诸多因素，大病保险已补偿人员的医疗总费用、医保保内费用、医保支付费用及大病补偿费用同比也大幅度增加。2019年怀化市5县区医疗总费用达到了79 892.52万元，较2018年的59 680.49万元增加了20 212.03万元，同比增长25.30%；2019年怀化市5县区已补偿人员的大病合规费用为23 865.94万元，比2018年的18 367.07万元净增5 498.87万元，同比增长23.04%；2019年怀化市5县区大病补偿金额8 525.31万元，比2018年5 782.13万元净增2 743.18万元，同比增长了32.18%①。

此外，怀化市5县区2019年度符合大病保险赔付患者累计发生医保保

---

① 中国人寿保险股份有限公司怀化分公司健康保险部. 2019年度城乡居民大病保险基金运行报告

内费用 61 992.53 万元，医保报销费用 38 784.25 万元，占医疗总费用的 48.55%；大病补偿金额为 8 525.31 万元，占医疗总费用的 10.68%；患者个人自付 17 899.99 万元，占总医疗费用的 22.40%。

3.2.4.2 费用补偿分布情况

2019 年怀化市 5 县区（含追补往年）城乡居民大病补偿累计补偿 35 353 人次，累计赔付金额 8 732.62 万元，各费用段补偿分布情况见表 3.10。

由表 3.10 可知，大病保险基金使用量最大是 0~4 999 元、5 000~9 999 元和 10 000~49 999 元，这三段大病保险补偿金额共 8 076.69 万元，占已补偿基金总比 92.49%，补偿 35 291 人次，占总人次比 99.83%，表明大病保险解决了较大部分城乡居民患者大病治疗费用的实际问题。

从补偿人次分析，0~4 999 元累计补偿 31 472 人次共计 3 781.95 万元，占补偿基金总额的 43.31%。基本医保健康扶贫政策的深入和健康扶贫"一站式"即时结算开展后，城乡大病保险基金 0~4 999 元补偿人次占总补偿人数比例达到了 89.02%，极大地缓解了部分群众"因病致贫"和"因病返贫"的压力。

表 3.10 2019 年大病补偿怀化市 5 县区大病补偿总体各费用段补偿情况

费用分段/元	赔付人次/人次	赔付金额/万元	金额占比/%
0~4 999	31 472	3 781.95	43.31
5 000~9 999	2 329	1 628.94	18.65
10 000~49 999	1 490	2 665.80	30.53
50 000~99 999	41	270.43	3.10
100 000~149 999	9	111.49	1.28
150 000 以上	12	274.01	3.14
合计	35 353	8 732.62	—

数据来源：中国人寿怀化分公司。

3.2.5 医保扶贫状况

怀化市 5 县区通过县区健康扶贫"一站式"结算中心累计结算 5 260 人次，共计 737.58 万元。5 个县区共补偿低困人群（包括建档立卡、城乡低保和特困人员）15 893 人次共 2 631.96 万元，分别占实际补偿人次、补偿金额的 46.42% 和 30.87%。其中，沅陵县 5 830 人次共 997.64 万元；鹤城区 1 681 人次共 298.51 万元；芷江县 2 878 人次共 446.24 万元；靖州县 3 065 人次共 524.88 万元；通道县 2 439 人次共 364.69 万元（见表 3.11），极大地缓解了低困人员"因病致贫""因病返贫"现象。

表 3.11　2019 年怀化市 5 县区低困人群补偿情况

县　区	建档立卡		城乡低保		特困人员	
	补偿人次/人次	补偿金额/万元	补偿人次/人次	补偿金额/万元	补偿人次/人次	补偿金额/万元
沅陵县	2 260	3 879 737.99	2 646	5 288 235.5	924	808 471.95
鹤城区	885	1 349 960	636	1 424 828	160	210 261
芷江县	2 137	3 491 119	475	753 525	266	217 746
靖州县	2 562	4 159 160.33	428	1 025 334.76	75	64 284.02
通道县	2 202	3 303 670	102	190 155	135	153 119
合计	10 046	16 183 647.32	4 287	8 682 078.26	1 560	1 453 881.97

数据来源：中国人寿怀化分公司。

3.2.6　医保基金监管成效

《中共中央　国务院关于深化医疗保障制度改革的意见》指出，医疗保障基金是人民群众的"保命钱"，必须始终把维护基金安全作为首要任务，以零容忍的态度严厉打击欺诈骗保行为，确保基金安全高效、合理使用，但骗取套取医保基金的行为仍有发生。

怀化市 5 县区针对大病保险二次补偿工作，严格按照主管部门和上级公司规定的流程办理，"不惜赔、不滥赔"，并贯彻国家医保局"打击欺诈骗保，维护基金安全"的指示精神，加强对疑难补偿赔案的代查勘力度。据统计，2019 年 5 县区共核减拒赔 366 件，核减拒赔医疗总费用 722.97 万元。

怀化市还开展了一系列打击欺诈骗保、套保、挪用和贪占医保基金的集中整治工作。各级纪检监察机关加大了监督执纪问责的力度，严肃查处了党员干部、公职人员在医保领域的违规违纪问题[①]。

---

① 怀化市纪委通报 4 起医保领域违规违纪典型案例［R/OL］.（2021-12-02）［2024-02-28］.
https://new.qq.com/rain/a/20211202A020VH00.

2022 年，怀化市通报了 5 起医保领域的典型案例，涉及部分党员干部、公职人员及医疗机构失职失责、套取医保基金、漏缴村民基本医疗保险、超标准收费、过度检查、多记费用等问题。2019—2023 年，累计检查定点医药机构 5 506 家次，处理违法违规违约医药机构 1 253 家，组织开展行政处罚 176 家，公开曝光欺诈骗保典型案例 134 起，追回医保基金及处罚金共计 2.02 亿元①。

这些情况显示，怀化市在医保基金管理方面存在一定的监管漏洞和违规行为，需要进一步加强监管和整治措施。

3.2.7　实施效果

（1）门诊大病情况。2022 年，怀化市全市居民门诊大病（慢特病）就诊共 49.26 万人次，比上年增加 15.68 万人次，同比增长 46.56%，门诊大病费用共 4.04 亿元，基金支付 3.23 亿元，个人自付 0.76 亿元，个人自费 0.04 亿元，政策范围内报销比为 80.91%，实际报销比例为 80.14%。

（2）住院情况。2022 年，怀化市全市居民住院共 100.36 万人次，比上年增加 0.78 万人次，同比增长 0.78%，住院率 24.36%，同比增长 1.14%；住院医疗总费用 55.09 亿元，基金支付 31.85 亿元，个人自付 17.13 亿元，个人自费 6.12 亿元。政策范围内报销比例 65.03%，实际报销比例 57.81%。

（3）大病保险情况。2022 年，怀化市全市居民大病保险资金筹集 3.09 亿元，比上年增长 10.75%，享受大病保险待遇人员医疗费用支出 14.72 亿元，基金支付 9.80 亿元，其中大病保险赔付 2.58 亿元，报销比例 66.58%，同比增长 6.65%。

（4）医保扶贫情况。怀化市各县（市、区）落实贫困群众基本医疗保障政策，建档立卡贫困群众参加医保和大病保险实现全覆盖，贫困群众参加城乡居民基本医疗保险个人缴费部分财政补贴 50% 以上；怀化市各县（市、区）均为建档立卡的贫困户购买了 60 元的"扶贫特惠保"作为补充商业医疗保险，财政补贴 90% 以上；定点医院还落实了 29 种大病农村贫困群众实际医疗费用，经由基本医疗保险等各类保险以及医疗救助基金等

---

① 李娜. 怀化市强化医保基金全过程监管 守好人民群众"看病钱""救命钱"［EB/OL］.（2022-09-13）［2024-02-28］. https://ybj.hunan.gov.cn/ybj/jjztjgdtlist/202209/t20220913_28839741.html.

渠道支付后，个人自付部分由定点医院给予50%的减免；严格落实了贫困人口家庭医生签约服务工作，做到应签尽签，对慢病患者，优先落实家庭医生签约服务，落实高血压、糖尿病、结核病、严重精神障碍等慢病患者签约服务96 390人①。

2019上半年，怀化市建档立卡贫困人口759 656人，全部参加城乡居民基本医疗保险，参保率100%；贫困人口住院人次133 708人次，贫困人口住院率17.6%；贫困人口住院治疗总费用57 330.65万元，县域内报销比例达到87.98%。怀化市需救治建档立卡贫困患者159 064人，已入院救治或已签约服务158 989人，救治率达99.93%；全市29种大病贫困患者5 721例，已救治5 683例，救治率达99.34%，超额完成国家规定达到的90%的目标②。

综上所述，怀化市城乡居民大病保险在资金筹集、实际报销比例、以及便民服务等方面都取得了显著成效，有效地减轻了参保人员的医疗费用负担，提高了医疗保障水平。

3.3 湖北恩施州城乡居民大病保险制度运行情况分析

3.3.1 参保及基金筹集情况

（1）参保对象：恩施州的大病保险是基本医疗保障制度的拓展和延伸，旨在为大病患者提供进一步的医疗保障，其保障对象为全州城乡居民基本医疗保险的参保人。

（2）筹资标准：恩施州大病保险的每个保险年度具体筹资标准根据全州经济社会发展水平、患大病发生的高额医疗费用情况、基本医保筹资能力和支付水平以及大病保险保障水平等因素科学测算，合理确定，并适时调整。原则上不超过上年度城乡居民基本医保人均筹资标准的10%。

---

① 杨小虎，吴奥. 让贫困群众"看得起病看得好病"怀化市健康扶贫出实招见实效［EB/OL］.（2019-10-14）［2024-02-28］.https://hunan. voc. com. cn/article/201910/20191014090850309 4. html.

② 杨小虎，吴奥. 让贫困群众"看得起病看得好病"怀化市健康扶贫出实招见实效［EB/OL］.（2019-10-14）［2024-02-28］.https://hunan. voc. com. cn/article/201910/20191014090850309 4. html.

根据表 3.12 数据可知，2019 年参保人数和 2018 年相比，除恩施市、利川市、咸丰县参保人数略有增加外，其他各县参保人数均有减少。但由于恩施州 2019 年人均筹资标准比 2018 年多 15 元，所以基金规模呈现大幅递增。恩施州各市县递增幅度为：恩施市 44.04%、利川市 45.68%、建始县 41.90%、巴东县 39.93%、宣恩县 42.27%、咸丰县 44.05%、来凤县 42.67%、鹤峰县 40.21%，其中利川市增幅最大，巴东县增幅相对最小。

表 3.12　2018—2019 年恩施州 8 市县区参保人数及基金规模

市县区	参保人数/人		人均筹资标准/元		基金规模/元	
	2018 年	2019 年	2018 年	2019 年	2018 年	2019 年
恩施市	731 270	737 326	35	50	25 594 450	36 866 300
利川市	812 049	828 082	35	50	28 421 715	41 404 100
建始县	470 021	466 876	35	50	16 450 735	23 343 800
巴东县	450 748	441 526	35	50	15 776 180	22 076 300
宣恩县	325 963	324 616	35	50	11 408 705	16 230 800
咸丰县	363 116	366 140	35	50	12 709 060	18 307 000
来凤县	300 003	299 608	35	50	10 500 105	14 980 400
鹤峰县	200 338	196 622	35	50	7 011 830	9 831 100

数据来源：湖北恩施州统计年鉴。

3.3.2　受益情况

根据表 3.13 可知，2018 年恩施州市县区大病保险赔付情况为：恩施市累计赔付 7 009 人次，次均赔付金额 3 510.57 元；利川市累计赔付 6 149 人次，次均赔付金额 2 133.68 元。恩施州六县中，建始县次均赔付金额最高，为 3 595.34 元；宣恩县次均赔付金额最低，为 1 096.5 元。

表 3.13　2018 年恩施州 8 市县区大病保险基金补偿情况

市县区	保费收入/元	累计赔付/人次	累计赔付金额/元	次均赔付金额/元
恩施市	25 594 450	7 009	24 605 600	3 510.57
利川市	28 421 715	6 149	13 120 000	2 133.68
建始县	16 450 735	3 130	11 253 400	3 595.34

表3.13(续)

市县区	保费收入 /元	累计赔付 /人次	累计赔付金额 /元	次均赔付金额 /元
巴东县	15 776 180	3 240	11 126 800	3 434.20
宣恩县	11 408 705	10 583	11 604 200	1 096.5
咸丰县	12 709 060	3 835	8 121 100	2 117.63
来凤县	10 500 105	10 608	12 869 600	1 213.20
鹤峰县	7 011 830	2 843	8 533 400	3 001.55

数据来源：中国人寿恩施分公司、中国太平洋人寿恩施中心支公司。

2023 年，利川市参保职工因病住院 20 944 人次，发生医疗费用 16 450.13 万元，基本医保、大额医保、补充医保共计报销 12 719.97 万元，政策范围内报销比例为 91.5%。参保居民因病住院 194 505 人次，发生医疗费用 103 622.18 万元，基本医保、大病保险、医疗救助共计报销 62 025.62 万元，政策范围内报销比例为 67.8%[①]。

2023 年，宣恩县坚持发挥基本医疗保险主体保障功能，实施公平普惠的基本医保政策，充分发挥大病保险功能，巩固大病保险保障水平，每年支付基本医疗费近 3 亿元，惠及全县 32 万参保对象，惠及大病患者 2 万余人次，支付大病保险医疗费 2 500 多万元。同时，宣恩县强化医疗救助托底保障功能，实现梯次减负，每年救助困难对象 3.5 万人次，救助资金 2 000 余万元[②]。

3.3.3 保障水平

湖北恩施土家族苗族自治州自 2013 年 10 月正式启动城乡居民大病保险即时结算和追赔补偿工作，仅用 8 个月，全州就有 13 252 名参保（合）对象可获得大病保险赔偿，共需赔付大病保险资金 7 027.81 万元，商业保险公司已完成总赔付量的 96% 以上，累计支付赔款 6 800 多万元，大病患者个人最高获得赔款 220 241.53 元，有效减轻了大病患者的高额医疗费用负担。

---

① 腾晓丽. 湖北利川市医保局综合施策减轻群众就医负担[EB/OL]. (2024-02-21)[2024-02-28]. https://news.hubeidaily.net/pc/c_2273027.html.

② 龙克坤，黄祥林. 湖北宣恩："三道屏障" 守好群众 "救命钱" [EB/OL]. (2023-10-17) [2024-02-28]. https://hb.china.com/m/news/20003178/20231017/25801492.html.

以恩施州来凤县为例，2018 年恩施州来凤县针对健康扶贫对象报销政策规定一级医院统筹报销比例为 90%，二级医院统筹报销比例为 85%。此外，健康扶贫对象持证件凭有效信息可享受先诊疗后付费政策，在住院就诊时只需先向医生提供有效信息，在办理住院手续时读卡确认即可免收预收款，出院结算时则只需承担自负部分，且个人年度自负合规自费费用不超过 5 000 元。

恩施州基本医疗保险制度与大病医疗保险制度正朝向实现掏小钱看大病以及防止参保重症患者因病致贫、因病返贫的目标不断完善。

2023 年，恩施州的大病保险保障水平规定如下①：

（1）大病保险保障对象包括患病住院和特殊慢性病门诊治疗的高额医疗费用。在基本医疗保险政策报销后，个人年度单次或累计负担的政策范围内医疗费用超过大病保险起付线标准以上部分，纳入大病保险保障范围。

（2）城乡居民大病保险起付线为 12 000 元，累计金额在 12 000 元以上至 3 万元（含 3 万元）以下部分报销 60%，3 万元以上至 10 万元（含 10 万元）以下部分报销 65%，10 万元以上部分报销 75%，一个年度大病保险报销最高支付限额为 50 万元。

（3）对于特困人员、低保对象、返贫致贫人口，大病保险起付线为 6 000 元。累计金额在 6 000 元以上至 3 万元（含 3 万元）以下部分报销 65%，3 万元以上至 10 万元（含 10 万元）以下部分报销 70%，10 万元以上部分报销 80%，无年度封顶线。

3.3.4　基金收支情况

2018 年，恩施州城乡居民医保参保人员 3 426 344 人，其中，代缴费人数 675 695 人，享受待遇全年人数 3 603 331 人；恩施州城乡居民医保基金总收入 234 281 万元，其中，保险费收入 68 742 万元，利息收入 1 983 万元，财政补贴收入 163 337 万元，其他收入 219 万元；恩施州基金总支出 221 010 万元，其中，待遇支出 206 488 万元，包括住院 179 614 万元与门诊 26 874 万元，大病保险 13 637 万元。到 2020 年，恩施州居民医保参保人员 3 406 532

---

① 关于印发《恩施土家族苗族自治州城乡居民大病保险实施办法》的通知（m12333.cn），恩施州政规〔2022〕3 号〔R/OL〕.（2022-04-08）〔2024-02-28〕.http://www.enshi.gov.cn/zt/n2022/xjccmq/zc/202204/t20220415_1279577.shtml.

人，医保基金总收入 286 221 万元，医保基金总支出 272 183 万元。

由表 3.14 可知，2020 年恩施州城乡居民医疗保险参保人数相较于 2018 年略有下降，但基金收入与基金支出均有较大幅度增长，其中基金收入增长 51 940 万元，基金支出增长 51 173 万元，基金使用率也由 94.34% 提升至 95.10%，城乡居民医保基金运行良好。

表 3.14 2018—2020 年恩施州城乡居民医疗保险基金收支情况

时间	参保人数/人	基金收入/万元	基金支出/万元	基金使用率
2018 年	3 426 344	234 281	221 010	94.34%
2020 年	3 406 532	286 221	272 183	95.10%

数据来源：恩施州财政局。

由表 3.15 可知，2018 年恩施州医保基金当期收支结余 13 271 万元，年末滚存结余 126 791 万元。其中利川市医保基金收入最高，为 50 300 万元；鹤峰县医保基金收入最低，仅有 12 478 万元，两地相差 37 822 万元。医保基金支出项目中，同样是利川市最高，鹤峰县最低，其支出分别为 56 383 万元和 13 218 万元。2018 年，恩施市医疗保险基金收支结余最多，为 6 005 万元；而利川市和鹤峰县医疗保险基金收支结余分别赤字 6 083 万元和 740 万元，由此可见，利川市和鹤峰县城乡居民医疗保险基金入不敷出。

表 3.15 2018 年恩施州 8 市县区城乡居民医疗保险基金收支情况

单位：万元

市县区	上年结余	本年收入	本年支出	本年收支结余	年末滚存结余
恩施州	113 519	234 282	221 009	13 273	126 792
恩施市	26 575	45 670	39 665	6 005	32 580
利川市	29 620	50 300	56 383	−6 083	23 537
建始县	15 308	31 361	28 694	2 667	17 975
巴东县	7 747	30 921	24 014	6 907	14 654
宣恩县	13 031	20 759	20 425	334	13 365
咸丰县	6 223	24 627	20 810	3 817	10 040
来凤县	5 413	18 166	17 800	366	5 779
鹤峰县	9 602	12 478	13 218	−740	8 862

数据来源：恩施州 2018 年决算表。

3.3.5 医保扶贫状况

2018 年，湖北省恩施土家族苗族自治州落实农村贫困人口"四位一体"医疗保障政策。该政策的主要目的有以下四点：①资助农村贫困人口参加城乡居民基本医疗保险；②提高农村贫困人口基本医疗保险和大病保险报销水平；③落实农村贫困人口医疗救助倾斜政策；④建立农村贫困人口基本医疗兜底保障制度。

2018 年，恩施州共对 10 773 499 名农村贫困人口参加城乡居民基本医疗保险个人缴费部分予以资助，其中全额资助 205 839 人、50% 资助867 660 人，共支出参保资助资金 11 514 万元①；全州农村贫困人口住院269 020 人次，发生住院医疗费 127 760 万元，基本医疗保险基金报销86 558万元，大病保险基金报销 4 050 万元。由表 3.16 计算可知，恩施州2018 年基本医保和大病保险报销综合比例达到 70.13%。

表 3.16　2018 年恩施州贫困人口住院医疗费用报销情况

贫困人口 住院人次/人次	发生住院 医疗费/万元	基本医保 报销金额/万元	大病保险 报销金额/万元	报销比例
269 020	127 760	85 558	4 050	70.13%

数据来源：恩施州财政局。

由表 3.17 可知，2018 年恩施州农村贫困人口报销大病、特殊慢性病门诊医疗费 62 608 人次，门诊总费用为 10 148 万元，基本医保报销 7 067万元，大病保险报销 1 016 万元，基本医保和大病保险报销综合比例达到79.65%，相较于住院医疗综合报销比例提高了 9.52 个百分点。

表 3.17　2018 年恩施州贫困人口大病、特殊慢性病门诊医疗费用报销情况

贫困人口 门诊人次/人次	发生门诊 医疗费/万元	基本医保 报销金额/万元	大病保险 报销金额/万元	报销比例
62 608	10 148	7 067	1 016	79.65%

数据来源：恩施州财政局。

恩施州农村贫困人口医疗救助倾斜政策取得明显效果。2018 年，恩施州全州民政部门实施医疗救助 141 150 人次，支出 11 128.49 万元，其中基本医疗门诊救助 968.85 万元，基本医疗住院救助 6 790.16 万元，重特大

---

① 恩施土家族苗族自治州财政局. 对州八届人大三次会议 20190141 号建议会办工作的意见.

疾病门诊救助 101.09 万元，重特大疾病住院救助 3 268.39 万元，次均救助金额为 788.42 元①。不仅如此，为落实兜底保障机制，恩施州按每人不低于 200 元的标准为建档立卡贫困人口筹集兜底保障资金，其中未脱贫人口按每人每年 100 元标准进行补助。由表 3.18 可知，2018 年全州共筹集农村贫困人口基本医疗兜底保障资金 24 108 万元，兜底保障支出 22 259 万元，医疗兜底保障基金使用率高达 92.33%。可见，湖北恩施州农村贫困人口基本医疗兜底保障机制落实情况良好。

表 3.18　2018 年恩施州贫困人口基本医疗兜底保障基金收支情况

基金收入/万元	基金支出/万元	基金使用率
24 108	22 259	92.33%

数据来源：恩施州财政局。

恩施州通过落实农村贫困人口"四位一体"医疗保障政策，贫困人口住院综合报销比例达到 91.01%，大病、特殊慢性病门诊费用综合报销比例达到 91.49%，个人年度自负医疗费用基本控制在 5 000 元以内②，为恩施州因病致贫家庭撑起一把坚实的"保护伞"，使得农村贫困人口看病不再难。

3.3.6　大病保险惠民案例

案例 1：2013 年 10 月 17 日，恩施州宣恩县沙道沟镇红石村五组村民江某孟成为恩施州大病保险制度实施以来的首位受益者。2013 年 20 岁的江某孟左眼突感疼痛，视力明显下降，经州中心医院眼科检查发现，其左眼患有视网膜脱落、白内障等多种眼疾，该院眼科专家为其实施视网膜脱离内路复位术和白内障手术。江某孟住院 27 天，共产生医疗费用 26 064.85 元。新农村合作医疗为他补偿 12 703.8 元医疗费后，恩施州大病保险为其报销 1 191.67 元，共计 13 895.47 元，报销比例为 53.31%；2013 年 2 月 2 日，来凤县翔凤镇河坪村的蔡某双被诊断患上急性单核细胞白血病，经过骨髓移植手术和化疗，2013 年共产生医疗费用 50 余万元，恩施州大病保险政策的落实，给这个不幸的家庭带来了希望。大病医疗保险政策让蔡某双获得赔付资金 25 万元，加上新农合医疗报销的 8 万元，医保政

① 恩施土家族苗族自治州财政局. 对州八届人大三次会议 20190141 号建议会办工作的意见.
② 恩施土家族苗族自治州财政局. 对州八届人大三次会议 20190141 号建议会办工作的意见.

策承担的费用高达 33 万余元。

截至 2014 年 12 月 31 日,恩施州经办大病保险的两家保险公司共承保
3 655 309 人。其中,新农合参保 3 290 490 人,城镇居民参保 364 819 人。
已获赔付结算 18 218 人次,结算支付金额 6 265.89 万元。可见,恩施州城
乡基本医疗保险与大病医疗保险的作用体现在患者从入院到康复出院的各
个方面。

案例 2:"如果没有健康扶贫兜底保障政策,我和我的家庭可能就不复
存在了。"鹤峰县容美镇板辽村村民杨某,是健康扶贫实实在在的受益者。
2016 年以来,杨某和她的父母分别罹患肾衰竭、双侧股骨头坏死、乳腺癌
等重疾,生活陷入困顿。在当地一系列完善保障农村贫困人口基本医疗政
策的帮扶下,杨某一家的生活负担显著减轻。据杨某介绍,疾病发生后,
她和家人被纳入农村低保人员,参加城乡居民基本医疗保险所需个人缴费
部分由同级财政给予补贴;在就诊过程中,其办理了门诊特殊慢性病和门
诊重症报销,在门诊买药、做检查能够报销 80% 以上的费用;住院时采用
"先诊疗、后付费"的"一站式、一票制"结算方式,且每年每人自付医
疗费用均控制在 5 000 元以下。三年来,杨某和她父母三人共发生医疗费
用近 50 万元,在享受农村贫困人口医保相关政策后,自付仅 2 万多元①。

3.3.7 医保基金监管成效

《国务院办公厅关于加强医疗保障基金使用常态化监管的实施意见》
(国发办〔2023〕17 号)指出医疗保障基金是人民群众的"看病钱""救
命钱",加强医保基金使用常态化监管,对保障医保基金安全运行、提高
基金使用效率、规范医疗服务行为、减轻群众看病就医负担具有重要意
义,要以零容忍态度严厉打击欺诈骗保、套保和挪用贪占医保基金的违法
行为,坚决守住医保基金安全底线,实现好、维护好、发展好最广大人民
根本利益。但是骗保、套保和挪用贪占医保基金的现象仍经常发生。

恩施州资金管理。大病保险资金从城乡居民医保统筹基金或州级统筹
前各县市留存的累计结余中列支。州财政部门设立大病保险统筹资金指定
账户并专账核算,实行收支两条线管理。承保的商业保险机构按要求开设

---

① 中国发展观察杂志调研组.《"全面小康·精准扶贫"典型案例调研专辑④ | 湖北鹤峰:
发力健康扶贫,增进民生福祉 [EB/OL].(2021-03-10)[2024-02-28].https://www.thepaper.cn/ne
wsDetail_forward_11641162.

大病保险资金专户，财政部门划拨的大病保险保费和利息收入，实行专账管理，封闭运行，不得与其他类保险资金混用。

据统计，恩施州 2019 年上半年检查定点医疗机构 839 家，处理定点医疗机构 137 家，追回医保基金 285.59 万元；检查定点药店 827 家，处理定点药店 154 家，追回医保基金 29.22 万元，累计追回被骗取医保基金 314.81 万元①。

2021 年，恩施州"三假"问题专项整治共处涉"三假"问题罚款和追回基金本金、违约金 1 343.69 万元，其中处罚单位数 455 家，处罚个人 122 人，移交纪检机关案件数 26 个，移送公安机关案件数 4 个②。

2022 年上半年，利川市医疗保障局通过湖北省医疗保障智能监管系统共计追回医保基金 724.51 万元，发现假病人 127 例，假病情 12 例，处罚医疗机构 2 个，约谈 146 家药店负责人，终止 7 家药店服务协议，曝光典型案例 87 起，向公安机关移交案件 2 起，向纪委移交案件 3 起，有效打击了欺诈骗取医保基金行为③。

3.4　贵州铜仁市城乡居民大病保险制度运行情况

3.4.1　大病医保基金收支情况

2017—2020 年贵州省城乡居民大病医疗保险基金收支情况如表 3.19 所示，2017 年贵州省大病保险基金收入为 153.9 亿元，大病保险基金支出为 120.5 亿元，累计结存 141.6 亿元。2020 年贵州省大病保险基金收入为 220.5 亿元，增幅 43.27%，大病保险支出为 174.4 亿元，增幅 44.73%；基金累计结存 305.6 亿元，增长约 1 倍。通过分析表 3.19 可以发现，2017—2020 年，贵州省城乡居民大病保险基金收支保持持续增长的趋势，但基金累计结存持续增加，且基金使用率在 75% 左右，证明当时贵州省基

---

① 湖北省医疗保障局.恩施州医保局曝光两起欺诈骗保典型案例［R/OL］.（2019-08-07）
［2024-02-28］.https://ybj.hubei.gov.cn/bmdt/ztzl/2021/djpb/dxal/201910/t20191024_818.shtml.

② 恩施州医疗保障局.恩施深入推进医保领域"三假"问题专项整治［R/OL］.（2021-12-05）［2024-02-28］.https://ybj.hubei.gov.cn/bmdt/sxybdt/202112/t20211205_3898591.shtml.

③ 滕晓丽.利川市医疗保障局：点线面齐发力 防止医保基金跑冒滴漏［EB/OL］.（2023-06-21）［2024-02-28］.http://ybj.enshi.gov.cn/ybzz/xsdt/202306/t20230602_1448665.shtml.

金使用情况相对较差，贵州省医保局等相关部门应加强大病医保基金的合理使用，提高大病医保基金的使用率，进一步落实贵州省医疗保障水平。

表 3.19　2017—2020 年贵州省城乡居民大病保险基金收支情况

年份	基金收入 /亿元	基金支出 /亿元	基金使用率 /%	累计结存 /亿元
2017	153.9	120.5	78.30	141.6
2018	185.8	133.9	72.07	193.5
2019	219.1	163.1	74.44	259.5
2020	220.5	174.4	79.09	305.6

数据来源：贵州省医疗保障局、国家统计局。

　　铜仁市为减轻参合农民大病医疗费用负担，解决其"因病致贫""因病返贫"的问题，2014 年铜仁市合医办以 1.097 亿元的新农合基金为全市 355 万余名参合群众向中国人寿保险公司铜仁分公司购买了大病医疗保险；2015 年铜仁市 1.16 亿元为全市 360 余万参合群众购买重大疾病商业保险；2016 年重大疾病保险统筹基金约 1.68 亿元，其中新农合约 1.6 亿元，城镇居民医保约 0.08 亿元[①]；2017 年从新农合大病保险基金中提取 1.85 亿元，从城镇居民医保基金中提取 0.09 亿元，共计 1.94 亿元作为 2017 年城乡居民大病医疗保险费[②]。具体情况如表 3.20 所示，2014—2017 年铜仁市大病保险统筹金额呈逐年递增趋势。铜仁市根据《铜仁市 2019 年城乡居民基本医疗保险待遇支付方案》实施城乡居民大病保险，大病保险筹资标准原则上不低于城乡居民医保当年筹资总额的 9%。

---

　　① 铜仁市政府. 铜仁市 2016 年新型农村合作医疗补偿政策指导意见（铜府办发〔2016〕51 号）[EB/OL].（2016-04-23）[2024-05-28].https://www.trs.gov.cn/zwgk/zfxxgkzl/fdzdgknr/zcwj/xg-fzwj/201705/t20170510_64233070.html.

　　② 铜仁市政府. 铜仁市人民政府办公室关于印发铜仁市 2017 年城乡居民大病医疗商业保险实施方案和铜仁市 2017 年新型农村合作医疗意外伤害商业保险实施方案的通知（铜府办发〔2017〕148 号）[EB/OL].（2017-07-03）[2024-05-28].https://www.trs.gov.cn/zwgk/zdlyxxgk/ylbz/201901/t20190122_64256610.html.

表 3.20　2014—2017 年铜仁市大病保险保费收入情况

单位：亿元

年份	大病保险统筹金额	新农合统筹金额	城镇医保统筹金额
2014	1.097	1.097	0.000
2015	1.160	1.160	0.000
2016	1.680	1.600	0.080
2017	1.940	1.850	0.090

数据来源：铜仁市人民政府。

3.4.2　受益情况

近年来，铜仁市建立了以基本医疗保险为主体，大病保险为辅助，医疗救助为托底的医疗保障制度框架，进一步减轻参保患者家庭医疗费用负担。

2015 年，铜仁市重大疾病保险惠及 4 583 人次，新农合累计补偿金额达 2 742.63 万元。其中，经新农合基本医疗补偿后，个人自负部分费用 6 000元以上的补偿 4 425 人次，累计补偿金额 1 160.7 万元；当次医疗总费用 10 万元以上的重大疾病补偿 158 人次，累计补偿 1 581.90 万元，30 名参合群众的享受到了医疗费用预付制，预付金额 327.1 万元[①]。

2016 年以来，铜仁市城乡居民参保率一直稳定在95%以上，截至 2022 年 2 月 28 日，铜仁市城乡居民基本医疗保险参保完成率达 96.91%（参保人数 373.72 万人，其中农村大病保险已累计参保超过 200 万人次），该市脱贫人口、低保人口、特困供养人员、退役军人等特殊人群参保率均超过 97.48%，城乡居民医保制度实现有机统一。

2020 年，铜仁市全市跨区县易地扶贫搬迁群众看病就医报销 3.81 万人次，发生医疗费用 1 672.11 万元，医疗保障报销 1 273.77 万元。其中，住院 3 096 人次，发生医疗总费用 1 401.17 万元，三重医疗保障报销 1 096.36万元[②]。

2023 年，铜仁市享受大病保险报销的人数达到 1 156 万人，人均减负约 8 000 元，最高报销额可达上百万元。2023 年以来，铜仁市全市脱贫人

---

① 王泽宗. 我市新农合重大疾病补偿 2 700 余万元 [N]. 铜仁日报，2015-07-07（6）.

② 数据来源：铜仁市医疗保障局。

口、监测对象、特困供养人员、低保对象享受三重医疗保障分别惠及69.96 万人次、4.81 万人次、1.37 万人次、19.53 万人次①。

让老百姓看病不再难、不再贵，全方位保障群众身体健康和生命安全，是铜仁市深化医疗保障体制改革的终极目标。

3.4.3 报销水平

2020 年贵州省铜仁市普通门诊待遇明确表明，符合规定并进入统筹基金政策范围内的医疗费用，各区（市、县）域内门诊统筹的定点医疗机构普通门诊不设起付线，报销比例村级（含卫生服务站）达 70%、乡镇级（含社区卫生服务中心）达 60%、一级和二级达 50%，普通门诊统筹支付封顶线为每人每年 400 元。具体情况如表 3.21 所示。

表 3.21　2020 年铜仁市普通门诊待遇

医疗机构等级	年度累计起付线标准/元	支付比例/%
村卫生室、社区卫生服务站	0	80
乡镇卫生院、社区卫生服务中心	0	70
一级、二级、三级医疗机构	50	50

数据来源：铜仁市医疗保障局。

在医保支付方式领域，自"六项保障"举措开展以来，铜仁市医保基金严格遵循"以收定支、收支平衡、略有结余"原则，在 DRG 支付方式改革促进下实现医疗机构重复住院率下降 8.89%，平均床日由 7.01 天下降至 6.87 天，全市基本医保实际补偿比提升 3.35%，次均费用由 5 247.24元下降至 5 160.41 元，降幅 1.68%，药占比下降 4%，检验检查占比下降22.5%，耗材占比下降 1.13%，基层就诊率提高 2.7%，DRG 付费基金支付大于医院垫支的有 19 家医院，占实施医院的 63.33%②。

2022 年，206 个统筹地区实现 DRG/DIP 支付方式改革实际付费。实际付费地区中，按 DRG/DIP 付费的定点医疗机构达到 52%，病种覆盖范围达到 78%，按 DRG/DIP 付费的医保基金支出占统筹地区内医保基金住院

---

① 铜仁市医疗保障局. 铜仁市：医保惠民暖人心 托起"稳稳的幸福"[EB/OL]. (2023-05-16)[2024-05-28].https://ylbzj.guizhou.gov.cn/xwdt/dfdt/202305/t20230516_79755580.html.

② 罗灿. 我市"六项保障"助推医保支付方式改革走向纵深 [N]. 铜仁日报，2022-07-13(8).

支出比例达到 77%①。可见，改革实施取得显著成效。

3.4.4 医保扶贫状况

自 2016 年实施医保扶贫制度以来，铜仁市通过不断健全完善政策，医保扶贫机制逐步健全，形成了贫困人口基本医保、大病保险、医疗救助"三重医疗保障"网。2016 年，铜仁市建档立卡贫困人口住院 7.31 万人次，发生医疗总费用 3.33 亿元，"三重医疗保障"报销资金 2.91 亿元，2019 年建档立卡年贫困人口住院 20.67 万人次，发生医疗总费用 9.10 亿元，三重医疗保障"报销资金 7.95 亿元②。

根据表 3.22 可知，2016—2019 年铜仁市建档立卡贫困人口住院次数呈不断增加地趋势，"三重保障"报销金额也在 2017—2018 年出现了大量增长，说明铜仁市医保扶贫政策在 2018 年被广大城乡居民所知并在患病住院时得到了医疗补助。此外，铜仁市 2016—2019 年"三重保障"报销比例均在 85% 以上，其中 2017 年报销比例到达峰值 93.55%，但随后又出现了一定程度地下降。铜仁市应加强城乡居民医疗保障水平，充分使用医保基金，切实做到防止居民"因病致贫、因病返贫"。

表 3.22　2016—2019 年铜仁市医保扶贫保障情况

年份	贫困人口住院次数/万人次	发生医疗费用/亿元	"三重保障"报销金额/亿元	报销比例/%
2016	7.31	3.33	2.91	87.39
2017	10.92	2.17	2.03	93.55
2018	20.53	9.31	8.63	92.70
2019	20.67	9.10	7.95	87.36

数据来源：众望新闻网。

---

① 铜仁市医疗保障局. 铜仁市"六项保障"助推医保支付方式改革走向纵深［EB/OL］.（2022－08－23）［2024－05－28］. https://ybj. trs. gov. cn/xwdt＿500979/ybdt/202208/t20220823＿76220508. html.

② 李紫英. 铜仁民生答卷，很给力［EB/OL］.（2020－10－21）［2024－05－28］.https://www. trs. gov. cn/xwzx/trsyw/202010/t20201028＿64605292. html.

3.4.5 大病保险惠民案例

案例 1：德江破产企业职工赵某，自其患病以来，凭借有效身份证住进了医院，出院时结算发现产生总医疗费 267 469.48 元，属医保报销部分由医保经办机构和医院直接联网结算，最后政策内医疗费用 228 368.16 元，其中基本医疗支付 6 万元，大额医疗保险支付 126 596.91 元，合计医疗医保支付 186 596.91 元，政策范围内报销比例高达 81.71%；印江脱贫人员田某，因病住院发生医疗总费用 98 957.9 元，出院结算时发现其医疗费用在政策内的有 93 831.80 元，其中由基本医疗支付 50 782.49 元，大病保险支付 29 159.93 元，医疗救助支付 9 722.57 元，合计医疗医保支付 89 664.99 元，实际报销比例 90.61%，政策范围内补偿比例 95.56%。大病医疗保险工作开展后，患病参保职工综合报销比例从项目实施前的 71% 提升到实施后的 90% 左右，医疗费用综合报销比例明显提高，有效减轻了参保患者就医垫资压力[①]。

案例 2：2023 年 6 月 16 日，铜仁市江口县桃映镇小屯村聂某，被诊断为脑出血、基底节出血，情况特别严重，医院几次下达了病危通知书，总共产生医疗费用 14.53 万元，基本医疗报销了 8.53 万元，大病保险报销了 1.71 万元。出院后聂某还申报了医疗救助，后通过镇级医保部门和民政部门认定，又给这次住院剩余的费用救助了 1.37 万元，最终自付 2.92 万元，生活经济压力也因医疗保险三重保障政策大大减轻了[②]。

3.4.6 医保基金监管成效

医疗保障基金是人民群众的"看病钱""救命钱"，其使用安全涉及广大群众的切身利益，关系医疗保障制度健康持续发展。截至 2021 年年底，铜仁市医疗保障局等部门全力以赴守护人民群众的"看病钱"和"救命钱"，对全市 3 940 家定点医药机构进行了全覆盖的现场检查，严厉打击"三假"行为（即假病人、假病情、假票据），共查处 8 起相关案例，并将其中 1 家定点医疗机构和 2 名参保人的严重违规行为移交给公安机关立案

---

① 陈继祥. 我市深化医疗改革 提升群众医保获得感安全感 [N]. 铜仁日报，2021-12-16 (8).

② 陈继祥. 我市深化医疗改革 提升群众医保获得感安全感 [N]. 铜仁日报，2021-12-16 (8).

侦查。同时，该局对违规行为采取了严厉措施，包括解除 1 家定点药店的医保服务协议，暂停 6 家药店和 1 家医疗机构的服务协议，并对 1 113 家违反规定的医药机构进行处理，成功追回违法违规使用的医保基金达 2 401.24 万元，有力地捍卫了医保基金的安全与公正①。

为进一步强化医保基金监管，铜仁市医保局于 2022 年开展了卓有成效的培训与宣传活动。他们举办政策解读培训会议，播放普法短视频，提升了定点医药机构及参保人员的法治观念和诚信意识。通过海报、折页、媒体广告以及户外电子屏幕等各种传播媒介，广泛宣传"打击欺诈骗保"知识，营造了医保基金"不敢骗、不能骗、不想骗"的社会舆论环境。据统计，铜仁市全年共计印制医保基金监管宣传手册 13 800 份、海报 5 200 张，并展示宣传标语 2 600 条；举行了超过 110 场次的现场宣传活动，累计接待群众咨询 27 000 人次；更有 5 600 多名参保群众签署信用承诺书②。这些举措显著提高了铜仁市社会各界对医保基金监管政策法规的认知度，引发了一场遍及铜仁市全市的遵守规则、打击骗保的行动热潮。

2019 年 5 月至 2021 年 9 月间，铜仁市医保部门连续破获多起医保基金欺诈案件。石阡县医保局在审核过程中发现参保人金某某涉嫌伪造医疗票据，涉及金额高达 149 886.2 元，实际发生费用仅为 1 388.63 元。金某某因涉嫌欺诈骗保被石阡县人民法院依法判处有期徒刑 2 年，缓期 3 年执行。同期，江口县桃映乡杨某某存在冒名顶替住院的情况，骗取医保基金 20 131.85 元，后经核实确认，此款项已全额追回。2021 年 9 月，碧江区医保局查明伍某某两年间提交 26 份虚假报销单据，企图套取医保基金 237 443.88 元，碧江区医保局及时追回损失款项并向公安机关报案。铜仁市各级医保部门通过严格的审核审查和扎实的调查取证工作，成功追回了大量被骗取的医保基金，并对涉案人员依法施以刑事或行政惩罚，彰显出对医保基金严格监管和坚决打击欺诈违法行为的坚定决心与高效执行力③。

① 铜仁市医疗保障局. 铜仁市医疗保障局 2021 年法治政府建设工作报告［R/OL］.（2022-01-10）［2024-05-28］. https://ybj. trs. gov. cn/zwgk_500979/zfxxgk/fdzdgknr/fzjs/202303/t20230310_78427069. html.

② 铜仁市医疗保障局. 铜仁市医保局三个"全覆盖"织牢基金"监督网"守好群众"救命钱"［R/OL］.（2022-10-21）［2024-05-28］. https://ybj. trs. gov. cn/xwdt_500979/ybdt/202210/t20221021_76810996. html.

③ 铜仁市医疗保障局. 铜仁市医保局曝光违法违规案例（第一期）.［R/OL］.（2022-04-19）［2024-05-28］. https://ybj. trs. gov. cn/xwdt_500979/tzgg/202204/t20220419_73506415. html.

3.5 重庆秀山县城乡居民大病保险实施现状及效果分析

3.5.1 重庆秀山县城乡居民大病保险实施现状

截至 2022 年年底，秀山县基本医疗保险（以下简称"基本医保"）参保人数 61.46 万人，医保覆盖率达 97.55%，城乡居民医疗保险基金征收 14 671.95 万元，完成城镇职工基本医疗保险基金征收 21 331.87 万元，办理跨省异地就医直接结算 1 394 人次，完成异地就医备案 1 986 人次，审核并办理发放特殊疾病卡 5 627 张，变更定点医疗机构及补办特殊疾病卡 1 920 人次。

3.5.1.1 筹资状况

2022 年，秀山县累计完成征收城乡居民医疗保险基金 16 122 万元，完成征收城镇职工基本医疗保险基金 17 101 万元，完成征收城镇职工大额医疗保险基金 2 511 万元。2022 年秀山县大病保险筹资标准为 72 元/人，以后年度如需调整，由重庆市医疗保障局会同重庆市财政局测算，报重庆市政府批准后实施。

大病保险资金一般直接从城乡居民基本医保基金中划拨，当大病保险资金不足时，可暂时通过慈善和社会捐助等渠道筹集资金，在确定下年度城乡居民医保筹资标准后统筹考虑调整。

3.5.1.2 补偿状况

秀山县医保局"三抓"工作做实医疗救助兜底保障工作。一是抓部门协调配合。秀山县强化与县民政局、残联等部门配合，每月定期研判，及时更新医疗救助对象信息，2022 年 1 月至 10 月新录入医疗救助对象个人信息近 5 000 人，完善医疗救助对象个人信息 3.8 万人。二是抓参保对象管理。秀山县严格落实医疗救助对象参加医保资助政策，2022 年累计发放医疗救助对象参保资助资金 341 万元，惠及医疗救助对象 4 万人。三是抓医保政策落实。秀山县严格落实医疗救助对象门诊、普通疾病、重特大疾病救助政策，梯次减轻医疗救助对象的医疗费用负担，2022 年报销医疗救助金 1 686 余万元，其中门诊 7.4 万人次、报销医疗救助待遇 478 万余元，住院 1.4 万人次、1 208 余万元；累计支付职工医保待遇 10 221 万余元，支付城乡居民医疗保险待遇 22 870 万余元；核实认定高血压、糖尿病"两病"病人 20 408 人，评定新增"两病"备案机构 61 家、治疗机构 308 家；2021 年报销待遇 168.9 万元，惠及"两病"病人 29 341 人次。

3.5.1.3　运行状况

秀山县城乡居民大病保险运行状况如下：

（1）制度覆盖全面。秀山县城乡居民大病保险制度已涵盖全县所有参加城乡居民合作医疗保险的居民，对住院及特殊疾病门诊的重大疾病医疗费用进行双重保障，即在基本医保报销后，剩余高额费用由大病保险进行二次补偿。

（2）医疗保障体系建设。秀山县医疗保障局不断完善和统一城乡居民的基本医疗保险制度和大病保险制度，形成多层次的医疗保障体系，不仅提高了整体保障水平，还特别注重医保资金的安全有效管理，确保其合理使用，同时积极推进医疗、医保、医药"三医联动"改革，以满足人民群众日益增长的医疗服务需求，降低人民群众医药费用负担。

（3）困难群体帮扶政策。秀山县对特殊困难群体实行了特殊的倾斜救助政策，在基本医保、大病保险和医疗救助三重保障之后，对依然面临较高医疗负担的低保对象、特困人员、低保边缘家庭成员、返贫致贫人口、脱贫不稳定户、边缘易致贫户、突发严重困难户以及因病致贫重病患者，设定了一定费用标准，当费用超出该标准后，超出部分按照 60% 的比例给予救助，每人每年最高可获得 2 万元的救助金，从而确保了困难群体也能得到有效的大病医疗保障。

综上所述，秀山县的城乡居民大病保险运行平稳有序，形成了较为完善的医疗保障链条，尤其注重对困难群体的保障力度，实现了医保资源的公平分配和高效利用[①]。

此外，秀山县还实施了特殊病种医疗救助和大额费用医疗救助，为低保对象、特困人员、城乡孤儿、事实无人抚养儿童、返贫致贫人口等提供按比例的救助，年度救助限额分别为 10 万元和 6 万元。

重庆秀山县大病保险基金的收支情况如下：2018 年基金收入 0.58 亿元，支出 0.41 亿元，结余 0.17 亿元；2019 年基金收入 0.65 亿元，支出

---

① 秀山土家族苗族自治县人民政府. 秀山土家族苗族自治县人民政府办公室关于贯彻落实重特大疾病医疗保险和救助制度有关事宜的通知（秀山府办发〔2023〕39 号）[R/OL].（2023-09-26）[2024-05-28]. http://www.cqxs.gov.cn/zwgk_207/zfxxgkml/zcwj_176365/gfxwj26/gfxwj/202310/t20231016_12434503.html.

0.44 亿元，结余 0.21 亿元；2020 年基金收入 0.69 亿元，支出 0.47 亿元，结余 0.22 亿元；2021 年预计基金收入 0.73 亿元，支出 0.49 亿元，结余 0.24 亿元；2022 年预计基金收入 0.78 亿元，支出 0.52 亿元，结余 0.26 亿元；2023 年预计基金收入 0.82 亿元，支出 0.55 亿元，结余 0.27 亿元。可以看出，重庆秀山县大病保险基金的收入和支出都在逐年增加，结余也在逐年增加。这充分说明了该地区大病保险的需求不断增加，政府对于大病保险的投入也在逐年增加，为当地居民提供了更好的医疗保障。

3.5.1.4　监管状况

秀山县城乡居民大病保险监管状况呈现出严谨规范、高效运作的特点，并积极采用多种手段强化监管效能：

（1）规范性监管。秀山县依据《重庆市城乡居民大病保险管理办法》和《重庆市城乡居民大病保险条例》等法规文件，制订了详细的大病保险实施方案，从参保范围、保险责任、保险费用到理赔环节都做了明确规定，确保大病保险制度的合法合规运行。

（2）实时动态监管。秀山县通过定期检查参保人员、保险公司和相关机构，对参保人员投诉迅速回应处理，保障参保人员权益。同时，运用医保智能监控系统进行网上审核，对保险产品信息进行严格监测，防范并纠正各类违规行为。

（3）严厉查处违规行为。秀山县医疗保障局对违规使用医保基金的行为进行了严厉打击，通过一系列自查、巡查、网络审查、突击夜查等方式，有效遏制了骗保、违规收费等问题。在 2021 年第三批违规使用医保基金典型案例通报中，秀山县追回了大量的违规医保资金，对多家定点医药机构采取了暂停、解除协议等处罚措施，并公开通报处罚情况，展示了严惩医保违规行为的决心。秀山县医疗保障局 2021 年第三批违规使用医保基金典型案例通报[1]，见表 3.23。

（4）跨区域合作监管：2023 年，秀山县积极参与湘渝黔三省市边区县医保基金监管"雷霆护民"行动，与其他县市协同合作，加强对医保基金使用的监管，特别是针对三省交界地带的定点医疗机构，强化了跨区域协

---

[1]　秀山县医疗保障局. 2021 年第三批违规使用医保基金典型案例通报［R/OL］.（2023-09-27）［2024-05-28］. http://www.cqxs.gov.cn/bm/ybj/dt_77939/202109/t20210927_9760289.html.

作监管机制，有力地保障了医保基金的安全和合理使用①。

表 3.23　2021 年秀山县违规医保基金典型案例

定点医药机构名称	处理通知书文号	违规违约情况	处理依据	处理情况
秀山弘济医院	2021 年第 019 号	空床住院	《重庆市医疗保险协议医疗机构医疗服务协议》	追回违规费用 21 368.58 元，并处违约金42 737.16元
秀山贴心中医医院	2021 年第 020 号	传输对照错误，违反价格规定	《重庆市医疗保险协议医疗机构医疗服务协议》	追回违规费用 184 702 元，并处违约金 369 404 元
秀山土家族苗族自治县中和街道社区卫生服务中心	2021 年第 021 号	违反价格规定，错误结算	《重庆市医疗保险协议医疗机构医疗服务协议》	追回违规费用 87 562.5 元，并处违约金 175 125 元
秀山土家族苗族自治县洪安镇中心卫生院	2021 年第 022 号	传输对照错误，违反价格规定，超限项目，台账管理混乱	《重庆市医疗保险协议医疗机构医疗服务协议》	追回违规费用 75 270.88 元，并处违约金155 283.2元
秀山贴心中医医院	2021 年第 023 号	错误结算	《重庆市医疗保险协议医疗机构医疗服务协议》	追回违规费用 6 857 元，并处违约金 13 714 元
秀山土家族苗族自治县人民医院	2021 年第 024 号	违反物价规定	《重庆市医疗保险协议医疗机构医疗服务协议》	追回违规费用 9 801 元，并处违约金 19 602 元

数据来源：秀山土家族苗族自治县医疗保障局 2021 年第三批违规使用医保基金典型案例通报。

3.5.2　重庆秀山县大病保险制度实施效果分析

重庆秀山县城乡居民大病保险制度实施以来，取得了显著的社会效益和经济效益：

（1）防止因病致贫返贫。秀山县通过政府购买服务的方式，为全县贫

---

① 汤波.湖南花垣县、贵州松桃县、重庆秀山县 联合开展医保基金监管"雷霆护民"行动 [EB/OL].（2023—11—25）[2024—05—28].https://k.sina.cn/article_3363163410_c875cd1202001j66j.html.

困户购买大病医疗补充保险，确保贫困群体在患病后能够获得额外赔付，有效降低了因大病导致的贫困风险。秀山县保险赔付结构设置合理，随着个人自付费用的增加，赔付比例逐级提高，最高赔付可达20万元。

（2）健全医疗救助体系。2021年，秀山县制定《秀山自治县医疗救助项目实施方案》，针对不同困难群体设定不同的救助标准和救助上限，进一步减轻了脱贫人口、农村低收入人口的医疗负担，有力地保障了他们的基本医疗权益，筑起了防止因病返贫的坚实防线。

（3）调整优化大病保险政策。2023年，秀山县对大病保险的起付线和报销比例进行调整，使得起付线降至16 901元/人$^{-1}$·年$^{-1}$，最高报销限额保持20万元/年不变，政策范围内报销比例在起付标准至20万元区间部分为50%，超过20万元（含）部分报销比例升至60%。

（4）提高医疗保障覆盖率和报销比例。秀山地区的医疗保险及"新农合"覆盖率超过95%，乡镇居民和县城居民享有不同程度的补贴，住院费用报销比例普遍达到80%左右，大大缓解了城乡居民的医疗支出压力。

（5）完善基层医疗卫生服务体系。秀山县加大对乡镇级卫生院的标准化建设力度，医疗环境和服务能力明显改善，增设了多个医疗服务项目，使得村民能够在本地便捷地享受到高质量医疗服务，进一步增强了基层医疗服务的可及性和满意度。

总之，秀山县通过多层次、广覆盖的城乡居民大病保险制度及其配套措施，有效地缓解了城乡居民因大病带来的经济压力，切实保障了城乡居民特别是贫困群体的基本医疗权益，有力推动了脱贫攻坚成果的巩固和乡村振兴战略的实施。同时，不断提升的基层医疗服务能力和水平也为秀山县城乡居民享受优质医疗服务提供了更为便利的条件。

4 武陵山片区城乡居民大病保险制度存在的问题

4.1 湖南湘西州城乡居民大病保险制度存在的问题

4.1.1 筹资机制方面

4.1.1.1 筹资水平普遍较低

湘西州大病保险的筹资基本按湖南省确定的标准执行。2015—2017年，筹资标准采用约定比例方式，按照当年城乡居民基本医保筹资标准的5%缴纳，每年人均20元左右；2018年和2019年采用固定数额筹资标准，分别为每年50元/人和65元/人。国务院医改办曾于2012年前测算，如果每年从基本医保基金中人均提取40元，就可以确保大病保险实际报销比例达到50%以上。但是湘西州在2017年前并未达到这一筹资标准，因而难以缓解高额医疗费用，大病保障实际效果欠佳。

2018—2019年湘西州人均筹资标准虽然有所提高，但随着大病保险政策的普及，居民就诊行为会发生改变，比如小病大治，居民看病时会更多地选择更高等级医院就诊，医疗服务利用率会增加，因而医疗费用会不断上升。实际上次均住院费用每年都在不断提高。这些因素都会导致基本医保基金结余逐年减少。

以湘西州为例，2017—2019年城乡居民医保基金累计结余分别为6.37亿元、6.16亿元、5.79亿元，呈现逐年下降趋势。因此，大病保险基金仅依靠基本医保基金累计结余具有不可持续性①。

---

① 林源，刘笑丹. 城乡居民大病保险筹资机制探讨 [J]. 合作经济与科技，2020 (24)：180-181.

4.1.1.2 筹资渠道单一

《国务院办公厅关于全面实施城乡居民大病保险的意见》中明确了大病保险基金应从城镇居民医保基金、新农合基金中划出一定比例或额度作为大病保险资金。城镇居民医保和新农合基金有结余的地区，利用结余筹集大病保险资金；若城镇居民医务人员医保和新农合基金结余不足或没有结余的地区，则在城镇居民医保、新农合年度提高筹资时统筹解决资金来源。湖南省湘西州关于大病保险筹资渠道与基金来源政策基本与六部委的《指导意见》及《国务院办公厅关于全面实施城乡居民大病保险的意见》一致，从居民基本医保基金中划拨。然而，这一政策也存在不足之处。一是大病保险基金靠基本医保基金结余，缺乏保障，具有不可持续性。比如，湘西州 2017—2019 年的城乡居民医保基金累计结余已经呈逐年下降趋势。二是如果基本医保基金没有结余，单纯依靠提高城乡居民医保年度筹资水平，会导致居民筹资负担逐年上升，影响居民对大病保险的信心[1]。

4.1.1.3 筹资效率低

在《湖南省城乡居民大病保险实施方案》中提到，"由财政、人力资源社会保障部门依照当年大病保险筹资标准向县市区下达大病保险资金上解任务，各县市区应将上解大病保险资金及时缴入市财政设立的大病保险资金账户"。通过调研发现，湘西州的下属各县市，农村居民缴纳医保费的方式主要还是由村干部上门集中收缴，再统一上缴到乡镇居民医保办。另外，虽也有居民采取个人通过银行柜台或 App 缴费、自己主动到乡镇居民医保办现场办理的缴纳方式，但目前还是以人工上门收缴的筹资方式为主，这种相对落后的方式影响了基金筹集的效率，同时还产生了一定的筹资成本。有研究表明，湘西州每年的人均筹资成本约为 3.4 元，从总量上来看，这会影响到大病保险基金的筹集规模[2]。

4.1.1.4 统筹层次偏低

关于统筹层次，湖南省推行的大病保险政策，目前是在市、州级层次统筹，统一组织，采用统一的筹资标准和补偿政策。湘西州城乡居民大病保险基金在市、州范围内进行统筹，基金的共济作用得到有效发挥。不过，各地经济发展水平、疾病发生率等情况不同，导致医保基金结余水平不一。在市、州层次统筹，存在两个不足之处：一是不能充分发挥大数法

---

① 林源，刘笑丹. 城乡居民大病保险筹资机制探讨 [J]. 合作经济与科技，2020 (24)：180-181.
② 林源，刘笑丹. 城乡居民大病保险筹资机制探讨 [J]. 合作经济与科技，2020 (24)：180-181.

则的作用，大数法则是计算保险费率的基础，只有承保大量风险单位，即参保的人数越多，大数法则才能显示其作用，保险互助功能才能越强，高额医疗费用风险才得以分散、分摊；二是大病保险基金使用效率不高，由于统筹层次低，不能在大范围内调剂大病保险基金结余余缺，基金共济作用得不到有效发挥[①]。

4.1.2 补偿机制方面

4.1.2.1 保障范围不全面，患者自费负担重

当前我国推行的大病保险制度，在缓解群众因患重大疾病带来的经济压力方面发挥了积极作用，但仍面临着保障范围有限、患者自费负担较重的现实问题。

首先，大病保险保障目录内的疾病种类和药品项目未能完全覆盖所有重大疾病及其必需的诊疗手段和药品，尤其是一些罕见病、特殊病种和高昂进口药物，往往不在保险赔付范围内，这就意味着部分患者即使参加了大病保险，一旦罹患特定疾病，仍需自行承担巨额医疗费用。

其次，大病保险的报销比例和封顶线设置也决定了患者的自费负担依然沉重。在一些情况下，即便所患病症被列入保障范畴，但在实际治疗过程中产生的医疗费用超过报销上限后，超出部分仍需由患者家庭自行消化，这对许多普通家庭而言无疑是巨大的经济压力。

此外，不同地区的经济发展水平差异也导致大病保险待遇落实存在不均衡现象，使得部分经济欠发达地区的患者在享受大病保险待遇时，保障水平受限，自费支出比例相对较高。

综上所述，要解决大病保险保障范围有限、患者自费负担过重的问题，还需政策层面进一步深化医疗保障制度改革，扩大保障范围，提高保障水平，特别是加强对特殊疾病、高价药品的覆盖，并探索设立更加合理的报销比例和封顶线，同时加强各地区间的医保待遇衔接与平衡，确保每一位大病患者都能得到及时、充分的医疗保障，真正减轻他们的经济负担，让大病保险制度在服务民生、增进社会福祉上发挥更大效用。

4.1.2.2 大病保险的个人补偿机制可能导致家庭整体经济负担加重

从大病保险政策实施目标的角度出发，大病保险是为了有效防止家庭

---

① 林源，刘笑丹. 城乡居民大病保险筹资机制探讨 [J]. 合作经济与科技，2020 (24)：180-181.

发生灾难性医疗支出，减轻大病给患者家庭所带来的经济负担，并且防止出现灾难性医疗支出，降低因病返贫的概率。大病保险保障的是整个家庭，而目前大病保险补偿按患者个人单独计算，因此可能出现家庭成员累计的医疗费用造成了家庭发生灾难性医疗支出而个人并未能享受大病保险政策保障的困境①。

另外，大病保险把居民的平均年人均收入作为主要的门槛，但是在不同的地区，消费的平均水平以及个体所能够承担的经济负担也有着较大的差异。特别是对于一些贫富差距较大的地区而言，不同的家庭可能在收入水平上呈现出较大的离散，其灾难性支出的标准可能远远低于所在地的平均标准，因此，以地区年人均可支配收入作为大病保险门槛依据是有失公平的②。

4.1.2.3 高额费用仍不能化解

大病保险这一政策的福利几乎都被用于减轻处于低医疗费用段的家庭的经济压力，抑或是刺激那些经济能力相对较好的家庭支出更高的医疗费用，这种补偿方案设计，将大病保险的"特惠性政策"变成了"普惠性"政策，这与设置大病保险政策的主要目标不相符合③。若"保大病"的大病保险制度成为一项人人都可以享有的普惠式制度，将有限的大病保险基金作用于"保基本"，可能导致一些面临高额医疗费用的大病患者被排除在大病保险制度之外。要减轻大病人群尤其是那些重特大疾病患者的医疗负担，大病保险的保障范围应与基本医保的保障范围有所区别，应针对发生灾难性医疗支出的高危群体，制定科学合理的报销目录，扩大大病保险保障范围④。

4.1.3 运行机制方面

4.1.3.1 商业保险公司实际作用与原有定位存在偏差

大病保险运营引入商业保险机构，其目的是利用商业保险机构在医疗费用审核、医保基金支付、医保精算和风险控制等方面的专业优势，弥补

---

① 林雪. 山东省城乡居民大病保险基金运作机制研究 [D]. 山东农业大学，2019.

② 李秋华. 鹤庆县城乡居民大病保险制度运行中的问题和建议研究 [D]. 云南财经大学，2020.

③ 李秋华. 鹤庆县城乡居民大病保险制度运行中的问题和建议研究 [D]. 云南财经大学，2020.

④ 姜学夫. 城乡居民大病保险补偿方案优化研究 [D]. 上海师范大学，2019.

政府人力、物力和专业能力的不足。但从各地的地方实践来看，大病保险的定价是政府已经确定好的，不再需要精算，因此保险公司在大病保险运行的过程中扮演的角色更像是"二次报销员"，对经基本医疗保险报销后的合规医疗费用进行二次报销，其仅仅是一个支付工具而不是一个风险控制工具①。

4.1.3.2 医疗费用不合理增长难以控制

尽管目前随着公立医院改革逐步拓展，医院次均费用涨幅度得到一定控制。但总体上看，医疗费用不合理上涨现象依然严重。医疗费用的不合理上涨，不仅使得医保基金承受巨大的压力，医保基金累计结余也会随着医疗费用的不合理上涨而逐年吃紧，弱化了大病保险缓解灾难医疗费用的效果，导致个人自负的医疗费用负担仍然很重。城乡居民大病保险的资金来源于城乡居民基本医疗保险基金的结余，在筹资水平保持不变的情况下，医疗费用的不合理上涨将必然结余资金的减少，进而对大病保险基金来源的稳定性与基金的可持续性造成影响②。

4.1.3.3 扶贫数据信息未共享，医保扶贫政策难形成合力

将建档立卡贫困人口、低保对象、特困人员等作为健康扶贫的对象，由于人员数据来源于多部门，各部门均有单独认定标准和程序，数据存在交叉重复问题，比对难度大。健康扶贫的相关部门，还未能做到贫困人口信息资源共享，贫困人口信息交换、比对工作机制没有健全，难以确保扶贫对象信息准确完整，不利于靶向治疗、精准帮扶。针对低困人员，医保扶贫的政策主要有城乡居民基本医保、大病保险、医疗救助及慈善救助等各项制度和政策，但目前各制度间缺乏有效衔接，存在碎片化、差异化和区域化问题。

4.1.4 监管机制方面

4.1.4.1 大病保险基金监管以行政手段为主，缺乏完整的法律体系

湘西州政府主管部门虽然加强了对医疗服务的管理，制定了基本医疗保险药品目录、诊疗项目和医疗服务设施标准，对提供基本医疗保险服务的医疗机构、药店等开展了大检查，但医保中出现参保住院病人超量开药、

---

① 胡海峰. 辽宁省城乡居民大病医疗保险实施情况研究 [D]. 沈阳：沈阳师范大学，2019.
② 胡海峰. 辽宁省城乡居民大病医疗保险实施情况研究 [D]. 沈阳：沈阳师范大学，2019.

处方与疾病不符、冒参保人员之名住院、挂床住院等现象屡禁不止[1]。

产生上述现象的主要原因在于目前政府对重大疾病保险基金的监管还没有一个完整、系统的法律体系支持，只有相关的实施部门制定了有关大病保险基金监督的规章或制度，但权威性不高。缺乏足够的监管法律依据，会导致重大疾病保险基金的安全受到威胁，影响重大疾病保险制度的可持续发展[2]。

4.1.4.2　大病保险基金监督的专业化程度低，多头监管难形成合力

大病保险基金监督的专业化程度低主要表现为信息化水平低、监督管理人员专业化水平低。从我们所调研的经营大病保险的某保险公司健康保险部来看，只有几名主要管理人员隶属于保险公司，其他大部分工作人员来自某劳务派遣公司，其待遇不高，专业性和稳定性较差。大病保险基金的监管涉及多个部门，包括医保部门、保险公司、审计部门和卫健委等部门。实践中，存在监管协调难、工作内容重复、工作效率低下等现象，各部门从自身利益出发，由于缺乏有效的沟通，难以形成监管合力。

4.1.4.3　第三方评估机制尚不健全

湘西州医疗保障局会同州财政局建立健全大病保险第三方评估机制，通过政府购买服务方式，委托具有相应资质和能力的第三方机构，每两年对全省大病保险运行及大病保险承办机构管理服务情况进行全面评估，形成评估报告，作为完善大病政策、招标承办机构的参考依据。对评估中发现的违反合同约定，或发生其他严重损害参保人权益的情况，按照约定提前终止或解除合同，并依法追究责任。评估所需经费列入财政年度预算。

4.2　湖南怀化市城乡居民大病保险制度存在的问题

4.2.1　筹资机制方面

4.2.1.1　资金筹集规模普遍存在不足

在怀化市，大病保险的资金筹集长期以来一直是政府关注焦点。

---

① 张丽蓉. 湘西州城镇职工基本医疗保险制度改革和发展的思考 [J]. 全国商情（理论研究），2011（3）：111-113.

② 林雪. 山东省城乡居民大病保险基金运作机制研究 [D]. 泰安：山东农业大学，2019.

2015—2017 年，怀化市大病保险资金筹资模式遵循湖南省设定的原则，即从城乡居民基本医疗保险基金中提取一定比例作为大病保险基金，当时的规定是以年度筹资标准的 5% 进行划拨，折算下来人均筹资额度大约维持在每人每年 20 元左右。然而，这一筹资水平与早年间国务院医改办提出的每人每年需从医保基金中划出 40 元以保证大病保险实际报销比例能达到 50% 以上的标准相比，明显偏低。这意味着在此阶段，怀化市及类似地区的大病保险制度在保障高额医疗费用上的实际效能并不尽如人意，对于缓解群众因罹患大病而面临的经济压力的效果较为有限。

2018 年和 2019 年，怀化市逐步调整了筹资策略，改为采用固定的年度人均筹资标准，即分别上升到了 50 元每人每年和 65 元每人每年。然而，伴随着大病保险政策的日益深入人心，城乡居民的就医行为也随之发生了微妙变化，出现了小病倾向于选择更高层级医疗机构治疗的现象，医疗服务需求量和利用率随之攀升，医疗费用的整体上涨态势愈发明显。事实上，每人次的住院费用在这几年间呈现出逐年递增的趋势，这对于基本医保基金的压力不言而喻。

尽管大病保险筹资标准有所上调，但由于医疗消费的增长速度超过了基金积累的速度，基本医保基金结余不断缩减，进而暴露了单纯依赖基本医保基金结余来筹集大病保险基金的局限性与不可持续性。

总的来说，怀化市乃至相似地区的实践表明，在大病保险制度的实际运行中，如何在提升筹资水平的同时兼顾医保基金的稳定增长，并适应医疗服务需求结构的变化，成为一个亟待解决的重要课题。未来的大病保险资金筹集方式的改革和完善需要着眼于建立多元化的筹资渠道，强化基金管理与成本控制，并确保在医疗服务供给侧结构性改革中，大病保险能够更好地发挥出减轻群众大病负担、防止患者因病致贫的作用。

4.2.1.2 资金来源渠道有限

湖南省及其三州市的筹资渠道与基金来源政策基本与《关于全面实施城乡居民大病保险的意见》（国办发〔2015〕57 号）一致，其大病保险基金是从居民基本医保基金中划拨。然而，该方式存在一些不足之处。一是大病保险基金靠基本医保基金结余，缺乏保障，具有不可持续性。以怀化市农村居民医保缴费为例，2017—2019 年分别为每人每年 150 元、180 元、220 元，2018 年和 2019 年保费增长速度为 20%、22.22%。2018—2019 年农村居民可支配收入分别为 9 811 元、10 870 元，同比增长 11.1%、

10.8%（未扣除价格因素），保费分别占可支配收入的1.5%、2.02%。由此可见，农民个人的筹资额占其纯收入的比重在上升，保费增长速度远超过农村居民人均可支配收入增长速度。实际上，2019年怀化市农村居民人均消费支出10 140元，增长11.1%，消费增长速度超过了收入增长速度。因此，大病保险基金现有的来源或筹资渠道存在局限性[①]。

4.2.1.3　统筹层次不足

关于统筹层次，湖南省推行的大病保险政策，实行的是在市、州级层次统筹，统一组织，采用统一的筹资标准和补偿政策。怀化市也是遵照这一方案，居民大病保险基金在市、州级层次范围内进行统筹，基金的共济作用得到有效发挥。不过，各地经济发展水平、疾病发生率等情况不同，导致医保基金结余水平不一。在市、州级层次统筹，存在两个不足之处：一是不能充分发挥大数法则的作用，大数法则是计算保险费率的基础，只有承保大量风险单位，即参保的人数越多，大数法则才能显示其作用，保险互助功能越强，高额医疗费用风险才得以分散、分摊。二是大病保险基金使用效率不高，由于统筹层次低，不能在大范围内调剂大病保险基金结余余缺，基金共济作用得到不有效发挥[②]。

4.2.2　补偿机制方面

4.2.2.1　保障范围有限，医保外费用占比较大，患者自费负担仍然很重

从保障范围来看，大病保险主要是对三大目录内的合规医疗费用进行报销，并且还明确规定了不予报销的项目范围。实际上，目录外费用的产生，并不能由患者决定，而是由医院和医生决定，因此患者在经过基本医疗保险和大病保险补偿后，自费比例仍然很高（见表4.1）。

医疗费用的不断增加将会使患者面临的自费比例越来越高，这表明大病保险补偿政策并没有达到良好效果。

---

①　林源，刘笑丹. 城乡居民大病保险筹资机制探讨［J］. 合作经济与科技，2020（24）：180-181.

②　林源，刘笑丹. 城乡居民大病保险筹资机制探讨［J］. 合作经济与科技，2020（24）：180-181.

表 4.1 2015—2017 年怀化市 5 县区大病保险总体报销情况

年份	大病人次/人次	大病补偿金额/元	医疗总费用/元	医保保内费用/元	医保报销费用/元	大病合规费用/元
2015 年	8 295	3 101.350 1	37 414.582 4	28 804.828 5	16 605.794 7	11 975.275 2
2016 年	12 081	4 214.234 8	47 480.962 1	36 968.854 4	21 610.698 6	14 260.625 4
2017 年	19 491	6 168.975 1	63 632.861 6	50 960.996 1	30 079.847 2	21 097.999 2
合计	39 867	13 484.560 0	148 528.406 1	116 734.679 0	68 296.340 5	47 333.899 8

数据来源：中国人寿怀化分公司。

另外，根据表 4.2 可知，2015—2019 年怀化市 5 县区患者经过基本医保和大病保险补偿的医疗费用比例分别达到 52.67%、54.39%、56.97%、57.98%、59.22%，其中大病保险报销比例分别为 8.29%、8.88%、9.69%、9.69%、10.67%，自付比例分别为 47.33%、45.61%、43.03%、42.02%、40.78%，表明患者的报销比例逐年增加，大病保险报销的比例也在逐年增加，自付比例在逐年下降，说明基本医保和大病保险在一定程度上缓解了患者的医疗负担。2015—2019 年患者人均自付费用分别为 21 347.12 元、17 925.69 元、14 049.58 元、10 348.11 元、9 517.16 元，虽然逐年呈下降趋势，但 2015 年怀化市居民人均可支配收入 12 550 元，农村居民人均可支配收入 7 203 元；2016 年，怀化市居民人均可支配收入为 13 808，2017 年怀化市居民人均可支配收入 15 183 元，农村居民人均可支配收入 8 831 元；2018 年怀化市居民人均可支配收入 16 789 元，农村居民人均可支配收入 9 811 元；2019 年怀化市居民人均可支配收入 18 574 元，农村居民人均可支配收入 10 870 元。可见，2015—2016 年怀化市居民全部个人可支配收入不足以应付医疗费用支出，2017 年接近收支平衡，2018—2019 年可支配收入大于医疗费用支出。然而，2019 年，怀化市居民人均消费支出 15 258 元，城镇居民人均消费支出 22 255 元，农村居民人均消费支出 10 140 元[①]，而 2019 年每人次均自付医疗费用为 9 517.16 元，可见，患者的负担仍然很重。

---

① 向文娟，丁雨欣. 2019 年怀化城乡居民人均可支配收入增长 10.6%[EB/OL].（2020-01-22）[2024-05-28].https://www.huaihua.gov.cn/huaihua/c200023/202001/cd121d57b6154098a424f1ecd30e2822.shtml.

表 4.2　2015—2019 年怀化市 5 县区人均医疗费用及报销比例

年份	人次均医疗费用/元	人次均报销金额/元	人次均基本医保报销/元	人次均大病报销/元	人次均自付费用/元	报销比例/%	医保报销比例/%	大病报销比例/%	自付比例/%
2015	45 104.98	23 757.86	20 019.04	3 738.82	21 347.12	52.67	44.38	8.29	47.33
2016	39 302.18	21 376.49	17 888.17	3 488.32	17 925.69	54.39	45.51	8.88	45.61
2017	32 647.30	18 597.72	15 432.69	3 165.04	14 049.58	56.97	47.27	9.69	43.03
2018	24 628.79	14 280.68	11 894.52	2 386.16	10 348.11	57.98	48.30	9.69	42.02
2019	23 335.82	13 818.66	11 328.5	2 490.16	9 517.16	59.22	48.55	10.67	40.78

数据来源：作者计算整理。

4.2.2.2 补偿标准设计不够合理，受益人群主要为低费用段，高额医疗费用仍然不能化解

怀化市现行的补偿机制使得福利主要用于低费用家庭或刺激更高医疗消费，但大病保险旨在减轻重病家庭的负担，因此，表明大病保险政策偏离了政策初衷。这种普惠性倾向可能导致资金不能充分覆盖真正需要高额医疗支出的重病患者。大病保险应与基本医保区分开来，针对易发生灾难性医疗支出的群体，制定更合理的报销目录，扩大保障范围，确保资金更有效地用于重症患者。

以怀化市 5 县区为例，2019 年度 5 县区大病保险补偿金额前十位患者的医疗总费用累计为 7 595 168.87 元，医保报销金额累计为 1 363 400 元，大病保险报销金额累计为 2 874 797.54 元。已报销金额占医疗总费用的55.81%，在一定程度上减轻了大病患者的经济负担。由表 4.3 可知，前 5 位患者报销费用已达到基本医保和大病保险封顶线，共报销 45 万元，5 位患者还需自付部分费用。自付费用最少的患者周某菊需自付近 22 万元，患者郑某前需自付医疗费用近 90 万元。而怀化市人均可支配收入为 18 574元，城镇居民人均可支配收入为 29 107 元，农村居民人均可支配收入为 10 870 元。可见，对这部分患者来说，大病保险并没有解决其高额医疗费用问题，灾难性医疗支出问题仍然存在。

表 4.3　2019 年怀化市县区十大赔案分布与具体补偿情况

单位：元

序号	姓名	疾病名称	区县	医疗总费用	医保支付	大病补偿费用	自付费用
1	杨某敏	缺血缺氧性脑病	鹤城区	780 248.07	150 000	300 000	330 248.07
2	郭某林	肝硬化	鹤城区	1 073 631.33	150 000	300 000	623 631.33
3	郑某前	急性骨髓纤维化	沅陵县	1 343 932.87	150 000	300 000	893 932.87
4	周某菊	白血病	沅陵县	667 875.21	150 000	300 000	217 875.21
5	李某	弥漫性淋巴瘤	通道县	744 519.36	150 000	300 000	294 519.36
6	谭某凤	白血病	沅陵县	687 554.16	148 400	298 500	240 654.16
7	龚某浓	冠心病	沅陵县	552 312.86	150 000	298 500	103 812.86
8	谢某英	烧伤	沅陵县	506 886.67	15 000	275 343.7	216 542.97
9	刘某珍	恶性淋巴瘤	沅陵县	696 893.79	150 000	270 362.62	276 531.17
10	黄某隽	白血病	靖州县	541 314.55	150 000	232 091.22	159 223.33

资料来源：中国人寿怀化分公司。

4.2.2.3　患者个人补偿机制可能导致家庭医疗负担加重

大病保险政策的核心目标在于构筑一道防护墙，以避免家庭因重大疾病产生的巨额医疗费用陷入灾难性的财务困境，从而减轻患者及其家庭因疾病带来的经济压力，并预防其贫困状况的恶化。然而，现有的大病保险补偿机制着重于对单个患者个人医疗花费的补偿，而少有考虑家庭作为一个整体可能承受的累积医疗开支。这样就可能导致一个家庭内部多位成员因病产生高额医疗费用，总和起来足以构成灾难性支出，却因各自的医疗费用未达到个人大病保险补偿标准而得不到医疗补偿。

此外，现行的大病保险资格门槛通常是基于地区居民的平均年人均可支配收入来设定的，但这一体系忽视了地区内不同家庭之间显著的经济差异。尤其在地域经济差距悬殊的背景下，有的家庭实际经济条件远低于地区平均水平，他们对灾难性医疗支出的承受阈值可能远低于通用的年人均可支配收入标准。因此，单纯以区域平均收入作为衡量大病保险补偿资格的标准显然有失公平，不能充分反映并解决弱势群体所面临的实际困难。这意味着，在设计和执行大病保险政策时，必须考虑到家庭层面的总体医疗负担以及地区内部的家庭经济差异，以确保政策的公平性和有效性。

4.2.2.4　医保扶贫保障水平偏低

以怀化市 5 县区为例，患者医保外费用 2018 年为 12 500.43 元，2019

年为 17 899.99 元，同比增加 43.19%。经过基本医保报销和大病补偿后，患者自付费用 2018 年为 25 075.54 元，2019 年为 32 582.96 元，同比增加 29.94%。说明尽管基本医保报销和大病补偿的幅度增加，但患者自付费用 2019 年比 2018 年仍然增加近 30%。根据各地政策，大病保险起付线对低困人员下降 50%，而且在每个费用段比非贫困参保人员提高 10%，因此，对于低困人员的补偿会高于平均水平，但从实际补偿的效率来看，大病保险次均补偿仍不足 3 000 元，相对贫困人员收入水平，大病保障水平偏低，负担仍然偏重。

4.2.3　运行机制方面

4.2.3.1　政策联动与整合不足

当前我国医疗保障体系建设中，"碎片化"现象是一个不容忽视的问题。在构建多层次、立体化的医疗保障网络过程中，各项政策的无缝对接和相互补充至关重要。城乡居民大病保险作为在城镇居民医保和新型农村合作医疗（新农合）基本医疗保障框架基础上拓展出来的补充性保障措施，其运行机制、保障内容和报销比例等方面的表现深受多种因素制约。

具体而言，大病保险在与基本医疗保险、医疗救助以及精准扶贫医保等政策的衔接过程中，暴露出了一些矛盾和不协调之处。例如，大病保险的保障范围是否能够有效填补基本医保覆盖不到的部分，报销比例能否与其它政策工具形成梯度互补，以及在特困群体医疗救助与大病保险之间的联动机制是否顺畅等，都是影响政策协同效应的关键点。

实践中，大病保险在减轻患者医疗负担尤其是贫困人口因大病所致的高额医疗负担方面，尚有待进一步强化与其他政策制度的深度融合，以实现更好的协同效应。政策制定者需细致梳理各个环节，探寻优化大病保险与各类医疗保障制度之间的接口，以期在提升大病保障水平的同时，最大限度地减少制度缝隙，确保资源有效配置，切实缓解广大城乡居民因大病导致的经济压力，推进医疗保障体系的公平性和可持续性建设。

4.2.3.2　商业保险公司定位与实践的功能错配

怀化市政府让商业保险公司参与到大病保险运营体系的初衷，旨在借助其在医疗费用审核管控、医保基金运营管理、精算技术和风险管理等方面的深厚积淀与专业特长，来弥补政府在处理复杂医保事务中可能存在的资源配置、专业能力和实践经验等方面的不足。然而，在不少地方的具体实践中，大病保险的费率设定并非由商业保险公司根据精算原理自主决定，而是预先由政府作出了既定安排，这无疑限制了商业保险公司在精算领域的专业角色发挥。

在现行大病保险制度下，商业保险公司的功能更多体现为对已经经过基本医疗保险初次报销的合规医疗费用进行再次补偿，而非深度介入风险评估与控制的核心环节。简而言之，商业保险公司在怀化市大病保险运营体系中似乎更偏重于作为一种支付工具的存在，而在风险识别、防控以及精细化管理等方面的实际贡献与其原本被寄予的期望存在一定的错位。这意味着，在大病保险的运作过程中，商业保险公司原有的风险管理与控制功能并未得到充分利用，需要进一步探讨和完善。

4.2.4 监管机制方面

4.2.4.1 基金监管主要依赖行政手段，欠缺完备的法律支撑体系

重大疾病保险基金监管作为社会保障体系中的重要组成部分，其合理运作与有效监管对于维护参保人员权益、确保保险基金安全以及推动整个保险制度持续健康发展具有至关重要的作用。然而，怀化市现行的大病保险基金监管机制，在很大程度上依赖于行政手段进行管理和约束，尚未构建起一套系统、完整的法律体系予以强有力的支持。

尽管相关部门针对大病保险基金的监管出台了一系列规章制度和操作细则，但这些规定多属于政策层面和部门规章层级，相较于法律的权威性和稳定性存在一定的差距。因此，这种监管模式在实际执行过程中，可能面临执行力度不足、标准不统一、追责机制不明晰等问题，难以从源头上防范和化解基金风险。

由于缺乏独立、统一且高位阶的法律法规作为监管的基石，大病保险基金的安全性受到潜在挑战。没有严格的法律依据来规范基金的筹集、管理和使用流程，一方面容易滋生违规操作和基金滥用现象；另一方面，也难以形成有效的震慑力，制约保险公司及其他相关主体的行为，确保基金的公平分配和高效利用。

此外，法律缺失还直接影响到大病保险制度的长远规划与战略设计，无法为未来可能出现的新情况、新问题提供充分的预判和解决方案。这不仅削弱了公众对大病保险制度的信心，也在一定程度上阻碍了该制度的进一步完善和推广普及。

综上所述，建设完善的法律体系支撑大病保险基金监管迫在眉睫，它不仅关乎亿万参保人的切身利益，也是我国社会保障法治化进程中的关键环节。只有通过立法途径强化基金监管的法制基础，才能真正实现重大疾病保险基金的有效监管，切实保障资金安全，推动我国重大疾病保险事业朝着更加科学化、规范化、法治化的方向稳步前行。

4.2.4.2 基金监督专业化程度不足，跨部门协同存在困难

在对怀化市负责经营大病保险业务的某保险公司健康保险部门进行深入研究时发现，其在基金监督的专业化能力建设方面存在显著短板，集中体现在两个核心方面：一是信息化技术应用滞后，二是现场监管人员的专业资质和技能素质亟待提升。该保险公司虽配置了少数核心管理人员直接负责大病保险业务，但大部分日常运作人员并非公司正式员工，而是通过劳务派遣的方式引入，这种情况致使团队整体的专业化程度和职业稳定性打了折扣，同时，由于薪酬待遇相对较低，难以有效吸引和留住具备较高专业素养的人才。

大病保险基金的监管是一个跨部门协作的过程，牵涉包括但不限于医保管理部门、商业保险公司、审计机构以及卫生健康委员会等多个政府部门和职能单位。现实中，由于怀化市各部门间的信息共享机制不健全，协同监管机制未达到理想状态，常常出现监管职责交叉重叠、工作效率不高以及行动步调不一致等问题。各个部门在各自职权范围内履行监管任务时，受制于信息孤岛效应和利益协调难题，往往难以形成强大的联合监管力量，从而制约了对大病保险基金全方位、高效能的监督与管理。

为改善这一局面，怀化市有必要从顶层设计出发，整合优化各方资源，提升大病保险基金监管工作的信息化、智能化水平，并着重加强监管队伍的专业培训与建设，确保参与基金监管的所有人员都具备相应的专业知识和实务经验。同时，建立健全跨部门协调机制，明确权责边界，减少不必要的工作重复，通过常态化的沟通协商机制，增强监管工作的连贯性和一致性，最终促进大病保险基金的透明、安全、高效运作，保障参保者的合法权益不受侵犯，并助推我国大病保险制度的稳健发展。

4.3 湖北恩施州城乡居民大病保险制度存在的问题

4.3.1 筹资机制方面

4.3.1.1 筹资标准较低

湖北省恩施州自 2013 年开展城乡居民大病医疗保险政策开始，首年筹资标准为 20 元/人；2014 年筹资方式出现城乡分割的大病保险统筹制度，针对城镇居民大病医保的保费标准提高至 35 元/人，新农合对象的保费标准仍为 20 元/人；2015—2022 年采用比例筹资的方式，筹资标准为不超过上年度城乡居民基本医保人均筹资标准的 10%，截至 2018 年年末，恩施州筹资标准仍不足 40 元/人。2012 年前，国务院医改办曾测算，要使大病保险实际报销比例达到 50%以上，平均每人每年从医保基金拿出 40 元即可保障大病。可见 2018 年前恩施州全域均未达到这一筹资标准，大病保障实际效果欠佳。2019 年恩施州筹资标准为 50 元/人，2020—2022 年筹资标准为 55 元/人。

4.3.1.2 市州级统筹大病保险基金存在的弊端

《恩施土家族苗族自治州城乡居民大病保险实施办法》（恩施州政规〔2022〕3 号）指出，恩施州大病保险实行州级统筹，以州为单位组织实施，实行统一政策体系、统一筹资标准、统一待遇水平、统一经办服务、统一核算盈亏。相较于省级统筹，在市州级统筹模式下管理大病保险基金，其弊端主要体现在三个方面。

首先，在风险管理层面，大病保险的核心目标在于利用大规模参保人群来分散罕见但高额的医疗支出风险。省级统筹能够更有效地汇聚各地区的参保资源，形成更大的风险池，从而显著增强基金抵抗巨额医疗赔付冲击的能力。相比之下，市州级统筹层次较低，意味着风险分摊的基数较小，基金稳定性相对较弱，面对区域内重大疾病高发或极端个案时，可能不足以有效应对。

其次，从资金运营效率角度看，市州级统筹限制了医保基金在全国范围内的优化配置与灵活调度。尤其当某些地区大病保险基金出现结余，而其他地区可能出现赤字时，若统筹层次过低，难以实现基金的横向平衡和互补，这不仅制约了结余资金的有效利用，也可能加剧地方医保基金的失衡状况，进而对大病保险的持续稳定筹资构成威胁。

最后，在制度公平性方面，由于市州级统筹下的政策制定权限相对分散，不同县市间的大病保险待遇标准可能存在较大差异，这种差异化待遇设计容易引发参保人员之间的不公平感和心理落差。参保者可能会因地域间的待遇不均等而产生攀比心理，进一步损害了社会保障体系的公正性和公众对医保制度的信任度。因此，提升统筹层次有助于减少此类区域差异，促进医保权益的均等化。

4.3.1.3 资金来源缺乏可持续性

恩施州大病保险资金是从城乡居民医保统筹基金或州级统筹前各县市留存的累计结余中列支，各县市医疗保障部门将当年城乡居民医保参保人数核定后，上报州医疗保障部门。州医疗保障部门确认后，申请州财政部门划转到指定账户。

恩施州的大病医疗保险基金筹集方式存在一定的弊端，假如基本医保基金没有结余，单纯依靠提高城乡居民医保年度筹资水平，会导致居民筹资负担逐年上升，居民可能会有意见。2018—2022 年，恩施州城乡居民医保个人缴费标准从 180 元提升至 320 元，增幅达 77.78%；2018—2022 年，恩施州农村居民人均可支配收入从 10 524 元增长至 14 384 元，且居民个人医保缴费金额增速始终高于农村居民个人可支配收入；保费占可支配收入的比例由 1.71%增长到 2.23%，具体数据见表 4.4。由此可见，恩施州大病保险基金现有的来源或筹资方法具有一定风险，缺乏可持续性。

表 4.4　2018—2022 年恩施州居民个人医保费用与可支配收入情况

年份	医保缴费标准/元	增速/%	农村居民个人可支配收入/元	增速/%	占比/%
2018	180	—	10 524	—	1.71
2019	220	22.22	11 620	10.41	1.89
2020	250	13.64	11 887	2.30	2.10
2021	280	12.00	13 307	11.95	2.10
2022	320	14.29	14 384	8.09	2.23

数据来源：恩施州统计年鉴、恩施州医疗保障局。

4.3.2 补偿机制方面

4.3.2.1 补偿比例不合理 总体补偿比例偏低

当前城乡居民大病保险制度在实践中反映出的一个突出问题是补偿比例设置的不合理性,尤其是总体补偿比例偏低的现象引起了广泛关注。作为我国社会保障体系的重要组成部分,城乡居民大病保险旨在减轻城乡居民因罹患重大疾病所带来的经济负担,然而实际运行中,部分参保居民在遭受高额医疗费用打击后,其所获得的保险补偿未能达到预期的效果,即整体补偿水平未能充分覆盖其实际支出,这无疑削弱了大病保险制度的风险分散和保障功能。具体来说,一方面,当前大病保险在设定报销比例时,可能存在上限设置过低或者起付线过高的情况,导致在实际理赔过程中,尤其是在大额医疗费用面前,居民自费比例仍然过高,增加了患病家庭的经济压力。另一方面,部分地区的大病保险补偿机制未能与基本医疗保险有效衔接,两者叠加后的总补偿比例仍不能满足大病患者的实际需求,无法有效防止"因病致贫、因病返贫"。实际上,恩施州城乡居民大病保险的补偿比例相对较低。根据恩施州大病保险制度相关规定,对于符合大病保险范围内的医疗费用,补偿比例通常在60%左右。这意味着即使患者符合保险赔付的条件,仍需要自付约40%比例的医疗费用。由此可见大病患者负担仍然很重。

因此,提高城乡居民大病保险的总体补偿比例,使之更加贴近大病医疗的实际成本,并完善与基本医疗保险的协同作用,已成为当下深化医疗保障制度改革、提升民生福祉的重要任务。只有科学合理地调整和完善大病保险补偿比例,才能真正发挥出这项制度应有的社会减负和保障作用,切实让人民群众享受到更多看得见、摸得着的改革成果。

4.3.2.2 大病保险补偿范围不够全面

当前,中国城乡居民大病医疗保险体系在界定"大病"的具体范围方面存在一定的不统一性和局限性。以湖北省恩施土家族苗族自治州为例,其大病医疗保险的补偿范围主要参照的是《湖北省基本医疗保险、生育保险诊疗项目、医疗服务设施范围和支付标准目录(2012年试行版)》,仅对目录中所列明的合规医疗项目提供报销保障。然而,这一范围并未能完全涵盖各类罕见病种及其特殊的治疗手段和药品,尤其是那些新兴的、高昂的医疗技术和药物。

尽管国家层面和地方各级政府积极推行大病保险制度，旨在减轻因罹患严重疾病而带来的高额医疗费用负担，但在实际操作中，一些极为罕见疾病的特殊医疗需求，以及部分不在现行医保目录内的先进医疗技术和昂贵药品，暂时未能被纳入大病医保统筹报销体系之内。

这样一来，对于罹患此类罕见病或需要采用最新医疗技术治疗的患者而言，即使参加了大病医疗保险，也可能由于政策上的空白而导致巨额医疗开支无法通过保险渠道得到缓解，这无疑增加了这部分患者的家庭经济压力，同时也限制了他们在获取必要且有效的医疗救助方面的可能性。因此，进一步完善和扩展大病医疗保险的覆盖范围，尤其是针对罕见病和尖端医疗科技领域，成为恩施州亟待解决的重要议题之一。

4.3.2.3　补偿方案年度间差距较大

在城乡医疗保险补偿方案的具体实施过程中，恩施州年度间的政策调整导致的实际补偿额度与起付线设置等方面存在着显著差异。恩施州在2015年的补偿方案中，规定城乡居民在省外就医时的大病医疗保险起付线为2 000元人民币，而2016年恩施州对补偿方案进行了重大调整，起付线设定不再全国统一，而是根据患者就诊医疗机构所在的行政级别进行区分，即乡级、县级、市级医院分别对应不同的起付线标准，其中市级医院的起付线更是提升到了3 000元人民币。

这种情况对于广大农村居民群体来说，尤为复杂。一方面，农民群体普遍文化程度相对较低，对于医疗保险统筹补偿方案的具体内容和变化缺乏及时的关注和理解，通常是在身患疾病急需就医时才去了解和询问相关报销政策，这就容易导致信息不对称，农民群体难以提前做出合理的医疗费用预估和准备。另一方面，当实际报销金额因政策变动未达到农民群体的心理预期时，不仅会直接加重农民患者的经济负担，更可能导致他们对当前年度乃至未来年度的医疗保险政策产生不确定感和不信任感，从而影响到他们对大病医疗保险制度的信心和支持度。因此，如何确保医疗保险补偿政策的连续性和稳定性，同时加强政策宣传与解读工作，以便让广大农民能够更好地理解和利用相关政策，降低因疾病带来的经济风险，已成为恩施州医疗保险制度改革和完善过程中不可忽视的重要环节。

4.3.3　运行机制方面

4.3.3.1　报销手续繁琐

当前，我国城乡居民大病医疗保险报销程序的复杂性问题较为突出，给参保患者带来了不小的困扰。从实际情况来看，当患者遭受重疾后申请大病保险报销时，必须准备并提交一系列详尽且繁杂的医疗凭据及相关材料，其中包括但不限于详细的病历记录、完整的医疗费用清单、权威医疗机构出具的确诊证明以及其他可能需要的辅助检查报告等。

这个过程对于许多患者及其家庭而言，无疑是雪上加霜。首先，收集这些资料的过程本身就相当耗费时间和精力，尤其是在患者身体状况欠佳、家人照顾压力大的情况下，要梳理和整理如此大量的医疗文件实属不易。其次，部分医疗文件的专业性和复杂性，可能会让普通患者难以和掌握，加大了他们在准备材料时的难度。

此外，由于各地医保政策可能存在细微差异，报销所需的材料清单可能不尽相同，这也要求患者或家属具备一定的政策解读能力和执行力。

综上所述，城乡居民大病医疗保险报销手续的烦琐性，无形中提高了患者的实际经济负担，延长了其获得保险赔付的时间周期，严重影响了医疗保险制度在减轻重疾患者经济压力方面的实效性，亟待相关部门进行简化优化，切实提高服务效率，以更好地体现医疗保险制度的人文关怀和社会保障功能。

4.3.3.2 大病保险基金相关数据不够透明

大病保险基金作为我国社会保障体系中的重要组成部分，其资金运作和管理的透明度至关重要。然而，在实践中，大病保险基金的相关数据并不够透明，特别是在资金流向、运营绩效以及关键决策和支出信息公开方面存在明显不足。参保居民往往无法实时、全面地了解到基金的具体收支状况、投资回报率以及基金管理的有效性，这种信息不对称的现象容易参保者滋生疑虑，导致参保者对基金的使用和管理产生诸多困惑。

以湖北省恩施州为例，当地的大病保险基金信息公开现状依然有限，相关信息主要依赖于官方发布的通告和政府部门的定期公告，这些渠道提供的数据并不足以满足公众对基金运作深入了解的需求。而且，这类信息的传播和普及力度尚显不足，对于普通参保居民而言，获取完整、准确、易懂的基金数据存在一定难度。

由此，居民们难以基于充足的数据对大病保险基金的总体运行状态、资金安全性以及保障效果作出独立、客观的评价。为了增强社会公众对大病保险基金的信任度，推动医疗保险制度的健康可持续发展，恩施州政府有必要强化基金信息公开的力度和广度，包括细化公开内容、拓宽公开渠道、提高公开频率，并采取更为直观和用户友好的方式将其呈现，以确保每一位参保居民都能及时、有效地获取到关乎自身切身利益的基金信息，从而让参保居民能有效监督基金的管理和使用。

4.3.3.3 保险公司承办大病保险存在不足

恩施州的保险公司在承办城乡居民大病保险时虽在一定程度上引入了市场机制，有助于提高服务效率和扩大保障覆盖面，但也存在一些潜在弊端。

首先，保险公司作为营利性机构，其根本目标在于实现利润最大化，因此在承办大病保险业务时，可能会在精算定价、赔付控制等方面过于侧重经济效益，而非完全以参保人的实际需求为导向，这在一定程度上可能导致保险产品设计和服务水平与民众期待存在差距。

其次，保险公司对大病保险的风险控制严格，可能出现过度审查、严控赔付等情况，使得部分符合赔付条件的参保人在理赔过程中遭遇困难，增加了患者及其家庭的心理压力和经济负担。同时，保险公司对于特定罕见病种或高费用疾病的覆盖范围和赔付比例可能受限，不利于全面保障所有大病患者的权益。

最后，保险公司承办大病保险的过程中，其运营管理、服务质量和信息公开等方面的规范性有待加强，如若监管不到位，很可能引发公众对保险公司的信任危机，进而影响整个大病保险制度的稳定性和公信力。因此，建立健全有效的监管机制，引导保险公司合理承担社会责任，是解决上述弊端的关键所在。

4.3.4 监管机制方面

4.3.4.1 监管人员不足

在恩施州医保经办工作中，存在着明显的重事务处理、轻监督管理的问题。恩施州医保经办机构的工作人员常常需要兼顾多项职责，除了日常的医保业务经办外，还要负责医保基金的监管任务，这种一人多岗的情况导致专职从事医保监督的人员极其稀缺，无法将医保基金的监督工作做到常态化开展与落实。

目前，恩施州医保基金监管面临的形势严峻，工作任务量庞大且责任重大，但由于人力配置的局限，监管力量显得捉襟见肘，严重阻碍了医保基金监管工作的高效推进。面对庞大的参保群众基数和日益复杂的医保基金流动情况，恩施州现有的监管资源远远无法满足全方位、无死角的覆盖要求，存在着很大的盲区和漏洞。

与此同时，由于专业人才队伍建设的滞后，医保基金监管领域的专业知识和技术能力储备不足，恩施州在具体的监管实践中，往往难以深入挖掘潜在问题，也无法确保监管工作的持久性和有效性。这种深层次、持续性的监管缺失，无疑加剧了医保基金安全风险，对维护人民群众的医疗保障权益构成了挑战。因此，充实监管队伍，引进并培养专业的医保基金监管人才，建立常态化的、专业化的监管机制，已经成为当前湖北省恩施州医保改革与发展中亟待解决的重大课题。

4.3.4.2　监管手段单一

湖北省恩施州在基层医保监管实践中，由于多种客观条件的限制，目前多数地区的监管方式仍然较为传统和单一，主要依赖于人工实地稽核的方式，例如，巡查病房、查阅病历、访谈病人等。这种方式虽然在一定程度上可以发现问题，但由于人力、物力的局限性，不仅效率低下，而且难以做到全面、精准和实时的监控，难以适应现代社会医保基金规模不断扩大、骗保行为日趋隐蔽复杂的新形势。

医保监管手段的现代化和多样化是当前我国医保监管改革的重要方向。对此，各地也在积极探索创新监管模式，比如湖北省已在其医保系统内部植入了智能审核系统，利用大数据、人工智能等先进技术，对医保基金使用情况进行动态监测和预警，实现了从被动应对向主动预防的转变，大大提升了医保基金使用的规范性和效益性。

然而，对于恩施州这样的基层地区来说，由于受到上级部门权限划分、技术资源配置以及本地信息化建设水平等因素的影响，即便有着强烈的意愿去采用更加先进的科技手段解决医保监管中的实际问题，却往往面临着"巧妇难为无米之炊"的困境。恩施州在推进医保智能化监管的过程中，经常会遇到诸如系统权限不足、功能更新滞后、应用范围受限等一系列难题，这些问题严重制约了恩施州医保监管效能的全面提升，也是恩施州当前医保监管方面亟待破解的一大瓶颈。

4.3.4.3　监管模式存在不足

在我国医疗保险基金的监管实践中，理想的监管模式应当贯穿于基金使用的事前、事中和事后全过程，形成一个闭环式的立体化监管体系。然而，恩施州现阶段的监管工作在很大程度上呈现出一种"滞后性"，更多地聚焦于事后查处，即在发现骗保事件发生后，监管人员才介入调查分析，以此找出存在的问题。这种做法使得监管工作始终处在被动的局面，与预先预防、主动干预的监督管理初衷相悖。

具体而言，恩施州在事前阶段，由于缺少完善的预防性监管措施和风险评估机制，难以对医保基金使用的合理性、合规性进行有效预判；在事中阶段，监管手段和技术支持的不足，导致监管人员不能实时跟踪医保基金的流动情况，无法及时发现并纠正违规行为；在事后阶段，政府虽然能够通过追责处罚等方式对损失进行一定程度的弥补，但损失已然造成，且对其他潜在的违规行为震慑作用有限。

总的来说，目前恩施州的监管模式在多元化和前瞻性上存在明显匮乏，难以从多个维度和层次对医疗保险基金进行全方位、全链条的监管，难以实现防患于未然，极大地降低了监管工作的效能。因此，恩施州亟须构建一套科学、严密、高效的医疗保险基金监管新模式，强化事前审批、事中监控和事后惩戒相结合的全程监管机制，最大程度地保护医保基金的安全和参保者的合法权益。

4.4 贵州铜仁市城乡居民大病保险制度存在的问题

4.4.1 筹资机制方面

4.4.1.1 缺乏多元化筹资渠道

铜仁市大病保险的筹资主要通过政府财政补贴、居民自愿缴纳等方式来筹集资金，缺乏多元化的筹资渠道。其中政府补助是主要的资金来源之一，占比较大。但由于政府补贴金额不足、个人自缴能力较弱等原因，保险基金无法得到充分保障。大病保险从基金结余中划拨或年度提高筹资时统筹解决的筹资方式具有阶段性和不可持续性，此种筹资方式将会持续受制于基本医疗保险按照比例划分拨款的制度，因此很难形成一个独立的筹资机制。

4.4.1.2 筹资标准与比例单一

铜仁市大病保险的筹资比例和标准较为单一，没有根据不同人群的风险程度和经济能力进行差异化设置。这种筹资方式可能会导致一些风险较低或经济能力较弱的人群缴纳过高的保险费，而一些风险较高或经济能力较强的人群则缴纳过低的保险费。

如表4.5所示，2018—2022年铜仁市个人基本医保缴费标准分别为每人每年180元、220元、250元、280、320元，2019—2022年每年保费增长速度为22.22%、13.64%、12.00%、14.30%；2018—2022年，铜仁市农村居民人均可支配收入分别为9 267.12元、10 258.57元、11 100.24元、12 291.30元、13 116.00元，2019—2022年每年同比增长10.70%、8.20%、10.73%和6.70%（未扣除价格因素）；2018—2022年，保费占居民纯收入的1.94%、2.14%、2.25%、2.28%与2.44%。通过表4.5可知，铜仁市农民个人的筹资额占其纯收入的比重在上升，由2018年的1.94%增长到2022年的2.44%。该时期保费增长速度远超过农村居民人均可支配收入增长速度。消费增长速度超过了收入增长速度，这可能给一些困难家庭带来经济压力，也可能会导致一些贫困农户无法承担保费，无法参保大病保险，影响到保险的普及率。因此，铜仁市大病保险基金现有的来源或筹资渠道，自身存在局限性。

表4.5 2018—2021年铜仁市农村居民人均
可支配收入与医保个人保费情况

指标	2018年	2019年	2020年	2021年	2022年
农村居民人均可支配收入/元	9 267.12	10 258.57	11 100.24	12 291.30	13 116.00
个人缴费标准/元	180	220	250	280	320
保费增长速度/%	—	22.22	13.64	12.00	14.30
农村居民人均可支配收入增速/%	—	10.70	8.20	10.73	6.70
保费占可支配收入比例/%	1.94	2.14	2.25	2.28	2.44

数据来源：国家卫生和计划生育委员会、国家中医药管理局。

4.4.1.3 统筹主体不明确

在实施城乡居民大病保险制度的过程中，铜仁市面临着统筹主体不明确的重大难题。作为关乎全民健康保障的重要一环，大病保险的统筹工作需要有一个清晰明确的主导机构来负责规划、协调与执行。然而，铜仁市在实际操作中，统筹主体的角色模糊，导致政策落实与执行缺乏统一的标准和指导，直接影响到大病保险基金的筹集、管理和使用效能。

以贵州省城乡大病保险统筹发展为例，"城乡分档统一"的政策初衷虽好，却在执行中出现了异化现象，客观上反而加深了城乡医保之间的割裂，违背了我国医保统筹发展的长远战略。铜仁市在执行此政策时，城乡居民大病保险的补偿比例和起付线设定体现出明显的不均衡性，例如，贵阳市2016年的数据显示，不同档位间的人均赔付比例和实际赔付金额存在"倒挂"现象，这在很大程度上暴露了统筹主体不明确所造成的制度设计缺陷和实施混乱。另外，黔东南州由于未完全实现"六个统一"，城乡大病保险基金的收支状况悬殊，城镇居民与"新农合"参保人在大病保险待遇上出现了显著差距，反映了统筹主体缺失下基金运营管理的不规范与不公平性①。

总结而言，在推进城乡居民大病保险制度建设时，铜仁市必须着力解决统筹主体不明确的问题，确立一个具有权威性和执行力的统筹主体，以确保大病保险制度的公正性、可持续性和高效运行，切实保障所有城乡居民在遭遇大病风险时能获得及时有效的经济援助，推动医保服务的均等化和公平化。

4.4.2　补偿机制方面

4.4.2.1　保障范围受限，医保外费用占比较大

大病保险基金作为一种公共财政支持下的社会保障机制，其总额度受到严格限制，这意味着其对参保人医疗费用的补偿能力存在上限。如果将所有的医疗费用都纳入合规补偿范围，基金池的总量难以支撑全体参保人的高额医疗支出，最终可能导致人均补偿比例大幅度降低，对于那些急需大额医疗费用支持的患者而言，他们的经济负担依然难以得到有效缓解。

铜仁市现行的大病保险机制在保障内容上集中关注于特定的重大疾病，如恶性肿瘤、尘肺病、肝硬化等疾病，这些疾病的治疗费用得到了一定的覆盖。然而，对于众多不在现有保障目录内的其他重大疾病，大病保险并未提供相应的经济支持，这导致大量患者在罹患非名录内重大疾病时，只能依靠自身财力承担全额的医疗开支，大大增加了这部分群体的经济压力。即便罹患的是已包含在保障范围内的疾病，治疗过程中大病保险的补偿效力也有局限性。医保政策通常只覆盖一部分基本医疗费用，对于

---

① 王黔京. 贵州城乡居民大病保险实施效果评价及对策研究：基于首批试点三个市（州）的实地调研 [J]. 贵阳市委党校学报，2018（3）：1-9.

很多特殊治疗手段、先进检查设备产生的费用，或是进口特效药品等昂贵的医疗资源，常常被排除在报销范围之外，这类医保外费用在实际治疗费用中占比颇大。特别是在诸如癌症等恶性肿瘤的治疗中，医保报销后的自费部分往往成为压在患者肩头的沉重负担。

因此，铜仁市乃至全国范围内，大病保险制度需要进一步完善，既要拓展保障病种的覆盖面，又要逐步提高医保目录内诊疗项目的报销比例，同时也应积极探索合理管控并逐步纳入医保外费用的路径，这样才能更有效地减轻各类大病患者的家庭经济压力，真正实现大病保险制度的保障初衷，提升医疗服务的可及性和公平性。

4.4.2.2 分段报销区间设置不合理

在铜仁市城乡居民大病保险政策的具体实施中，报销区间设置存在一定的差异化特征，尤其是对于贫困患者和普通患者之间的起付线设置区别明显。2019年铜仁市医保扶贫政策显示，为加大对贫困群体的支持力度，贫困户患者的大病保险补偿起付线设定为4 500元人民币，这相较于非贫困群体9 000元的起付线标准大幅降低。这一政策体现了当时精准扶贫的时代背景，有效减轻了贫困患者在罹患重大疾病时的经济负担。

然而，随着我国在2020年年底如期完成了脱贫攻坚目标任务，全国所有贫困地区已经全部脱贫摘帽，进入全面小康社会的新发展阶段。在此背景下，铜仁市原有的针对贫困群体的大病保险优惠政策需要适时进行调整，以适应新的社会经济发展状况。铜仁市未来的政策制定应着眼于防止因大病治疗费用过高而导致患者家庭重返贫困，并进一步优化大病保险的普惠性和公平性，确保所有城乡居民在面临重疾风险时都能得到更为均衡且有力的保障。

此外，铜仁市现有大病保险制度中的封顶线设置亦引发了讨论。封顶线的存在，意味着一旦医疗费用超过一定数额，患者所能获得的报销比例将会下降，这对那些面临高额医疗费用的大病患者来说，可能会增加其家庭卫生医疗支出。因此，审视和调整封顶线的合理性，使之既能保持医疗保险基金的稳健运行，又能确保对真正需要大病保障的患者提供足够的经济支持，成为铜仁市政策修订与优化的一个重要考量点。只有这样，才能确保大病保险制度更加契合时代发展需求，更好地服务于广大城乡居民，切实起到防止因病致贫、因病返贫的作用，为全民健康保驾护航。

4.4.3 运行机制方面

4.4.3.1 信息化建设不够完善

当前，铜仁市城乡居民大病保险在信息化建设方面存在的短板日益凸显，复杂烦琐的报销流程，给广大患者带来了实际困扰。不少患者反映，在寻求大病保险报销的过程中，需要完成一系列繁杂的申请手续，包括提供各种详尽的医疗证明材料，如住院病历、用药清单、诊断报告、缴费收据等。这些繁杂的申报手续无疑加重了患者及其家庭在承受病痛折磨之余的额外精神压力和时间消耗。

尤其值得注意的是，目前铜仁市医疗信息系统的整合与共享程度仍有待提升。不同医疗机构之间、医疗机构与医保部门之间的信息互联互通尚未实现无缝对接，使得患者在异地就医或跨机构治疗的情况下，获取和提交完整报销所需材料变得更为艰难。同时，由于信息技术支撑不足，从患者申请报销至最终赔付到账的时间周期较长，不仅延误了患者获得经济补偿的时间，也可能对其后续治疗和康复计划带来不利影响。

因此，加快医疗保险信息化建设的步伐，推进医疗信息系统标准化、集成化、便捷化，实现医疗数据的即时传输与共享，简化报销流程，缩短报销周期，不仅是优化大病保险服务体验、提高服务效率的必然要求，也是深化医改、落实以人民为中心的发展理念的重要体现。只有不断完善信息化建设，才能真正化解患者在大病保险报销过程中的痛点，使其得以集中精力于疾病治疗与恢复，进而提升全社会对于大病保险制度的认可度和满意度。

4.4.3.2 医疗保障信息缺乏共享联动性

在铜仁市当前的大病保险制度框架下，患有重大疾病的患者在门诊就医、手术治疗、费用结算以及涉及到多层次报销的操作流程中，时常陷入冗长复杂的行政手续旋涡之中。由于铜仁市医疗保障信息系统的共享联动性不足，患者往往不得不辗转于各个政府部门之间，重复提交包括病历记录、医疗费用单据、身份证明等各种文件材料，这对于本已饱受病痛困扰的患者及其家庭而言，无疑是增添了额外的身心压力和时间成本。

同时，铜仁市各职能部门如民政、残疾人联合会、扶贫办、卫生健康部门、退役军人事务部门等在对资助参保对象进行身份资格认证时，普遍存在信息孤岛效应，缺乏有效沟通和实时信息资源共享。这一问题直接导致了对建档立卡贫困人口身份的动态识别与更新进程滞后，参保缴费的时效性受到影响，手续办理也可能因为信息不同步而出现混乱与矛盾。

尽管铜仁市已在努力构建多部门联合参与的医疗保障救助体系，但在实际运作中，这种体系的成熟度和联动性仍显不足。各相关部门间的数据壁垒没有得到有效打破，使得从识别救助对象、核实参保状态到实施医疗救助的过程效率不高，难以实现高效、精确、一站式的服务目标。因此，加强医疗保障信息系统的共建共享，提升跨部门间数据流转和协同办公能力，对于改善大病患者待遇享受的便利性，减少不必要行政环节，乃至于保障医疗保障制度的公平性和可及性，均具有重要意义。

4.4.4 监管机制方面

铜仁市城乡居民大病保险基金的监管方面存在明显的透明度缺失问题，公众对大病保险基金的筹集、管理和使用详情知之甚少，这不仅降低了公众对大病保险制度的信任度，还直接影响了公众对该政策的理解和接受程度，从而降低了整体的参保积极性和满意度。由于缺乏及时、准确和全面的基金运行信息披露，民众难以判断大病保险基金是否得到了妥善运用，以及其能否保障自己的合法权益，这在很大程度上动摇了人们对大病保险制度的信任基础。

同时，铜仁市在大病保险政策的具体执行和落地监管上力度显然不足，具体表现为对参与保险服务的保险公司和医疗机构的日常行为管控松散，使得部分机构在操作中出现了不规范甚至违法违规行为。保险公司可能在赔付环节存在疏漏，医疗机构则在提供医疗服务时可能涉及虚报医疗费用、开具虚假病例资料等行为，这些行为都是对大病保险基金的恶意侵蚀，严重损害了该制度的公平性和长期稳定性。

法律层面，铜仁市大病保险相关的法规建设和执行力度还有待加强。当前，铜仁市针对大病保险基金欺诈行为的法律法规体系尚不健全，既缺乏对欺诈行为明确清晰的定义和边界划分，又缺乏严谨细致的制度设计和严厉的惩罚措施。针对大病保险基金的欺诈行为形式多样且手法不断升级，包括虚构病情、夸大医疗费用、暗箱操作等，加大了监管部门查处和打击的难度。

针对大病保险基金的欺诈行为不仅会直接削减大病保险基金池，还会威胁到整个大病保险制度的可持续运营。如果不加以有效遏制，欺诈行为造成的基金损失将有可能超出保险体系的承载能力，不仅会影响到参保人员的切身利益，还将对大病保险制度的长远发展构成巨大挑战。因此，铜仁市亟须在提升基金监管透明度、强化监管力度的基础上，进一步完善相关法律法规，建立严密的防控机制，以期从根本上杜绝欺诈行为的发生，保障大病保险基金的安全和有效使用，推动大病保险制度朝着更公正、更健全的方向发展。

4.5　重庆秀山县城乡大病保险制度存在的问题分析

4.5.1　宣传机制方面

当前我国医疗保险政策的公众认知程度普遍较低，这是一个不容忽视的社会现象。医保政策因其广泛的应用性和复杂的内涵，加之正处于不断深化改革阶段，相关政策条文与报销规定时常有所调整。统计数据显示，关于医保制度的基础文件、药物目录、医疗服务项目目录，以及各类细致的报销政策等关键信息，重庆秀山县存在公开不全、更新滞后、解读材料匮乏等问题。

如表 4.6 所示，据调查 2020 年秀山县参保人群中高达 65%的人员表示对其现行医保参保政策不了解，另有 21%的人员表示其仅仅掌握部分政策内容。而在医保待遇政策方面，同样有 69%的参保者称自己对该政策知之甚少，仅有 25%的参保者对政策部分知晓。面对这种情况，相当一部分参保人员表达了对医保政策普及的需求，具体数据显示，36%的受访者明确提出医保管理部门应加强医保政策的宣传教育力度，以便让更多民众理解和掌握医保权益；另有 9%的受访参保人员强调医保部门应当进一步加大信息公开的力度，确保政策透明度，以便公众能够及时获取准确、详尽的医保信息[①]。

我国各级政府对大病保险的理解差异，导致其在推进相关工作时表现出不同的关注度与支持力度。部分地方政府在招标、签约及保费划拨等环节表现强势，令商业保险公司面临较大挑战。一是在招标过程中，有的政府忽视了大病保险的独特属性与保险业内在规律，将其简单等同于一般项

---

① 杨乐. 打造秀山县"满意医保"的问题与对策［J］. 重庆行政，2020，21（2）：57-59.

目进行处理。二是历史数据统计资料的不完整性，也在一定程度上影响了招标活动的精准性。三是政府在开展招标及大病保险宣传工作时力度不足，致使流程导向出现偏差，这些问题共同构成了大病保险推行过程中的难点[①]。

表 4.6　2020 年秀山县参保人员医保参保政策知晓情况

类别	基本知晓/%	部分知晓/%	不知晓/%
参保政策	14	21	65
医疗报销待遇政策	6	25	69

数据来源：杨乐. 打造秀山县"满意医保"的问题与对策［J］. 重庆行政，2020，21（2）：57-59.

4.5.2　补偿机制方面

随着社会的发展和科技的进步，各种新设备、新技术、新药品不断投入临床应用，在满足患者医疗需求的同时，极大地刺激了医疗消费的增长，导致医疗费用不断攀升[②]。当前，我国医保目录的涵盖范围相对有限且更新速度滞后，未能同步跟上经济社会快速发展步伐，许多广泛应用且技术成熟的新型药品及诊疗技术未能及时进入医保报销范畴，导致患者在享受医疗服务时，个人自付费用负担依旧偏重。依照重庆市的相关政策，城乡居民参加医保后，住院期间产生的医药费用，在一级医保定点医疗机构可以按80%的比例报销，而在二级医保定点医疗机构则按照60%的比例给予报销。

以2019年秀山县为例，该县城乡居民医保参保者在当地医保定点医疗机构就诊发生的总费用高达 5.05 亿多元，虽然医保基金报销了其中的 2.73 亿多元，但实际报销比例仅为54%，显示出参保者仍有较大比例的医疗费用需要自行承担。此外，据秀山县某二级医院初步统计，在其日常提供的诊疗服务项目中，约有 50 多种药品、12 类医用耗材以及 4 项检验项目暂未被纳入医保目录，这部分费用完全由参保人员自行支付，进一步加重了患者的经济负担[③]。

---

① 梅小燕. 重庆市大病保险中存在的问题及对策研究［D］. 重庆大学，2019.
② 夏科家. 率先改革创新探索促进医保更高质量发展［J］. 中国医疗保险，2019（7）：6-7.
③ 杨乐. 打造秀山县"满意医保"的问题与对策［J］. 重庆行政，2020，21（2）：57-59.

4.5.3　运行机制方面

自我国医疗保险制度实施以来，便民服务机制在多个层面上尚存改进空间。由于医保标准不统一、信息化建设滞后、政策执行不一致、数据互认障碍、系统分割以及信息难以共享等诸多问题，参保人员在办理医保关系转移接续、就医结算等业务时面临诸多不便。进一步来看，各地推进跨省异地就医平台接入工作的进展不尽均衡，接入国家异地就医平台的医疗机构数量有限且覆盖面不够广泛，这使得参保群众在本地参保后外出务工时，可能遇到看病就医费用结算难题。以秀山县为例，2019 年秀山县群众异地就医后返回当地进行手工报销结算的次数高达 2 913 人次，而成功实现异地就医直接结算的仅有 436 人次。调查数据显示，高达 58.2％的受访参保人员对市外异地就医直接结算现状表示不满（见表 4.7）。

表 4.7　2019 年秀山县参保人员对所办理医疗保险业务满意度

类别	参加调查人数/人	满意/人	不满意/人
异地就医备案	55	55（100%）	0（0%）
市外异地就医报销结算	55	23（41.8%）	32（58.2%）
生育保险报销	7	7（100%）	0（0%）
医保关系转移	10	8（80%）	2（20%）

数据来源：杨乐. 打造秀山县"满意医保"的问题与对策［J］. 重庆行政，2020，21（2）：57-59.

同时，医疗服务行为的规范性问题也尤为突出。在当前市场化的医疗体制背景下，不少医疗机构出于经济利益考虑，实行医疗费用收入与科室、医务人员绩效直接挂钩的管理模式。在利益驱动下，部分医务人员在执行医疗保险政策时，往往倾向于追求个人经济收益，从而出现了降低住院标准、过度治疗、超出诊疗范围进行检查、开具大剂量处方等现象，以此作为增加医疗机构和个人收入的主要途径。调查显示，秀山县 51％的参保人员对医保定点医药机构遵循医保政策的情况不满意，另有 37％的参保人员对此仅表示基本满意。在秀山县 2019 年查处的医保违规违约案例中，大多数医疗机构在不同程度上存在着过度医疗、虚增费用、串换项目等违规行为①。可见，医疗服务行为的规范化监管与改革刻不容缓。

4.5.4 监管机制方面

医保基金监管工作因其兼具政策性和专业技术性双重特点，对监管机构的工作力量和专业素养提出了较高要求。然而，现实中，医保基金监管机构在人力资源配置和能力素质上往往难以跟上迅速增长的监管业务需求和日新月异的监管环境变化。具体表现在，监管队伍的年龄结构分布可能不太均衡，年轻力量不足，经验丰富的老同志比重偏大；同时，监管人员的专业背景构成也不尽合理，医保、医学、法学、审计等相关专业人才的比例偏低，这在一定程度上影响了监管工作的深度和广度。

以秀山县医疗保障局为例，自从其成立以来，负责基金监管的部门仅配备了 5 名工作人员，却需要承担全县 27 个乡镇（街道）范围内高达 445 家定点医药机构的医保基金监管重任②。这样的监管力量配置相对于庞大的医保基金规模和复杂的业务种类而言，显然是捉襟见肘，难以实现全面、精细、高效的监管。面对如此巨大的监管压力，秀山县医保局亟须增派监管人员，提升监管力量，通过合理调配和引进具有相关专业背景的人才，建立起一支结构合理、业务精通的医保基金监管团队，以适应日益增长的监管需求，确保医保基金的安全、有效运行，切实维护参保人员的合法权益。秀山县只有通过不断强化和完善医保基金监管机制，才能在快速发展的医疗保障事业中筑起一道坚实防线，有效防范和打击各类违规违法行为，促进医保基金的健康、可持续发展。

4.6 武陵山片区城乡居民大病保险存在的问题总结

4.6.1 筹资问题

4.6.1.1 筹资水平普遍较低且增长快于居民收入增长速度

在武陵山片区，如湘西州、怀化市、铜仁市等地，大病保险的筹资水平初期设定时，普遍低于医改办提出的标准，这意味着这些地区的初始筹

---

① 杨乐. 打造秀山县"满意医保"的问题与对策 [J]. 重庆行政，2020，21（2）：57-59.
② 杨乐. 打造秀山县"满意医保"的问题与对策 [J]. 重庆行政，2020，21（2）：57-59.

资标准在一定程度上不足以支撑大病患者得到充足的经济保障，从而在一定程度上削弱了大病保险制度的实际效用。

尽管随着时间的推移，这些地区的筹资标准逐步得到了上调，但值得关注的是，居民个人医保缴费的增长速度明显高于同期农村居民人均可支配收入的增长速度。这种失衡的增速关系，不可避免地造成了居民，特别是农村居民在医保缴费上的经济负担持续加重。面对逐年攀升的医保缴费额，许多家庭尤其是贫困家庭，可能因为缴费压力增大而影响到他们的参保意愿和实际缴费能力。

具体来说，贫困家庭原本经济基础薄弱，生活开支紧张，大病保险缴费的快速增长无疑对其构成了更大的经济压力，使得他们面临在维持基本生活与缴纳医保费之间做出抉择的困境。这种状况不仅对贫困家庭的生活质量造成冲击，也可能影响到他们应对突发大病风险的能力，进而威胁到整个社会的医疗保障体系稳定性和覆盖面的完整性。因此，优化大病保险筹资机制，平衡筹资标准与居民收入增长的关系，减轻低收入群体的缴费负担，对于提升大病保险制度的公平性和可持续性具有至关重要的意义。

4.6.1.2 筹资渠道单一且依赖基本医保基金结余

当前，武陵山片区各地在实施城乡居民大病保险制度的过程中，普遍存在筹资渠道相对单一的问题，且过度依赖基本医保基金的结余。因为其大病保险资金的主要来源是从城乡居民基本医疗保险基金中按比例划拨而来，缺乏来自政府财政投入、社会捐赠、商业保险补充等多种筹资方式的有机融合和有效补充。这种单一的筹资模式，虽然在短期内能够快速启动和推行大病保险制度，但却对该制度的长期运行埋下了隐患。一旦基本医保基金结余由于种种原因出现波动或者下滑，例如，参保人数增长过快导致基金支出压力增大，或是医疗费用上涨速度快于基金收入增长速度，都会直接影响到大病保险资金的供给稳定性和可持续性。

随着医保基金结余的逐年减少，这种单一筹资方式的弊端逐渐显现。单纯通过提高年度医保缴费额度来增加大病保险资金的做法，不仅会加重参保居民的经济负担，而且在某种程度上可能会抑制居民参保的积极性，不利于大病保险制度的广泛覆盖和持续健康发展。

因此，为了确保大病保险制度的长期稳定运行，武陵山片区亟须拓宽筹资渠道，探索多元化筹资策略，如适度增加政府财政补贴、鼓励企业及社会各界的捐赠、通过政策引导和支持商业保险机构参与等，以分散风险、减轻居民负担，实现大病保险资金来源的稳定和可持续增长，更好地发挥其在防范重大疾病经济风险、避免因病致贫、因病返贫方面的积极作用。

4.6.1.3　筹资标准未能差异化设置

当前，武陵山片区各地在实行大病保险制度时，其筹资标准的设定并未充分考虑不同人群在疾病风险和经济承受能力方面的差异性，从而导致了部分低风险或低收入群体可能被迫承担了与其实际风险水平和经济状况不符的高额保费，而部分高风险或高收入群体的缴费水平却相对较低。这种一刀切的筹资标准，实际上弱化了大病保险制度在实现公平与效率均衡上的核心价值。低风险群体由于患病概率相对较小，如果按照统一标准缴纳较高的保费，实质上是对他们的一种隐性负担，不仅可能影响其参保的积极性，还可能挤压其在其他生活必需品上的支出，从而降低生活质量。反之，对于高风险群体，尤其是那些高收入者，如果未能按照其真实的风险等级适当提高保费，便失去了通过保险制度实现风险分摊的初衷，也会使得保险基金在应对重大疾病风险时面临压力。

因此，为了使大病保险制度能够在维护社会公平的同时提高运行效率，武陵山片区乃至全国范围内亟待研究并实施更具针对性和差异化的筹资标准，结合不同群体的健康状况、收入水平、职业特点等因素，合理分配保费负担，确保高风险、高收入者承担更多责任，而低风险、低收入者则能得到适当的保护和扶持，这样才能真正做到公平与效率并举，让大病保险制度更好地服务于全体参保人，发挥其应有的社会保障功能。

4.6.2　补偿问题

4.6.2.1　保障范围有限，医保外费用负担重

在武陵山片区以及其他相似地区，大病保险制度虽然在一定程度上缓解了城乡居民因重大疾病所带来的经济压力，但其保障范围的局限性仍然导致部分患者在实际就医过程中承受着较重的经济负担。现行大病保险制度主要针对的是国家规定的《基本医疗保险药品目录》《基本医疗保险诊疗项目目录》和《基本医疗服务设施范围》内的合规医疗费用进行报销，而对于医保目录之外的药品、诊疗项目及服务设施所产生的高额费用，则无法纳入报销范围。

以武陵山片区为例，由于片区地理位置偏远，医疗资源相对匮乏，许

多患者在寻求更高品质或更前沿的医疗救治时，往往需要采用医保目录以外的高价药品或技术，这些费用并不能通过大病保险进行补偿，从而形成了所谓的医保外费用。患者在经过基本医保和大病保险报销之后，剩余的医保外自费部分依旧居高不下，对于家庭经济条件一般的患者来说，无疑是雪上加霜，特别是一些罹患罕见病或者需要长期治疗的重大疾病患者，高昂的医保外费用会使他们的生活陷入困境。

因此，尽管大病保险制度在推进医疗保障体系建设过程中发挥了重要作用，但如何进一步扩大大病保险的保障范围，合理降低医保外费用，减轻患者尤其是武陵山片区等经济欠发达地区患者的医疗负担，成为武陵山片区亟待解决的社会问题。这不仅需要政策层面的持续改革和完善，也需要医疗、保险、慈善等多方面的共同努力，共同构建起更加公平、可持续、全覆盖的医疗保障网络，以确保每一位大病患者都能得到及时有效的治疗，而不至于因病致贫、因病返贫。

4.6.2.2 补偿标准设计偏向低费用段

当前，武陵山片区的大病保险补偿标准设计，在一定程度上确实有助于减轻低医疗费用段家庭的经济压力，对缓解一般性大病医疗支出起到了积极作用。然而，这一补偿标准在面对真正需要大病保险给予强有力保障的高额医疗费用支出患者时，其效果就不那么显著了。特别是对于那些不幸罹患恶性肿瘤、心脏病、肾衰竭等重特大疾病的患者，其治疗过程中产生的巨额医疗费用往往远超一般家庭的承受能力。

在现行的补偿政策下，尽管大病保险在一定程度上提高了患者的报销比例，但针对这些高额医疗费用的补偿额度并没有显著提高，政策优势并不突出，无法有效地帮助患者家庭彻底避免灾难性医疗支出。在武陵山片区等经济相对落后、医疗资源有限的地区，这一问题尤为突出，大量患者在经历长时间的治疗后，往往仍需承担沉重的医疗费用负担，严重影响了家庭的正常生活和患者的后续康复。

因此，针对武陵山片区等特殊地域，大病保险补偿标准的设计应更加注重对高额医疗费用患者的深度保障，合理调整补偿结构，提高高费用段的补偿比例，切实减轻重特大疾病患者的家庭经济压力，确保大病保险制度能真正发挥其化解灾难性医疗支出的核心作用，从而更好地体现其社会保障功能，提升全民健康水平，促进社会和谐稳定。

4.6.2.3 补偿上限与家庭灾难性医疗支出的矛盾

在武陵山片区等经济欠发达地区，尽管城乡居民已享有基本医保和大病保险的双重保障，但在实际应用中，我们发现那些医疗费用已达到医保和大病保险封顶线的重症患者，其家庭仍然需要承担一笔高额的自付费用。这一现象揭示了当前补偿政策在对抗灾难性医疗支出方面的局限性，即政策设计的补偿上限与实际发生的家庭灾难性医疗支出之间存在着显著的矛盾。

以武陵山片区为例，该地区由于经济发展水平相对较低，医疗资源分布不均，部分患者为求得更好的治疗效果，往往需要前往外地就医或使用昂贵的进口药品及先进的医疗技术，由此产生的高额医疗费用常常超出医保和大病保险的补偿范围。在这种情况下，即便患者家庭已经充分利用了现有的保障政策，但面对剩余的巨额自付费用，依然可能陷入严重的经济困境，甚至可能诱发因病致贫、因病返贫的现象。

因此，针对武陵山片区等特殊区域的实际情况，我们需要对现有的补偿政策进行深入反思和改进，力求提高补偿限额，扩大保障范围，尤其是要关注和解决那些因重特大疾病导致的家庭灾难性医疗支出问题，真正实现医疗保障制度在减轻患者经济负担、防止因病致贫和因病返贫方面的重要作用，切实保障每一位患者的基本生存权和发展权，助力健康中国战略的稳步实施。

4.6.3 运行问题

4.6.3.1 统筹层次偏低，基金使用效率不高

在我国多地，尤其是像武陵山片区这样的经济欠发达地区，大病保险基金的统筹层次普遍偏低，主要集中在市、州一级进行管理。这种局面导致了基金在运作过程中面临一系列问题。首先，由于不同地区经济发展水平和人口健康状况的显著差异，基金结余在各地之间形成了不均衡分布，部分地区可能存在基金盈余，而另一些地区可能面临基金紧张的困境。

此外，大数法则在低层次统筹下的作用受到了很大限制。大数法则是保险业分散风险、平抑赔付波动的核心原理，它强调参保人数越多、地域范围越广，风险分散的效果越好。然而，当前的大病保险基金统筹层级偏低，使得参保人群相对分散，无法充分利用大数法则的优势有效分散和抵御大病风险，进而影响了基金的整体稳定性和抗风险能力。

武陵山片区作为一个连片特困地区，区域内医疗资源分布不均，疾病发生率和地区差异性较大，如果大病保险基金只在市、州级层面统筹，就

难以实现基金在全国范围内的有效流动和高效利用，基金的共济互助作用也就难以充分发挥出来。

因此，提升大病保险基金统筹层次，探索省级甚至是国家级的统筹机制，不仅有利于优化基金的分配使用，提高基金使用效率，更能有效规避因地域差异带来的风险累积，实现更大范围内的风险分散和平滑赔付波动，切实提高大病保险制度对贫困地区的保障力度，减轻因大病所致的经济负担，助力健康扶贫和乡村振兴战略的实施。

4.6.3.2　信息化建设滞后

武陵山片区地处我国中西部山区，地理条件复杂，经济社会发展相对滞后，这一点在大病保险信息化建设方面表现尤为明显。目前，该区域内的各地在大病保险信息化建设方面普遍存在明显短板，整体技术水平和应用程度相对较低，无法满足现代医保服务高效、便捷、透明的需求。

首先，信息化基础设施建设不足。武陵山片区部分地区的网络通信条件不佳，医保系统硬件设备陈旧，软件更新滞后，导致医保信息的采集、传输、存储和处理效率低下，影响了大病保险业务的正常开展和工作效率的提升。

其次，信息共享机制不健全。武陵山片区各地医保部门、医疗机构、社保卡系统之间的信息交互存在障碍，导致数据孤岛现象严重，无法实现跨区域、跨部门的大病保险数据实时共享，使得参保人员在异地就医时报销流程繁琐，耗时较长，极大地降低了参保人员对大病保险服务的满意度。

再次，线上服务平台建设滞后。武陵山片区的大部分地区还未建成完备的网上医保服务平台，参保人员查询、申报、报销等业务仍依赖于传统的线下窗口办理，不仅增加了参保人的负担，也限制了医保服务的可及性和便捷性。

最后，信息安全防护能力有待提高。在信息化建设滞后的背景下，武陵山片区大病保险数据的安全防护措施也相对薄弱，容易导致参保人员个人信息泄露，影响参保人的权益保护，也为大病保险基金的安全运行埋下了隐患。

综上所述，武陵山片区亟须加大大病保险信息化建设的投入力度，着力提升信息化服务水平，建立健全信息共享机制，打造高效便捷的线上服务平台，并加强信息安全防护体系的建设，以更好地满足参保人员的需求，保障大病保险制度的顺利实施和持续发展。

4.6.3.3 保险公司承办大病保险的现实困境

保险公司参与承办武陵山片区城乡居民大病保险，虽引入了市场化运作机制，理论上有助于提升服务效率并拓展保障覆盖面，但实践中也暴露出一些问题。

首先，保险公司作为追求利润最大化的商业实体，在执行大病保险业务时，可能更多地考虑经济效益，导致服务水平与民众的真实需求之间存在落差。比如，在精算定价和赔付控制环节，保险公司可能过于侧重成本控制，而忽视了参保人的实际需求和期望。

其次，保险公司严格的风险控制措施可能致使部分符合条件的参保人在理赔过程中面临过度审查和严格赔付标准，不仅增加了患者及家庭的心理压力，还可能加重其经济负担。同时，对于某些罕见病种和高费用疾病的保障范围和赔付比例，保险公司可能设置较低，因而未能充分保障所有大病患者的利益。

再次，保险公司在大病保险运营管理、服务质量及信息公开等方面，规范化程度尚需提高。倘若监管力度不足，易引发公众对保险公司信任度的下降，进而影响大病保险制度的稳定性和公信力。因此，强化对保险公司的有效监管，引导其正确履行社会责任，是解决以上问题的关键。

最后，商业保险公司实际在大病保险运营中的角色定位与原设想有所偏离。武陵山片区原本意图借助保险公司专业的医疗费用审核、医保基金支付、医保精算和风险管理能力，弥补地区政府在人力、物力和专业技能上的不足。然而，在实际操作中，大病保险的定价通常由政府事先确定，保险公司主要负责对基本医保报销后的合规医疗费用进行"二次报销"，而非发挥其风险控制的功能。因此，如何合理定位并充分发挥商业保险公司在大病保险中的作用，实现与政府职能的有效衔接，成为武陵山片区一个亟待解决的重要问题。

4.6.4 监管问题

4.6.4.1 基金监管缺乏透明度

在当前武陵山片区部分地区的城乡居民大病保险制度实施过程中，一个不容忽视的问题就是基金监管的透明度不足。大病保险基金作为公共资金，其筹集、管理和使用情况本应做到公开、公正、透明，以便让每一位参保人清楚知晓基金的运行状况，增进公众对制度的信任感和认同感。然而，在实际操作中，武陵山片区部分地区的大病保险基金信息并未得到有效公开，无论是基金的收入来源、使用去向，还是基金管理的详细流程、资金效益评估等关键信息，公众往往难以获取，或者是获取的信息不够全面、及时。

这种信息不透明的现象，不仅导致了公众对大病保险基金运行状况的不了解，还可能引发公众对基金安全性和公平性的质疑，进而动摇其对大病保险制度的信心，影响其参保的积极性。此外，缺乏透明度的基金监管也给潜在的基金滥用、挪用等不良行为提供了空间，加大了基金风险，削弱了大病保险制度的稳定性与可持续性。

因此，提升大病保险基金监管的透明度势在必行，武陵山片区应积极推动建立完善的基金信息披露机制，通过官方网站、媒体平台等多渠道公布基金的筹集、使用、结余等数据，定期发布基金运行报告，让每一笔资金的来龙去脉都晒在阳光之下，以实现基金的有效监督，保障参保人的合法权益，同时也能促使大病保险制度向着更加公平、公正、公开的方向健康发展。

4.6.4.2 监管主体和责任不明确

在部分地区的城乡居民大病保险制度实践中，其中一个突出问题是监管主体及其相应责任的界定不够清晰。大病保险基金作为一项关系到广大参保人切身利益的公共资源，其筹集、管理及使用等各个环节都需要有明确的责任主体来进行有序的组织和严格的监管。然而，在实际操作中，武陵山片区部分地区在统筹大病保险基金运作时，未能明确划分和界定各相关部门、机构在基金管理中的具体角色和责任，导致基金的管理和使用责任不明晰，责任归属模糊不清。

这种监管主体和责任不明确的状态，严重影响了基金监管的严肃性和有效性。一方面，由于缺乏明确的责任主体，基金在运行过程中可能出现权力真空，无法形成有效的内部监督和约束机制，增加了基金被滥用、挪用的风险。另一方面，责任不明确也导致当出现问题时，难以追究相关人员的责任，进而降低了基金监管的威慑力，不利于基金的安全稳定运行。

因此，建立健全大病保险基金监管体系，首要任务是明确监管主体及其相应的责任划分，确保从基金筹集、管理到使用的每个环节都有专门的部门或机构负责，并对其实行严格的问责制度。唯有如此，才能确保大病保险基金的良性运作，切实保障参保人的合法权益，不断提升大病保险制度的公信力和社会效益。

4.6.4.3 监管力量不足与手段单一

当前，武陵山片区医保经办机构在大病保险基金监管方面面临着显著的压力与挑战。

一是人力资源配置不足。武陵山片区医保经办机构在承担日常医保业务处理的同时，还需要肩负起大病保险基金的监管重任，但由于编制有限，监管人员数量难以满足实际工作的需要，进而影响了基金监管的全面性和深度。

二是监管手段相对单一且滞后。目前，武陵山片区大多数医保经办机构在监管过程中仍高度依赖人工审核和现场核查，信息化、智能化的监管手段应用不足。缺乏高效精准的智能监管系统，使得海量的医保数据难以得到及时、有效的筛查与分析，无法实现对大病保险基金动态、实时、精细化的监控。

三是跨部门协作机制的不健全。医保基金监管是一项涉及众多部门、环节众多的系统工程，但当前武陵山片区在协调公安、卫健、药监等部门形成合力，共同打击欺诈骗保行为方面存在不小困难，无法形成强大的联合执法效应。

综合以上因素，人力紧张、手段单一、协作机制不畅等问题相互交织，使得武陵山片区医保经办机构在大病保险基金监管上难以实现全方位、常态化的有效覆盖，极易留下监管盲区，给不法分子以可乘之机，从而导致骗保、套保等违法违规行为频发，严重危害了医保基金的安全与参保人员的合法权益。因此，武陵山片区亟须通过充实监管力量、提升智能化监管水平以及强化跨部门协同合作等途径，破解医保基金监管的困局，确保大病保险制度健康、有序、高效运行。

综上所述，武陵山片区城乡居民大病保险制度在筹资、补偿、运行和监管四个维度上存在着一系列问题，这些问题相互关联，共同制约着大病保险制度在缓解城乡居民"因病致贫""因病返贫"问题上的实际效果。为改善现状，必须有针对性地调整和完善制度设计，拓宽筹资渠道，优化补偿政策，提升基金统筹层次和运行效率，并强化监管力度与透明度。

5 完善武陵山片区城乡居民大病保险制度的政策建议

5.1 筹资机制方面

5.1.1 扩大大病保险覆盖面，逐步提高筹资标准

居民大病保险应做到对城乡居民的全覆盖，做到应保尽保，尽可能地分散高额医疗费用风险。为保证大病保险制度可持续发展，武陵山片区针对目前筹资标准偏低的情况，可对每年大病保险基金的需求数量进行测算，根据地方财政收入、居民人均纯收入、物价消费指数和医疗费用增长等情况，建立动态的筹资增长机制，尤其要明确政府财政补助的责任，从而建立一个稳定可靠的、合理增长的和有立法保障的筹资机制，逐步提高筹资水平①。

在完善城乡居民大病保险制度的过程中，扩大覆盖面并逐步提高筹资标准是至关重要的一步。首先，实现城乡居民大病保险的全覆盖是一项基础性任务，旨在确保无论是城市还是农村的居民，无论职业、年龄或者经济状况如何，都有机会加入这一社会保障网络之中，从而有效抵御居民因患重病所带来的巨额医疗费用风险。这意味着政府要克服地域、城乡间的不平衡，通过健全的政策执行和有效的服务网络，使得每一位居民都能够平等地享受大病保险的保障，真正做到"应保尽保"。其次，在扩大覆盖面的基础上，建立和完善筹资标准的动态调整机制显得尤为关键。这一机

---

① 林源，刘笑丹. 城乡居民大病保险筹资机制探讨 [J]. 合作经济与科技，2020（24）：180 −181

制应当紧密联系武陵山片区经济社会发展实际，充分考量地方财政承受能力、居民人均收入水平、物价消费指数走势以及医疗费用的年度增长幅度等因素，以科学的方法论指导筹资标准的逐年递增。例如，通过详尽的数据分析和精算模型预测，确保筹资标准的上调与居民收入增长相适应，既不过度加重居民的经济负担，又能满足居民不断攀升的医疗保障需求。

与此同时，政府在大病保险筹资中的角色不可忽视，应明确规定各级政府财政的补助责任，使其成为支撑大病保险制度稳健运行的基石。政府不仅要在初始阶段积极推动制度的建立和实施，还要随着制度的发展，逐年增加财政投入，尤其对经济欠发达地区和低收入群体，政府财政的补助力度应进一步加大，以确保所有人都能平等享有高质量的大病医疗保障。

总之，扩大城乡居民大病保险覆盖面并逐步提高筹资标准涉及多方利益协调、资源配置优化和社会公正维护，它要求政策制定者既要立足当下，解决广大居民面临的现实医疗保障难题，又要着眼长远，构筑起可持续发展的大病保险筹资机制，以实实在在的举措，推动全民健康保障体系的不断完善和升级。

5.1.2 建立多元筹资渠道，强化政府责任

在优化武陵山片区城乡居民大病保险筹资渠道的过程中，政府的首要任务是实现筹资来源的社会化、多元化，以保障基金的稳定可靠。具体措施如下：

一是通过精确的大病保险精算模型，综合考虑重大疾病发生率、高额医疗费用以及居民人均可支配收入等因素，适当上调城乡居民的缴费标准，设计出多层次的筹资档次。对于非农化、收入稳定的农民群体，可设定较高缴费标准；而对于务农为主、收入波动较大的农民，则提供较低缴费标准，并对低收入农民群体实施缴费减免政策，强化财政支持，减轻其经济负担。

二是建立以财政补贴为主的筹资模式，特别是对武陵山片区内经济发展滞后的贫困地区的居民，中央财政部门应给予更大程度的补贴倾斜，以缓解其在个人缴费上的资金压力，推动医疗保障的区域均等化。

三是开拓社会筹资渠道，包括但不限于发行福利彩票基金、接受各类社会慈善基金捐助以及利用集体经济组织优势筹集部分资金等。这些举措不仅能有效扩充大病保险基金，还能激发全社会对公共卫生和健康保障问

题的关注，并促进集体内部风险共担和互助共济。

总结来说，武陵山片区大病保险筹资机制的完善需兼顾公平与效率，充分发挥政府、市场和社会三方协同效应。政府应在筹资过程中扮演主导角色，通过精准科学的费率设定和灵活多样的筹资方式，确保个人缴费水平适应经济社会发展和医疗费用变化；同时，加大对弱势群体的财政支持力度，并积极引导社会力量参与，构建稳固且多元的筹资结构，从而有力保障大病保险制度的可持续运行，切实维护广大城乡居民的生命安全与健康权益。

5.1.3 实行省级统筹，提高基金保障能力

在武陵山片区不断完善城乡居民大病保险制度的过程中，实行省级统筹无疑是一项至关重要的改革步骤，旨在从根本上提升基金的保障能力和抵御风险的能力。由以往的地市级统筹层级升级至省级统筹层级，实质上是对大数法则的有效运用和深化，每个人所面临的因患大病产生的高额医疗费用风险就能得到更均匀的分散，这将有利于确保大病保险基金的长期稳定运作，使其具备足够的财务实力去应对可能出现的大量或巨额赔付需求。

省级统筹的具体实施，意味着省内各个地区的基金收支将纳入统一管理框架下，打破了原先的地域壁垒，形成了一个规模庞大的基金集合体。这种一体化管理模式不仅有利于实现全省范围内基金资源的均衡配置和充分利用，妥善解决某些地区基金盈余过剩而其他地区基金紧张甚至短缺的矛盾现象，而且还增强了医疗保险政策执行的一致性和连贯性，消弭了地区间保障水平的差距，使全省公民无论身处何地都能享受到同等公正的医疗保障待遇。

与此同时，在推进省级统筹的过程中，简化缴费程序、降低筹资成本同样是不容忽视的重要环节。通过引入和普及现代支付技术手段，诸如银行自动扣款、移动支付等快捷高效的缴费方式，不仅能显著提升参保人员缴费的便捷度和效率，节省人力成本，还能够减少传统缴费过程中可能存在的疏漏和误差，从而提高基金征缴的精确度和完整性。此举在吸引更多的城乡居民自愿参加大病保险，提升居民整体参保率的同时，也进一步增强了制度本身的持续性和公平性。

另外，省级统筹作为通向全国统筹的关键过渡阶段，可以在政策制定

和管理操作层面不断累积宝贵的经验财富，为未来有朝一日实现跨省际的基金统筹和风险分摊铺垫坚固基石。只有当我们将视野扩展到全国层面，实现在全国范围内的医疗保障资源配置优化，才能够真正确保我国广大城乡居民能够获得更为公正、高效、可靠的全方位大病医疗保障服务，从而推动我国医疗保障体系建设迈入新的高度。

5.1.4 建立分级筹资比例机制

在武陵山片区城乡居民大病保险制度改革中，建立分级筹资比例机制是确保保费公平性和有效性的关键措施。鉴于区域内居民收入差异大、从业类型多样以及医疗需求各异等特点，应摒弃"一刀切"的筹资方式，转而采用差异化策略。

首先，针对不同收入群体进行精细化管理，如非农化农民因其收入稳定且通常较高，可以设定较高的筹资比例和缴费标准，从而对应享有更高水平的保障额度。相反，以务农为主的农民，特别是那些收入波动大、稳定性较差的群体，应设立较低的筹资档次和缴费标准，减轻其经济压力，确保他们有能力参与大病保险计划，规避因疾病导致的经济困境。

其次，对于低收入农民，特别是那些未被划分为贫困户但实际上生活境况堪忧的家庭，政府应主动承担更多责任，通过扩大缴费减免范围，按一定比例降低低收入农民的大病保险缴费标准，缓解其医疗支出负担。同时，大病保险作为基本医保的延伸，其主要资金来源应依托于基本医保基金，而非另行建立独立筹资系统。

再次，对于超出基本医保报销范围的高额医疗费用，以及特殊困难群体和城乡居民个性化的医疗需求，可通过政府财政专项拨款、个人适当追加缴费，以及医疗救助、补充保险和商业保险等多元途径筹集资金，形成稳固持久的资金供给源。

最后，在构建和完善武陵山片区城乡居民大病保险制度的过程中，分级筹资比例机制的设计还需紧密结合参保者的经济能力、健康状况、年龄、性别、职业等风险因素，运用精算模型科学设定不同风险等级对应的筹资比例。这一机制既要防止健康人群承担过重保费压力，也要避免高风险群体因保费过高而被迫放弃参保。

综上所述，建立分级筹资比例机制的目的在于搭建一个兼顾公平与效率的保险架构，通过对区域内不同经济地位和风险状况的群体的细致划分和针对性筹资，确保城乡居民大病保险制度能在广泛覆盖的基础上，有效分散和抵御大病风险，并满足各类群体对医疗保障的不同需求，最终提升整个武陵山片区居民的健康保障水平和抗风险能力。

5.1.5　优化筹资机制，比例筹资与定额筹资相结合

第一，在优化武陵山片区城乡居民大病保险筹资机制时，采取比例筹资与定额筹资相结合的方式是至关重要的。比例筹资具有灵活统一的优势，可根据基本医保经验数据，通过精算模型设定合理的大病保险费率和筹资水平。在确定筹资标准时，必须充分考虑武陵山片区的大病发生情况、医疗服务成本、医疗费用上涨趋势、医保基金现状、居民缴费能力、医疗费用管控成效以及商业保险机构的合理收益等多个因素，确保筹资政策的科学性和可行性。

第二，建立精细的精算模型是精确量化筹资需求的关键步骤。精算模型需融合参保人群的详细信息，如年龄结构、健康状况、医疗费用支出趋势及当地经济发展水平等，以预测和确定大病保险所需的实际筹资规模和费率标准。这一做法既能保证基金足以应对未来的赔付需求，又能将缴费标准维持在居民经济可承受范围之内，使得筹资政策既有弹性又有一致性。

第三，在实际操作中，灵活的比例筹资机制不可或缺。比例筹资应随大病发生风险、医保基金运营状况以及社会经济环境的变化进行适时调整，以确保大病保险制度的稳健运行和可持续性。同时，引入定额筹资元素，设立多个筹资档次供居民根据自身经济条件选择，并提供明确且易于理解的参保指导。

第四，在提高大病保险统筹层次的过程中，特别要注意对不同收入群体的差异化管理。比如，对于武陵山片区内的低收入农民群体，应实施相应的缴费减免政策，以确保他们在经济压力可控的前提下享受到大病保险的保障，体现出社会公平原则，并进一步扩大大病保险的覆盖范围。

第五，拓宽筹资来源渠道，建立多层次、多元化的筹资体系，是保证大病保险基金充裕稳定的关键。除了个人缴费之外，还可借助政府财政补贴、社会捐赠、企业赞助等多种途径筹集资金，确保大病保险制度在满足日益增长的医疗保障需求的同时，兼顾不同群体的经济承受力。

综上所述，在优化武陵山片区城乡居民大病保险筹资机制的过程中，

首先要结合比例与定额筹资方式，通过科学精算确立筹资标准；其次要根据实际情况灵活调整筹资比例，在提高统筹层次时注意实施差异化的筹资政策，尤其是对低收入农民群体应特殊关照；最后则是通过多元化筹资渠道保障基金的充足稳定。这一系列举措相互配合，共同推动大病保险制度在武陵山片区走向公平、可持续、具有弹性和适应性的新阶段。

5.2　补偿机制方面

5.2.1　拓展大病保险保障范围

武陵山片区在大病保险补偿机制的改革与完善方面，对大病保险保障范围的拓展，显得尤为迫切和重要，要不断扩大大病保险涵盖的疾病种类和医疗项目清单，确保其能够响应当前及未来医疗技术进步所带来的疾病谱变化，以及人民日益增长的医疗保障需求。

首先，大病保险应逐步涵盖更多种类的重大疾病，包括罕见病、慢性病、严重急性病以及恶性肿瘤等高医疗花费疾病。这些疾病治疗周期长、费用高昂，会对患者及其家庭产生巨大的经济压力。因此，有必要通过科学评估和精算分析，将更多此类疾病纳入大病保险保障范畴，并提高最高支付限额，减轻患者的经济负担。

其次，大病保险的保障范围还应包含必要的诊疗项目和服务。比如，先进的手术治疗、靶向治疗、康复治疗、临终关怀等新兴医疗服务项目，这些都可能是大病救治过程中的重要环节，但由于其费用昂贵，常常让患者望而却步。因此，大病保险应与时俱进，将这些新兴医疗项目纳入保障内容，确保城乡居民在面临大病威胁时能够获得及时、全面、高质量的医疗服务。

最后，武陵山片区各级政府还需要关注医疗新技术、新药品的应用，及时更新保障目录，避免因医保目录滞后而导致部分重症患者无法享受最新的治疗成果。同时，考虑到地区间医疗资源分布不均的问题，大病保险还应加强对异地就医费用的保障力度，解除参保人在寻求优质医疗资源时的后顾之忧。

总之，深化大病保险保障范围的拓展工作，是全面提升武陵山片区城乡居民医疗保障水平，减轻大病医疗费用负担，增进民生福祉，建设健康中国的关键举措。通过不断完善保障机制和扩大保障范围，确保每一位城乡居民在面临重大疾病时都能获得充分、有效的医疗保障，使大病保险制度在维护社会公平正义、助力脱贫攻坚和乡村振兴等方面发挥更加积极的作用。

5.2.2 补偿标准按费用支付与补偿水平调整

在费用支付层面，大病保险的核心目标是避免城乡居民因高额医疗费用陷入经济困境。为此，武陵山片区各地政府应科学设定起付线、共付比例和封顶线。其中，起付线应根据地方经济状况和医保基金收支情况适时调低，甚至在条件成熟时取消封顶线限制。同时，严格界定合规医疗费用，仅限基本医保政策规定内的费用列入报销范围，确保基金使用的公正透明。

在优化城乡居民大病保险制度的过程中，按费用支付与补偿水平的调整是至关重要的一环。这一环节的核心在于，根据合规医疗费用、起付线、共付比例和封顶线等关键参数，科学合理地设定补偿标准，以确保大病患者能够得到及时、足额且有效地报销医疗费用，最大限度地减轻其因大病导致的经济负担。

首先，针对起付线的设置，政策建议倾向于适度降低，目的是让更多大病患者在治疗早期就能享受到保险补偿，而不是等到医疗费用累积至较高水平才开始报销，这有助于提早缓解患者的经济压力。同时，逐步取消封顶线的做法更是体现了以人为本的理念，尤其对于患有严重疾病、医疗费用极高的患者而言，取消封顶线意味着理论上可以获得无上限的报销支持，从而极大地降低了患者因病致贫、因病返贫的可能性。

其次，补偿水平的调整应紧密围绕本地医保基金的收支状况和经济发展水平进行动态调整。一方面，要确保医保基金在有效保障大病患者的同时，维持收支平衡，避免基金透支，影响制度的长期稳定运行；另一方面，要充分考虑当地经济发展水平，使补偿政策既能顺应民生需求，又能与地方经济承载力相匹配，实现大病保险制度的可持续发展。

在实际操作中，武陵山片区各地政府还应加强对医疗费用数据的收集与分析，结合疾病谱变迁、医疗费用增长趋势等因素，运用精算手段，精准预测未来医疗费用的变化趋势，进而制定出既符合现实情况又具有前瞻性的补偿标准。此外，大病保险制度在补偿政策的制定与执行过程中，应注重与其他社会保障制度（如医疗救助、商业保险等）的有效衔接与互补，共同编织一张全方位、立体化的医疗保障网，切实保障城乡居民在大病面前的基本权益，努力实现全民健康的宏伟目标。

5.2.3 强化大病保险与医疗救助制度之间的无缝衔接与协同增效

强化大病保险与医疗救助制度间的无缝衔接与协同增效，是当前我国社会保障体系建设中的一项重要内容，旨在构筑起一道坚实的社会医疗保障防线，有效防止和减少城乡居民因病致贫、因病返贫的现象，从而确保人民群众在遭遇重大疾病时能够得到及时、充分且有效的经济援助。

首先，大病保险作为基本医疗保险的重要补充，主要承担对参保居民因罹患重大疾病所产生的高额医疗费用的二次补偿职能。然而，对于一些特困、低保及低收入家庭而言，即使有了大病保险的保障，仍有可能因个人自费部分的医疗费用过高而无力承担。此时，医疗救助制度的重要性就凸显出来，它旨在为这部分困难群体提供必要的医疗救助资金，以进一步减轻其经济负担。

武陵山片区要想实现大病保险与医疗救助之间的无缝衔接，其首要任务是建立健全二者之间的信息共享平台，实现数据互联互通，确保救助对象资格认定的准确性和及时性。同时，制定完善的转介机制，当大病保险理赔后，若患者仍有困难，可快速转入医疗救助程序，无需重复申请，减少烦琐手续，提高救助效率。

其次，从政策层面上，武陵山片区各级政府需要根据各地实际情况，科学设定医疗救助的门槛和标准，确保其与大病保险的报销比例、起付线和封顶线等参数相互配合，形成梯度式的医疗保障体系。通过协调两者的补偿比例和范围，最大限度地减少患者自付费用，切实提高保障效果。

最后，推动政府部门、医疗机构、保险公司和社会力量的多方联动，共同参与大病保险与医疗救助制度的建设和完善，提高资源配置效率，确保救助资源精准投放，切实服务于最需要的人群。同时，通过定期评估和反馈机制，动态调整相关政策，确保制度的公平性和可持续性。

综上所述，强化大病保险与医疗救助制度间的无缝衔接与协同增效，不仅是武陵山片区社会保障领域的一项重要任务，更是践行以人民为中心的发展理念、促进社会公平正义、保障全体公民共享改革发展成果的重要举措。通过不断提升这两项制度的融合度与互补性，武陵山片区将构建起更加健全、更具韧性的全民医疗保障网，为实现全民健康和社会和谐稳定提供有力支撑。

5.2.4 补偿项目更新与扩容

武陵山片区应及时更新大病医疗保险的报销药品目录，增加基本医疗保险未能覆盖的先进医疗技术和药品，确保大病医疗保险紧贴医疗技术进步和社会经济发展步伐。同时，要确保扩容项目的科学性和可持续性，避免无序扩张影响基金安全。

在完善城乡居民大病保险制度的过程中，补偿项目更新与扩容是提升保障质量、适应时代发展的重要环节。

首先，大病医疗保险的报销药品目录应及时响应医疗技术的进步和社会经济的发展趋势，确保目录中的药品与疗法能够跟上医学前沿的步伐，满足参保人员对最新、最有效医疗手段的需求。这意味着要定期对报销药品目录进行更新，增加那些基本医疗保险暂时未能覆盖，但在临床上具有显著疗效、能有效治疗大病的新药、特效药以及先进的医疗技术手段。

其次，补偿项目的扩容过程需严格遵循科学性和可持续性的原则，对新增的补偿项目进行严格的经济效益与社会效益评估，确保其在提高保障水平的同时，不会对大病保险基金的安全运行产生负面影响。这意味着在决定扩容哪些药品和技术时，不仅要考察其临床效果，更要考虑其市场价格、治疗频次、使用人群等因素，通过精算模型和数据分析，准确预估其对基金收支平衡的影响，确保大病医疗保险基金能够在满足参保人员医疗需求的同时，保持充足的偿付能力和长期的财务稳定性。

最后，为了保证扩容项目的合理性和公正性，应建立公开透明的评审机制，邀请医学专家、经济学专家以及社会公众参与决策过程，确保新增的补偿项目能真正服务于广大参保人员，尤其是那些急需高级别医疗保障的重症患者。同时，政府应加强对大病保险基金的监管，确保扩容后的资金流向合理、高效，避免资金浪费和滥用。

综上所述，补偿项目更新与扩容是大病医疗保险制度不断迭代和完善的重要环节，通过科学严谨的筛选机制，既要保证医保目录与时俱进，满足参保人员对高质量医疗服务的需求，又要兼顾基金的安全与可持续性，确保大病医疗保险制度在造福于民的同时能够保持稳健、长久的发展态势。

5.2.5 优化起付线、报销比例和封顶线设置

在武陵山片区这样的贫困地区，优化大病保险补偿机制设置对于有效缓解"因病致贫""因病返贫"现象至关重要。针对该区域的实际情况，有必要运用科学的方法和手段来完善大病保险的各项补偿措施。

（1）针对武陵山片区城乡居民大病保险的起付线设置的建议

首先，鉴于武陵山片区的经济发展水平和城乡居民收入结构，应当充分考虑当地居民的实际支付能力，科学合理地下调大病保险的起付线。具体下调幅度应基于详尽的调研数据，包括但不限于居民年均收入、医疗费用支出的平均水平以及区域内大病发生概率等关键指标，确保起付线设定既能有效分散风险，又能切实减轻患者初期医疗负担。

其次，为体现大病保险的公平性和人性化关怀，针对不同群体和疾病类型，建议实施差别化的起付线政策。对于低收入农民、贫困人口和特定的弱势群体，可以进一步降低或甚至豁免起付线，确保他们在大病初发阶段即可得到及时有效的保障，避免因经济原因延误治疗。同时，针对严重疾病如恶性肿瘤、罕见病以及需要高成本治疗方案的疾病，应当设立专门的低起付线或零起付线政策，确保这部分患者的医疗费用能够快速进入大病保险的报销范畴。

最后，武陵山片区在设定起付线时还应充分结合区域医疗资源分布现状，考虑边远山区和农村地区居民就诊距离远、交通不便等实际困难，适当降低或灵活调整起付线标准，以促进医疗资源的合理利用和公平分配。

综上所述，优化武陵山片区城乡居民大病保险的起付线设置，应坚持因地制宜、区别对待的原则，既要确保大病保险基金的可持续性，又要最大限度地发挥保险制度在缓解医疗支出负担、防止因病致贫中的积极作用；同时，加强与省级乃至国家级统筹政策的衔接，争取政策扶持和财政支持，共同构建起更为公平、合理、高效的大病保险保障体系，切实保障武陵山片区城乡居民的生命健康权益。

（2）关于报销比例设置的建议

①差异化报销政策设计。基于参保城乡居民的经济状况、病情严重程度及医疗费用支出情况，构建梯级报销体系。对于经济条件较差的低收入农民和贫困家庭，报销比例应适当提高，以实质性地缓解其大病医疗费用压力；而对于经济条件相对较好的居民，则可设定相对适中但仍具吸引力

的报销比例。

②分段式医疗费用报销机制。根据医疗费用的实际支出情况，制定分段报销政策。在低额医疗费用区间内，报销比例应设置得较高，随着医疗费用的逐级攀升，报销比例可逐渐递减，但应始终保持在一定高位，以防高额医疗费对家庭经济造成不可承受之重。

③连续参保激励措施。引入连续参保年限奖励制度，对于长期连续参保的城乡居民，逐年递增其报销比例，以此激励居民长期参与大病保险，增强保险制度的稳定性与公众认同度。

④医疗技术和成本因素考量。针对采用先进医疗技术、进口药品及特殊医疗服务的患者，报销比例应予以灵活调整，既要鼓励医疗科技的进步和高品质医疗服务的广泛应用，又要确保大病保险基金的持久性和稳定性。

⑤结合地区经济特点调整。充分考虑武陵山片区的经济发展水平和地方政府的财政支持能力，因地制宜地设定符合当地实际情况的报销比例，力求在政策可行性和公平性之间取得平衡，确保大病保险制度在当地得到有效落实与执行。

（3）关于封顶线设置的优化建议

①科学设定封顶线。利用保险精算原理，结合武陵山片区具体的大病发生概率、地区经济发展水平以及人口健康状况等多元数据，合理设定年度或累计支付上限，在保障医保基金安全稳定的同时，减轻大病患者及其家庭的医疗负担。例如，针对该地区经济基础薄弱但大病发生风险较高的特点，可根据实际情况适当调低封顶线或根据经济增速、医保基金结余等因素逐年调整封顶线标准，使其既能真实反映地区经济发展状况，又能最大限度保障大病患者的医疗需求。

②依据地区实际情况设定。在设定封顶线时，应当深入分析武陵山片区的大病发生概率，基于历年大病发病统计数据，结合人口老龄化趋势、疾病谱演变等因素，精确预估未来可能的大病医疗费用需求，确保封顶线既能覆盖大部分大病患者的高额医疗支出，又能有效防控医保基金的风险。

③考虑地区经济实力。充分考量武陵山片区的经济基础，鉴于其经济条件相对较弱且大病发生风险偏高，应适当调低封顶线或设立更为灵活的标准，以在现有经济条件下最大限度地满足大病患者的医疗需求。同时，

建立与地区经济增速、医保基金历年结余和财政补贴政策挂钩的封顶线调整机制，使封顶线随着地区经济发展和医保基金承载能力的提升而逐步调整。

④重视精算方法的应用。通过精算模型精确模拟预测医疗费用支出，结合地区疾病风险、参保人员年龄结构、健康状况等因素，精确计算既能充分保障大病患者得到必要救助，又能确保医保基金安全运行的合理封顶线数值。

总结来说，在优化武陵山片区城乡居民大病保险制度的过程中，科学设定封顶线是一个涉及诸多因素的复杂过程，必须全面考虑地区特征、经济发展状况、人口健康数据以及医保基金运行状况等因素，运用保险精算工具寻找最佳平衡点，从而在保障大病患者得到充分救助的同时，保持医保基金的良好运行状态和长期可持续发展。

5.2.6　以家庭为单位的补偿政策与精准补偿机制构建

首先，革新补偿模式，推行以家庭为整体的医疗费用补偿政策。现行大病保险制度通常以个人为保障主体，而在武陵山片区，拟引入一种创新的补偿策略，即将保障范围从单一的个人扩展至整个家庭层面，以家庭为单位核算医疗费用。一旦家庭成员的医疗费用总和达到设定的起付线标准，便立即启动最高补偿额度进行报销。此举旨在应对大病可能导致的家庭经济危机，显著缓解因家庭成员突发重大疾病而引发的灾难性医疗支出压力。这一政策转变不仅提升了大病保险的公平性和实用性，还增强了家庭抵抗重大疾病风险的能力，从长远看，有助于维护家庭经济生活的稳定性和连续性。

其次，精准定位并优化补偿目标人群的保障方案。针对罕见病患者、重大疾病患者以及低收入家庭等特殊群体，制定更为聚焦且具有倾向性的补偿措施。例如，为了解决罕见病患者面临的高昂治疗费用难题，可以考虑提高此类疾病的报销比例，甚至设立专门的罕见病补偿基金；对于低收入家庭中的大病患者，提供额外的医疗费用补贴或是优先报销的权利；而对于罹患重大疾病的患者，建议引入阶梯式补偿标准，随着医疗费用的增长，报销比例也随之逐级提升，确保在高费用阶段给予患者实实在在的经济援助，从而大幅度减轻其经济负担。通过这些精准施策，大病保险能够更有效地实现对特定弱势群体的精准扶助。

通过上述一系列精准补偿机制的设置和优化，武陵山片区的大病保险制度将更贴近实际，更富有人文关怀，更有效地防止贫困人口因大病陷入更深的困境，进而有力地推动区域健康扶贫工作的深化与发展。同时，这也为我国边远山区及贫困地区的大病保险制度改革提供了值得借鉴的实践经验。

5.3 运行机制方面

5.3.1 强化基层经办能力与优化报销流程

在优化武陵山片区城乡居民大病保险制度运行机制的过程中，强化基层经办能力与简化报销流程是两项核心任务。

首先，武陵山片区亟须加强基层医疗保险经办队伍建设，通过合理配置人力资源，确保基层具备充足的专业人员来应对日渐繁重的服务需求。各地政府应加大投资力度，选拔和培养一批责任心强、专业技能扎实的经办人才，并通过持续的业务培训和研讨活动，全面提高他们在医保政策解读、服务流程操作、信息化系统应用等方面的专业素养。

其次，借鉴多元治理理念，鼓励并引导社会力量深度介入医保经办服务，可采取政府购买服务、公私合作模式，吸引专业第三方机构和志愿者团队共同参与，构建政府与社会力量协作的医保经办服务网络。此举不仅有助于缓解基层医保经办工作的压力，更能引进先进的管理和服务模式，有效提升经办服务的效率与服务质量。

为进一步便民利民，武陵山片区应大力推行报销流程优化措施，如一站式服务、窗口集中办理和一次性结算等，大幅削减参保人员报销过程中的冗杂环节与等待时间，特别是在医疗救助经办环节，积极推动服务触角延伸至基层末梢，确保城乡居民在家门口就能高效快捷地完成医疗费用报销，确保医疗救助政策得以真正落到实处。

此外，充分利用现代化信息技术，加快推进医保报销电子化、网络化进程，搭建统一的医保信息平台，简化报销材料提交、费用审核和资金给付流程，显著提升经办服务的时效性和准确性。在此基础上，高度重视基层经办团队的职业化和专业化培育，建立健全激励机制和考核评价体系，激活团队活力，精心锻造一支高效、廉洁、服务贴心的专业经办团队，从而为武陵山片区城乡居民大病保险制度的顺畅运行和持续优化提供强有力的组织保障与服务支撑。

5.3.2　构建部门协同工作机制

构建部门协同工作机制是武陵山片区城乡居民大病保险制度得以高效运行和政策落地生效的重要保障。在这个过程中，各个相关部门必须紧密协作，形成合力，共同推进医保、救助、医疗服务等相关政策的实施和管理。

医保部门扮演着统筹全局的角色，负责制定和执行医保政策，推进医保制度的改革与创新，确保大病保险政策的科学性和合理性，并在日常工作中对医保基金进行有效管理和监督，以确保医保基金的可持续运行和安全使用。

民政部门肩负着精准识别救助对象与信息共享的任务，通过详细调查核实，确定救助对象的身份资格，并与其他部门共享相关数据信息，确保救助资源能够准确投放到真正需要帮助的群体中。同时，民政部门也要参与到困难家庭医疗救助政策的实施中，提供必要的社会救助。

财政部门在其中的作用则是确保医保和医疗救助所需资金的充足供应，合理编制预算，安排专项资金，确保大病保险基金的正常运作，并对资金使用情况进行严格监管，确保每一笔经费都用在"刀刃上"，服务于民众健康保障事业。

卫生健康部门则侧重于规范医疗服务行为，通过制定和执行诊疗指南、诊疗规范和医保支付标准等，引导医疗机构合理诊疗、合理收费，杜绝过度医疗和滥收费用的现象，同时积极推动医疗资源优化配置和分级诊疗体系的建设，提升医疗服务质量和效率。

税务部门负责依法依规完成基本医疗保险费的征缴工作，确保医保基金有稳定的来源，并通过信息化手段提高征缴效率，降低行政成本，保证医保制度的资金链条畅通无阻。

金融监管部门在协同工作中则聚焦于商业保险机构参与大病保险业务的监管，确保商业保险在大病保险市场的健康发展，规范商业健康保险产品开发与定价，强化对商业保险公司的风险防控和市场秩序维护。

乡村振兴部门则密切关注农村易返贫人口的监测，通过大数据等手段动态掌握相关群体的生活和健康状况，及时将符合条件的群体纳入大病保险保障范围，防止因病致贫、因病返贫现象的发生。

通过各部门的高效协同与紧密合作，武陵山片区的城乡居民大病保险制度得以全面铺开和有效实施，切实提高了区域内居民的医疗保障水平，有力地保障了广大城乡居民在大病面前的经济安全，促进了社会公平与和谐稳定。

5.3.3 提升医保运行效率与服务质量

（1）推进医保公共服务标准化、规范化，实现一站式服务、一窗办理、一单制结算，通过信息化手段优化服务流程，提高医保运行效率和服务质量。建立统一的医保服务热线，加快网上办理速度，推进跨区域医保管理协作和异地就医直接结算，严厉打击欺诈骗保行为，建立和完善一系列监管制度。

（2）提升医保运行效率和服务质量是武陵山片区城乡居民大病保险制度完善工作中的核心内容之一。首先，应当大力推进医保公共服务的标准化和规范化建设，确保所有参保人员无论身处何地，都能享受到统一、便捷、高效的医保服务。其次，应简化原先冗杂的报销流程，缩短报销处理时间，提高医保服务的满意度和信任度。

（3）在信息化手段的运用上，有必要积极搭建和优化医保信息系统，利用数字化技术对医保服务流程进行改造升级，例如通过线上自助服务、智能审核等功能，减少人工干预，提高服务效率。同时，建立统一的医保服务热线，提供全天候咨询解答服务，提高网上办理服务的便捷性，让参保人员随时随地都能查询、办理医保业务。

（4）跨区域医保管理协作和异地就医直接结算机制的建立与完善也是提升医保运行效率的重要举措。通过实现医保数据的互联互通，打破地域限制，让参保人员在异地就医时也能便捷地进行医保结算，减轻其在异乡就医期间的经济压力，切实保障其合法权益。

（5）严厉打击欺诈骗保行为，建立健全严密的医保基金监管体系，对各类骗保行为进行严惩，确保医保基金的安全运行和有效使用。通过建立完善的举报奖励制度、信用管理制度、综合监管制度和社会监督制度等，形成全社会共同参与、共同监督的良好氛围，确保医保制度公平公正、阳光透明。

总之，武陵山片区城乡居民大病保险制度的运行效率和服务质量提升是一项系统工程，需要从制度设计、技术创新、监管强化、服务优化等多维度进行综合施策，以实现医保服务的高效、便捷、公平和可持续发展，让每一个参保人员都能在大病面前感受到来自医保制度的温暖守护，从而有效地减轻其因病造成的经济负担，促进社会的和谐稳定。

5.3.4 充分发挥商业保险专业作用

在武陵山片区城乡居民大病保险制度的实施过程中，充分发挥商业保险公司的专业作用是保障制度有效运行和持续发展的重要途径。商业保险公司凭借其在医疗费用审核、基金支付、医保精算和风险控制等方面积累的丰富经验和专业技术优势，可以在大病保险运营中扮演至关重要的角色。

（1）强化商业保险公司在大病保险运营中的地位和作用，利用其专业优势，确保大病保险制度的顺畅运行和可持续发展。同时，商业保险公司应协助政府控制医疗费用的不合理增长，规范医疗服务行为。

（2）商业保险公司可以通过专业的医疗费用审核机制，对参保人的医疗费用进行严格把关，确保每一分钱都用于合理、必要的医疗服务，有效遏制医疗资源的浪费和医疗费用的不合理增长。同时，保险公司还可以利用精算技术和风险管理手段，科学合理地设定保费和保障标准，确保大病保险基金的收支平衡和可持续发展，为参保人提供稳定可靠的大病保障。

（3）在基金支付环节，商业保险公司能够通过优化支付流程，实现快速、准确的赔付，减少参保人在医疗费用报销过程中的等待时间和不确定性，提升大病保险的服务质量和参保人的满意度。此外，保险公司还可以通过与医疗机构的深度合作，共同规范医疗服务行为，推动医疗机构提供质优价廉、符合医保政策要求的医疗服务，进一步控制医疗费用的增长。

（4）商业保险公司还可以积极参与到大病保险政策的设计与实施中，通过引入市场竞争机制，不断创新保险产品和服务模式，提高大病保险的保障水平和运行效率。同时，保险公司应主动承担社会责任，积极配合政府部门做好大病保险的宣传推广和咨询服务，增强参保人的保险意识，提高大病保险的参保率和覆盖率。

总之，在武陵山片区城乡居民大病保险制度的建设和发展过程中，应充分利用和发挥商业保险公司的专业优势和市场机制，通过深化政企合作，共同推动大病保险制度的顺畅运行和可持续发展，为广大城乡居民提供更加完善、高效、公平的大病医疗保障。

5.3.5 优化医疗资源配置与医疗服务行为

优化医疗资源配置与医疗服务行为是提升武陵山片区城乡居民大病保险制度效能和保障水平的关键环节。

（1）通过药品和医用耗材集中带量采购，可以大幅降低医疗成本，减轻大病患者经济负担，同时也抑制了医药市场的过度逐利行为，保障了药品和医用耗材的质量和稳定供应。

（2）在医疗资源布局方面，要加强规划和管理，推动优质医疗资源向基层和偏远地区延伸，促进区域内医疗资源的均衡分布和高效利用，实现资源共享。同时，鼓励社会资本参与医疗服务，大力发展社会办医，倡导"互联网+医疗"等新兴服务模式，拓宽医疗服务渠道，提高服务可达性和便捷性。

（3）推行处方点评制度是确保合理用药、降低药品费用的有效措施。通过专业团队对医生开具的处方进行审查和反馈，可以纠正不合理的用药习惯，提高药品使用的安全性、有效性和经济性，从而降低大病患者的药品开支，提高医保基金的使用效率。

（4）在医疗机构内部管理方面，建立科学的考核评价体系并将其与医保基金支付挂钩，有助于引导医疗机构优化服务流程，提高服务质量，同时也能有效约束医疗机构的行为，避免过度医疗和无效医疗。改革人事薪酬制度，鼓励医务人员提供优质服务，而非单纯追求经济效益，有助于塑造良好的医德医风和医疗文化。

（5）完善医疗服务项目准入和价格调整机制，确保医疗服务项目设置合理，价格公正透明，既能保障医疗机构的正常运行，又能确保大病患者获得必需且价格合理的医疗服务。通过上述一系列措施，武陵山片区的医疗资源配置将得到优化，医疗服务行为将更加规范，大病保险制度也将因此得以更加高效、公平地运行，从而更好地服务于城乡居民的健康需求。

通过以上五个方面的改革与优化，武陵山片区大病保险制度的运行机制将进一步完善，有效减轻城乡居民大病医疗负担，提高医疗保障服务质量和效率，确保制度的可持续发展，切实增进了广大居民的健康福祉。

5.4 监管机制方面

在武陵山片区完善大病保险监管机制的过程中，构建一套科学、透明、高效且多元共治的治理体系至关重要。

5.4.1 建立大病保险信息平台，提高基金运作透明度

建立大病保险信息平台是一项旨在提升基金运作透明度、强化社会监督机制、优化整体运行效率的战略性举措。这一平台的核心作用在于串联起经办机构、承办商业保险机构、医疗卫生服务机构以及参保人员四大关键群体，形成一个完整的信息共享和互联互通网络，使得涉及大病保险的所有重要信息得以迅速、准确地传递和处理。

首先，全面集成数据资源是构建该平台的基础工作。平台需具备强大的数据采集与更新能力，数据应涵盖参保人员的基本信息、详细的医疗费用明细、医保待遇享受的具体情况等多元维度的数据信息。这些信息的实时更新和共享，能够确保大病保险基金的运作全过程处于阳光之下，从而增强公众对大病保险制度的理解和信任，进而激活社会监督力量，推动医保基金合理、公正、有效地使用。

其次，依托于先进的大数据分析和云计算技术，平台能够在微观层面对医疗费用和诊疗行为实施精确监控。通过实时监测和预警潜在的不合理医疗费用增长现象，从源头上对医保基金的使用加以管控，既能够有效抑制管理成本的过度扩张，又能科学指导资源配置，最大化医保基金的使用效率，让每一分钱都用在"刀刃上"。

最后，为了彻底解决医疗市场存在的信息不对称顽疾，大病保险信息平台必须与医疗服务机构、医生、患者和医药企业等多方主体实现深度对接，创建全方位、立体化的医保信息服务体系。医保经办机构凭借电子病历、物联网等前沿科技工具，搭建起全国统一的医保信息公共服务平台，确保对医保基金使用的全程跟踪和精准监管，从而保障医保基金的安全稳定，同时也大大提升了医保服务质量和参保人员的满意度。

综上所述，建设一个健全完善的大病保险信息平台，对于全面提升我国医保服务效能，切实保障广大参保人的合法权益，以及有力维护医保基

金的安全底线具有决定性的战略意义。唯有紧握现代信息技术的发展脉搏，积极打破信息孤岛，我们才能确保大病保险制度走向更为公平、透明和高效的轨道，为全国各地尤其是像武陵山片区这样的区域，提供强大且可靠的大病保障支撑，让每一个居民都能在面临重大疾病风险时得到及时有效的帮助。

5.4.2 规范医保报销流程，防控欺诈风险

在实施城乡居民大病保险的过程中，规范报销流程并有效防控欺诈风险至关重要，尤其对于武陵山片区这类特定区域更是如此。武陵山片区政府应对医保报销流程进行全面梳理和标准化规范，通过严谨的制度设计与严格的流程管理，确保每一个环节的操作清晰明确、公开透明且具有可追溯性，从而显著降低欺诈事件的发生概率，并有效控制因欺诈导致的医保基金流失。

在实践操作层面，医保经办机构需要强化对定点医疗机构的常态化、精细化监管，着力关注其收费行为、诊疗行为以及药品使用的合理性与合规性。通过定期开展审计审查、现场检查和不预先通知的抽查活动，形成事前、事中、事后全方位的监管链条，坚决杜绝不合理医疗、虚假诊疗和药物滥用等侵害医保基金的现象。

同时，借鉴金融风险管理的前沿理念和技术手段，积极探索将风险评估模型（Value at Risk，VaR）应用于医保基金欺诈风险的量化管理中。该模型能够对未来医保基金可能遭受的欺诈损失进行科学、精确的估计，进而依据风险评估结果定制相应的风险防控措施，并提前布局风险补偿机制，确保在面临欺诈风险冲击时，医保基金仍能维持稳定、安全的运作态势。

总的来说，在大病保险的实际运作中，规范报销流程、强化医疗机构监管与应用先进风险管理工具，是三位一体防控医保欺诈风险的有效战略措施。通过落实这些措施，不仅能在源头上有力遏制欺诈行为，更能切实维护医保基金的安全与可持续运行，从而充分保障包括武陵山片区在内的城乡居民在遭遇大病时能够享受到公正、公平、高效的大病保险保障，守护好每一位参保人的切身利益。

5.4.3 构筑多方联动监管体系，严打医保欺诈行为

在构建和推行大病保险制度的过程中，针对医保欺诈行为，首要任务

是建立一个多方位、多部门协同联动的监管体系，确保医保基金的安全与有效运行。医保部门应扮演核心角色，联合政府部门、经办机构、商业保险机构、医疗卫生服务机构及社会公众等多元主体，共同构建常态化的监管机制，对大病保险制度执行及其基金运作进行严密而持续的监督与巡查。

首先，强化医保经办机构作为政府监管的核心地位，使其在大病保险领域内承担更重要的引领责任，通过自身行为规范，严格执行医保政策，带动所有参与方共同遵守相关规定。同时，充分利用大病保险内部各主体间的相互制衡作用，构建一张涵盖医疗机构、药店、医生、参保人员等在内的立体化监管网络，通过相互监督和自我约束，形成一套完善的内部管理与制约机制。

其次，为了有效对抗医保欺诈，须制定全面的反欺诈策略，明确规定各相关部门在反欺诈行动中的角色与责任，并建立长期稳定的合作关系，确保部门间信息共享、协调一致、形成合力，共同开展强有力的联合监管。定期进行跨部门联合执法检查，对虚构医疗服务、虚开药品、套取医保基金等各种违法违规行为进行深入排查和严厉打击，对医保欺诈实行零容忍政策，坚决依法惩处。

再次，同时，定期召集跨部门专题研讨会，研究医保欺诈行为的新趋势和新特点，共同研讨并制定针对性的对策与解决方案，充分发挥各部门的专业优势和资源优势，共同提升反欺诈执法能力和效率。通过构建这样一个紧密联动的监管网络，能够有效围堵医保欺诈行为，确保医保基金的安全和高效利用，切实保障每位参保人的合法权益，有力推动武陵山片区等地区城乡居民大病保险制度的健康、可持续发展。

最后，要强化信息共享机制，建立健全跨部门数据交互平台，实现实时动态的信息交流与更新，以便及时发现并妥善处理各类风险隐患。医保部门应与民政、乡村振兴等部门紧密合作，确保救助对象身份准确无误，医疗救助政策得以准确执行。同时，加大与医保局、公安局等部门在打击医保欺诈方面的协作力度，对违法行为依法严惩，形成强有力的威慑效果。

5.4.4 完善法律法规，加强法治建设

政府职能机关在推进武陵山片区大病保险事业健康发展过程中，肩负

着完善法律法规、强化监管机制、保护参保人员权益的重要使命，其首要任务是健全大病保险基金反欺诈相关法规，以法治手段为核心，针对监管漏洞和现实问题，制定具体、可行的规章制度，确保大病保险制度稳健运作，保障参保人员权益不受侵犯。

一是加大对医保欺诈行为的法律约束力度，通过制定和修订相关法律法规，明确医保欺诈的定义、判定标准和法律责任，设定严厉的处罚措施，形成强有力的震慑效应，有效遏制医保欺诈行为的滋生。

二是强化大病保险基金管理和监督机制，通过立法途径明确基金管理与监督机构的权责分配，规范基金使用范围和操作流程，建立健全审计监督体系，确保基金的安全与合理使用。

三是规范医疗服务行为和医疗费用管理，通过法律法规对医疗服务行为设定明确标准，确立医疗费用的定价原则和管理规则，加强对医疗机构的监督，防止过度医疗现象和不合理费用的产生，从而有效规避医保基金的损失风险。

四是注重加强对参保人员权益的法律保护，通过法律规定参保人员的权利义务，明确大病保险的参保条件和待遇标准，强化对参保人员权益的监督与维护，以保障参保人员能够充分享有大病保险带来的保障权益，增强其参保信心与满意度。

综上所述，优化武陵山片区大病保险监管机制，需围绕信息透明化、多方协同联动、流程标准化、风险防控严密化和法治化建设等多个维度综合施策，构建一套权责明晰、运转高效、监督有力的服务型监管体系，以保证大病保险基金的合理高效使用，切实保障参保人员基本权益，助力区域内医疗保障体系的持续优化与升级。

5.5 优化大病保险反贫困策略

在武陵山片区的健康脱贫工作中，针对大病保险制度的完善和精准施策具有极其重要的意义。

5.5.1 精准识别低收入困难群体，法治化推进农村大病保险，实施健康扶贫工程

在强化农村大病保险制度建设，助力精准反贫困工作中，提高对低收

入困难人群的识别精度，确保贫困和低收入家庭、偏远贫困地区居民等因病致贫高风险群体能够得到及时有效的医疗保障至关重要。为此，有必要加快农村大病保险制度的法治化进程，完善监督管理机制，确保政策执行的规范性和有效性。

针对老年人口、贫困人口等脆弱群体，政府应推行精细化、个性化的健康管理策略，建立精准识别和管理系统，通过全面摸排和动态追踪，了解他们的健康状况和医疗需求，确保他们在罹患大病时能够迅速接入医保系统，减轻疾病带来的经济负担。

在此基础上，着重提升基层公共卫生服务能力，通过推广家庭医生签约服务模式，使贫困人口能够享受到便捷、连续的医疗保健服务。借助"互联网+"、大数据、人工智能等现代信息技术手段，改进医疗服务供给方式，实现远程医疗咨询、在线诊断和治疗指导，将优质医疗资源下沉至基层，提高服务效率和质量。

通过构建全民健康信息平台，实现个人健康档案和电子病历的互联互通，确保医疗数据实时更新、共享共用，为贫困个体提供个性化、精准化的医疗保健方案。运用大数据分析技术，对因病致贫和因病返贫情况进行实时监测预警，做到早发现、早干预、早治疗，从根本上预防和减少因健康问题导致的贫困现象发生，从而推动农村大病保险制度在反贫困斗争中发挥更大实效，助力乡村振兴战略实施，保障弱势群体的基本生活权益，共同迈向健康中国的目标，从而实现共同富裕。

5.5.2 强化政策协同效应，增强医保帮扶效果

在武陵山片区构建多层次、立体化的医疗保障体系是确保低收入家庭摆脱"因病致贫""因病返贫"困境的关键。该体系应以城乡居民基本医疗保险为核心，辅之以大病保险的有力补充，并以医疗救助作为稳固的兜底保障，确保各项制度之间无缝衔接，有效防止低收入家庭因高额医疗支出再度陷入贫困境地。

在实际运作中，应充分利用并整合现有基本医疗保险、大病保险、医疗救助以及社会慈善救助等多种资源，形成政策合力，精准对接低收入群体的医疗保障需求。比如，通过优化大病保险政策，提高对低收入群体的赔付比例和支付限额，减轻其就医负担；同时，强化医疗救助功能，对低收入群体自付部分给予适当补贴或全额减免，尤其对患有重特大疾病的低

收入群体提供特殊照顾。

此外，借助大数据技术和信息化平台，精准识别低收入群体人群，为其量身定制医疗保障方案，并根据实际情况动态调整方案，确保医疗保障资源能够精准投放到最需要的地方。同时，鼓励引导社会力量积极参与医保扶贫工作，通过慈善捐赠、公益项目等形式，弥补政府保障的不足，健全防范化解"因病致贫""因病返贫"长效机制。

通过政策协同和资源整合，武陵山区的医保体系能够更好地适应该地区的实际需求，有力遏制因病致贫、因病返贫现象。

5.5.3 构建低收入群体数据库，完善信息共享机制

在大病保险实践中，构建一个科学、精准、高效的低收入群体数据库至关重要。通过强化与民政、卫生健康、乡村振兴等部门的横向协作，实现贫困人口基础信息数据的准确无误和实时共享，确保贫困群体的识别精准度得到有效提升。采用标准化的数据管理体系，对贫困人口的家庭状况、健康状况、经济状况等关键信息进行动态收集与更新，以便于精准锁定医保帮扶的对象，实现"靶向"扶持。

在每年的城乡居民医保集中参保缴费期间，特别关注低收入群体的参保情况，加大医保政策的宣传力度，通过多种渠道普及医保政策知识，简化参保手续，确保低收入群体能够充分了解并享受到医保帮扶的各项优惠政策。针对目标参保率，通过精准施策，努力促使贫困人口的参保率达到预期目标。

针对因特殊原因未能参保的贫困人口，应在数据库中详细记录其未参保的原因，设立独立的未参保贫困人口子数据库，实现对这部分人群的专项管理和跟踪。通过定期回访、调查，密切关注未参保贫困人口的生活和健康状况变化，一旦条件允许，立即启动参保动员和协助工作，提供必要的援助和支持，确保医保扶贫政策的全面覆盖，切实减轻贫困家庭因大病所带来的经济压力，助力他们走出困境，迈上脱贫致富之路。

5.5.4 巩固大病保险脱贫成果，有效衔接乡村振兴战略

根据武陵山片区独特的地理环境与经济发展现状，应立足长远，以发展地方经济为核心路径，实现乡村振兴有效拓宽农民收入来源，从根本上减少因经济困难导致的"因病致贫""因病返贫"问题。为此，要倾力投

资于基础设施建设，如扩建和优化高速公路网络，提升航空及铁路等交通设施，确保内外交通便利，从而吸引外来投资，加速本地产业升级转型，拓宽农产品流通渠道，促进地方经济活力。

在此基础上，着重加强农村劳动力的职业技能与技术培训，引导农民发展符合本地自然条件和市场需求的特色农业产业，如特色水产养殖、中草药材种植以及生态农业等，从而提升农产品附加值，增强农民收入的稳定性。同时，结合武陵山区丰富的自然资源和民族文化特色，大力发展乡村旅游产业，打造休闲度假、养生体验等旅游产品，开辟新的经济增长点。

通过乡村振兴，当区域经济发展步入快车道，农民收入得到显著提高后，大病保险的作用将得到更有效的发挥。大病保险不再仅仅是缓解医疗支出压力的一种手段，而是成为保障农民安心生产、积极生活、追求幸福生活的有力支撑。这样一来，大病保险制度将在武陵山片区健康扶贫工作中发挥出更大的实际效用，有力地缓解因大病所造成的贫困现象，为贫困群体筑起一道坚实的健康防线。

通过这一系列综合性政策和措施的实施，武陵山片区将在健康扶贫道路上取得实质性进展，切实提高低收入群体的生活质量，减少因病致贫、因病返贫的现象，进而为该地区全面实现小康目标奠定了坚实的民生与健康基础，确保每一位城乡居民在享受到高质量医疗服务的同时，也能享受到经济发展所带来的实惠和福祉。

参考文献

［1］曾颖. 推进健康扶贫, 给社会更多安全感［EB/OL］.（2016－06－09）［2024－07－10］.https://www.gov.cn/zhengce/2016-06/09/content_5080708.htm.

［2］银保监会. 大病保险制度已覆盖 12.2 亿城乡居民［EB/OL］.（2022－06－23）［2024－07－10］.https://www.chinanews.com.cn/cj/2022/06-23/9786962.shtml.

［3］国务院扶贫开发领导小组办公室, 国家发展改革委. 武陵山片区区域发展与扶贫攻坚规划（2011—2020 年）［R/OL］.（2011－10－31）［2024－03－26］. https://www.ndrc.gov.cn/xxgk/zcfb/qt/201304/t20130425_967808.html.

［4］何春中. 武陵山片区: 71 个片区县有 70 个实现脱贫摘帽 贫困发生率从 26.3% 下降到 1.7%［EB/OL］.［2020－08－22］［2024－02－18］.https://news.cyol.com/situo/2020-08/22/content_18745228.htm.

［5］湘西州统计局. 湘西自治州 2023 年国民经济和社会发展统计公报［R/OL］.（2024－04－29）［2024－07－10］.https://www.xxz.gov.cn/zfsj/tjgb_47576/202404/t20240409_2138573.html.

［6］湘西州统计局. 湘西自治州 2020 年国民经济和社会发展统计公报［R/OL］.（2021－03－28）［2024－07－10］.https://www.xxz.gov.cn/zfsj/

［7］湘西州统计局. 湘西自治州 2021 年国民经济和社会发展统计公报［R/OL］.（2022－04－28）［2024－07－10］.https://www.xxz.gov.cn/zfsj/

［8］湘西州统计局. 湘西自治州 2022 年国民经济和社会发展统计公报［R/OL］.（2023－03－24）［2024－07－10］.https://www.xxz.gov.cn/zfsj/tjgb_47576/202303/t20230324_1998530.html.

［9］湘西州政府. 2022 年湘西土家族苗族自治州人民政府工作报告政府工作报告［R/OL］.（2022－01－17）［2024－07－10］.https://www.xxz.gov.cn/

zzf/zfgzbg/202201/t20220117_1859068. html.

［10］怀化市统计局. 怀化市 2023 年国民经济与社会发展统计公报
［R/OL］. (2024 - 03 - 26)［2024 - 07 - 10］. https：//www. huaihua. gov. cn/huaihua/c115180/202403/b7f6925be3584b59923d2f5b70237a3c. shtml.

［11］怀化市统计局. 怀化市 2021 年国民经济与社会发展统计公报
［R/OL］. (2022 - 03 - 23)［2024 - 07 - 10］. https：//www. huaihua. gov. cn/huaihua/c115180/202203/4ae6973c6cab45b397bd450eeec637a3. shtml.

［12］恩施市统计局. 恩施市 2022 年国民经济和社会发展统计公报
［R/OL］. (2023 - 04 - 06)［2024 - 07 - 10］. http://www. es. gov. cn/sj/qztjgb/
202305/t20230523_1443557. shtml.

［13］恩施州统计局. 恩施州 2018 - 2022 统计年鉴［R/OL］. (2019 - 01 -
04) (2020 - 01 - 05) (2021 - 01 - 06) (2022 - 01 - 03) (2022 - 01 - 03) (2024 - 04 -
3)［2024 - 07 - 10］. http：//www. es. gov. cn/sj/tjnj/.

［14］恩施市统计局. 恩施市 2022 年国民经济和社会发展统计公报
［R/OL］. (2023 - 04 - 06)［2024 - 07 - 10］. http://www. es. gov. cn/sj/qztjgb/
202305/t20230523_1443557. shtml.

［15］湖北省卫生健康委员会. 2022 年全省分地区医院病床使用情况
［R/OL］. (2023 - 10 - 25)［2024 - 07 - 10］. https：//wjw. hubei. gov. cn/zfxxgk/
fdzdgknr/tjxx/2023/202310/t20231025_4912771. shtml.

［16］铜仁市统计局. 铜仁市 2022 年国民经济和社会发展统计公报
［R/OL］. (2023 - 05 - 18)［2024 - 04 - 10］. https：//www. trs. gov. cn/zfsj/tjgb_
5764697/202305/t20230518_79793276. html.

［17］铜仁市统计局. 2022 铜仁统计年鉴［R/OL］. (2023 - 06 - 08)
［2024 - 04 - 10］. https：//www. trs. gov. cn/zfsj/tjnj/202306/t20230608_8011206
8. html.

［18］秀山县统计局. 秀山土家族苗族自治县 2022 年国民经济和社会
发展统计公报［R/OL］. (2023 - 03 - 31)［2024 - 04 - 10］. http://www. cqxs. gov.
cn/bm/tjj/zwgk_77940/fdzdgknr_77942/tjxx/sjfb/tjgb/202304/t20230403_
11841644. html.

［19］重庆市卫生健康委员会. 重庆卫生健康统计年鉴·2022［R/OL］.
(2023 - 03 - 31)［2024 - 05 - 10］. http://www. wsjkw. cq. gov. cn/zwgk_242/
fdzdgknr/tjxx/sjzl/ndzl/202212/W020230329604980860655. pdf.

［20］湘西自治州医疗保障局. 2022 年湘西州医疗保障事业发展统计公报［R/OL］.（2023－03－29）［2024－04－10］. https://ybj.xxz.gov.cn/zwgk_166/fdxxgknr/tjxx/202305/t20230512_2016384.html.

［21］怀化市医疗保障局. 2022 年怀化市医疗、生育保险统计公报［R/OL］.（2023－05－16）［2024－04－10］. https://www.huaihua.gov.cn/ylbzj/c133252/202305/b8dfd98be735407c97100c9f7fe32069.shtml.

［22］恩施州医疗保障服务中心. 2022 年度恩施州基本医疗保险基金收支、结余情况表［R/OL］.（2023－05－16）［2024－04－10］. http://ybj.enshi.gov.cn/zfxxgk/fdzdgknr/tjsj/202310/t20231008_1486751.shtml.

［23］恩施州医疗保障局. 恩施州医疗保障事业"十三五"规划实施情况评估报告［R/OL］.（2021－01－31）［2024－04－10］. http://ybj.enshi.gov.cn/zfxxgk/fdzdgknr/ghjh/202111/t20211105_1201075.shtml.

［24］铜仁市医疗保障局. 关于印发《铜仁市城乡居民基本医疗保险待遇保障实施方案》的通知［R/OL］.（2023－12－25）［2024－04－10］. https://www.trs.gov.cn/ztzl/ylbz2022/ylbz2/202312/t20231225_83395964.html.

［25］罗灿. 铜仁市：医保惠民暖人心 托起"稳稳的幸福"［EB/OL］.（2023－05－16）［2024－04－10］. https://www.trs.gov.cn/xwzx/bmdt/202305/t20230512_79677510.html.

［26］杨乐. 打造秀山县"满意医保"的问题与对策［J］. 重庆行政，2020（2）：57－59.

［27］秀山县医疗保障局. 以案示警 以案为鉴：秀山自治县打击欺诈骗保专项整治"3.10"专案以案促改警示约谈会议［R/OL］.（2023－11－08）［2024－04－10］. http://www.cqxs.gov.cn/bm/ybj/dt_77939/202311/t20231108_12530315.html.

［28］冯鹏程. 大病保险十年：政策演进、国际经验及规范完善［J］. 上海保险，2024（1）：33－38.

［29］湖南省医疗保障局. 关于调整城乡居民大病保险的通知［R/OL］.（2019－12－31）［2024－04－10］. https://ybj.hunan.gov.cn/ybj/first113541/firstF/f2113606/201912/t20191213_10859838.html.

［30］童光丽. 湘西州实施统一城乡居民大病保险［EB/OL］.（2016－09－20）［2024－04－10］. http://www.xxz.gov.cn/zwyw/xxsz/201609/t20160920_1000045.html.

［31］ 湘西自治州人力资源和社会保障局. 湘西州关于调整城乡居民大病保险政策的通知［R/OL］.（2018 - 06 - 11）［2024 - 04 - 10］. https：//si12333. cn/policy/mryi. html.

［32］ 国家医疗保障局，中华人民共和国财政部，国家税务总局. 关于做好 2022 年城乡居民基本医疗保障工作的通知［R/OL］.（2022 - 07 - 09）［2024 - 05 - 10］. https：//www. gov. cn/zhengce/zhengceku/2022 - 07 - 09/content_5700123. html.

［33］ 李琪.《湖南省城乡居民大病保险实施办法》出台 自 2022 年 1 月 1 日起执行［EB/OL］.（2022 - 11 - 08）［2024 - 05 - 10］. https：//gov. rednet. cn/content/2021/11/08/10373810. html.

［34］ 怀化市人社局医保科. 怀化 2017 年度大病保险补偿到位 3815 万元［R/OL］.（2017 - 10 - 01）［2024 - 05 - 10］. https：//www. sohu. com/a/195807559_650993. html.

［35］ 湖北省人民政府. 湖北省城乡居民大病保险工作实施方案（试行）.［R/OL］.（2013 - 01 - 28）［2024 - 05 - 10］. http：//www. nhc. gov. cn/tigs/dfdt/201308/71c5dbf2424f4f228817b61c125cd792. shtml.

［36］ 湖北省人力资源和社会保障厅. 湖北全面实施城乡居民大病保险［R/OL］.（2016 - 08 - 10）［2024 - 05 - 10］. http：//www. mohrss. gov. cn/SYrlzyhs-hbzb/dongtaixinwen/dfdt/201608/t20160810_245191. html.

［37］ 龙华. 湖北省政府出台政策 健全重特大疾病医疗保险和救助制度［EB/OL］.（2022 - 08 - 18）［2024 - 05 - 10］. https：//www. gov. cn/xinwen/2022 -08/18/content_5705897. html.

［38］ 恩施自治州人民政府. 恩施土家族苗族自治州城乡居民大病保险实施办法［R/OL］.（2016 - 01 - 08）［2024 - 05 - 10］. http：//ybj. enshi. gov. cn/zfxxgk/zc/gfxwj/202103/t20210319_1109472. shtml.

［39］ 恩施自治州人民政府. 恩施土家族苗族自治州城乡居民大病保险实施办法［R/OL］.（2022 - 04 - 08）［2024 - 05 - 10］. http：//www. enshi. gov. cn/zt/n2022/xjccmq/zc/202204/t20220415_1279577. shtml.

［40］ 贵州省发展和改革委员会. 贵州省开展城乡居民大病保险工作实施方案（试行）［R/OL］.（2013 - 01 - 31）［2024 - 05 - 10］. http：//www. nhc. gov. cn/tigs/s9662/201308/8835f3578ffb45f7b674f0cb3cd099e1. shtml.

［41］ 贵州省人民政府. 省人民政府办公厅关于健全重大疾病医疗保险

和救助制度的实施意见［R／OL］.（2022－08－15）［2024－05－08］.https：//sjt.guizhou.gov.cn/zwgk/zfxxgk/fdzdgknr/zcwj/202208/t20220815_76087759.html.

［42］铜仁市人民政府.铜仁市新型农村合作医疗重大疾病保险实施办法（试行）［R／OL］.（2014－02－24）［2024－05－08］.https：//www.zgdbjz.org.cn/Home/Guids/article/id/4467.dbjz.

［43］铜仁市人民政府.铜仁市城镇居民大病保险实施办法（试行）［R／OL］.（2015－07－15）［2024－05－08］.https：//www.trs.gov.cn/zwgk/zfxxgk-zl/fdzdgknr/zcwj/zfgw/tfbf/201705/t20170510_64232993.html.

［44］铜仁市医疗保障局.政策解读《铜仁市城乡居民基本医疗保险待遇保障实施方案》［R／OL］.（2023－12－25）［2024－05－08］.https：//si12333.cn/qa/mybpi.html.

［45］铜仁市医疗保障局.铜仁市2024年城乡居民基本医疗保险参保征缴公告［R／OL］.（2024－1－3）［2024－05－08］.https：//m12333.cn/policy/mkski.html.

［46］梅小燕.重庆市大病保险中存在的问题及对策研究［D］.重庆：重庆大学，2019.

［47］重庆市人民政府办公厅.关于健全重特大疾病医疗保险和救助制度的实施意见（渝府办发〔2022〕116号）［R／OL］.（2022－10－28）［2024－05－08］.https：//www.cq.gov.cn/zwgk/zfxxgkml/szfwj/xzgfxwj/szfbgt/202211/t20221107_11271774.html.

［48］重庆市人民政府.重庆市人民政府关于进一步完善城乡医疗救助制度的意见渝府发（〔2012〕78号）［R／OL］.（2022－07－24）［2024－05－08］.https：//www.cq.gov.cn/zwgk/zfxxgkml/szfwj/xzgfxwj/szf/201207/W020230309481093735703.pdf.

［49］秀山县医疗保障局.关于公开征求《贯彻落实重特大疾病医疗保险和救助制度有关事宜的通知（征求意见稿）》意见的公告［R／OL］.（2023－08－11）［2024－05－08］.http：//www.cqxs.gov.cn/bm/ybj/dt_77939/202308/t20230811_12232328_wap.html.

［50］向宇，邓依乔.湘西州基本医疗保险参保覆盖率连续三年全省第一［EB／OL］.（2024－02－23）［2024－05－08］.https：//new.qq.com/rain/a/20240223A059V900/html.

［51］王柯沣.医保扶贫的"湘西样本"［EB／OL］.（2020－09－24）

[2024 - 02 - 18]. https://ybj. hunan. gov. cn/ybj/first113541/f2 _ 1/202009/t20200924_13753174. html.

[52] 文晓辉, 黄茜. 2023 年度湘西州城乡居民大病保险合同顺利签订[EB/OL]. (2023-04-01)[2024-04-28]. https://m. voc. com. cn/xhn/news/202304/17188943. html.

[53] 湖南省医疗保障局. 关于做好 2024 年度城乡居民基本医疗保险参保缴费工作的通知 (湘医保发〔2023〕41 号) [R/OL]. (2023-10-08) [2024 - 04 - 28]. https://ybj. hunan. gov. cn/ybj/first113541/firstF/f2113606/202309/t20230912_29482397. html.

[54] 湘西州医疗保障局. 2022 年湘西自治州城乡居民大病保险实施细则[R/OL]. (2022-04-12) [2024-04-28]. https://www. xxz. gov. cn/zwgk/fdxxgknr/lzyj/gfxwj/202206/t20220607_1898292. html.

[55] 湖南省医疗保障局. 关于做好 2024 年度城乡居民基本医疗保险参保缴费工作的通知湘医保发〔2023〕41 号[R/OL]. (2023-09-12) [2024 - 04 - 28]. 2023 - 10 - 0https://ybj. hunan. gov. cn/ybj/first113541/firstF/f2113606/202309/t20230912_29482397. html.

[56] 湘西州医疗保障局. 2022 年湘西自治州城乡居民大病保险实施细则[R/OL]. (2022-04-12) [2024-04-28]. https://www. xxz. gov. cn/zwgk/fdxxgknr/lzyj/gfxwj/202206/t20220607_1898292. html.

[57] 龙莹. 湘西医有所保 民有所依——2019 年以来医疗保障工作综述[EB/OL]. (2020-05-25) [2024-04-28]. https://ybj. hunan. gov. cn/ybj/first113541/f3113602/202005/t20200525_12170667. html.

[58] 王柯沣. 医保扶贫的"湘西样本"[EB/OL]. (2020-09-23) [2024 - 05 - 28]. https://ybj. hunan. gov. cn/ybj/first113541/f2 _ 1/202009/t20200924_13753174. html.

[59] 湘西州医疗保障局. 解读《湘西自治州城乡居民大病保险实施细则》[R/OL]. (2022-03-22) [2024-04-28]. https://ybj. xxz. gov. cn/slhzq/zczx/zcjd1/202203/t20220322_1874383. html.

[60] 湘西州医疗保障局. 2022 年湘西州医疗保障事业发展统计公报[R/OL]. (2023-03-29) [2024-05-28]. https://ybj. xxz. gov. cn/zwgk _ 166/fdxxgknr/tjxx/202305/t20230512_2016384. html.

[61] 湖南省医疗保障局. 湖南省城乡居民大病保险承办服务考核试行

办法（湘医保发〔2023〕37 号）［R/OL］.（2023－08－02）［2024－05－28］. https：//www.hunan.gov.cn/zqt/zcsd/202309/t20230906_29477946. html.

［62］湖南省医疗保障局. 湘西医有所保 民有所依：2019 年以来医疗保障工作综述［R/OL］.（2020－05－25）［2024－05－28］.http：//ybj.hunan.gov. cn/ybj/first113541/f3113602/202005/t20200525_12170667. html.

［63］湘西州医疗保障局. 2022 年湘西州医疗保障事业发展统计公报［R/OL］.（2023－03－29）［2024－05－28］.https：//ybj.xxz.gov.cn/zwgk_166/ fdxxgknr/tjxx/202305/t20230512_2016384. html.

［64］湘西自治州医疗保障局. 医保基金同监管 守好群众"救命钱"—湘西州正式开展医保基金集中宣传活动，［R/OL］.（2024－04－07）［2024－05－28］. https：//ybj. xxz. gov. cn/zwgk_166/fdxxgknr/gzdt/202404/ t20240407_2138125. html.

［65］欧阳仕君. 湖南湘西州一医院骗取医保基金 569 万元，10 名公职人员被处罚或处分［EB/OL］.（2020－07－07）［2024－05－28］.http：//xxlz. xxz.gov.cn/gzkx/gzdt/202007/t20200703_1704007. html.

［66］梅玫. 湖南医保集中曝光 2023 年欺诈骗保、违法违规使用医保基金等 10 起典型案件［N］. 潇湘晨报，2024－04－10（10）.

［67］湖南省人民政府. 湘西自治州健康扶贫 26.8 万人次受益［R/ OL］.（2018－01－24）［2024－05－28］.http：//www.hunan.gov.cn/hnyw/szdt/ 201801/t20180124_4931688. html.

［68］湖南省医疗保障局. 湘西医有所保 民有所依：2019 年以来医疗保障工作综述［R/OL］.（2020－05－25）［2024－05－28］.http：//ybj.hunan.gov. cn/ybj/first113541/f3113602/202005/t20200525_12170667. html.

［69］凤凰县医疗保障局. 医疗保障 2022 年工作总结及 2023 年工作计划［R/OL］.（2022－12－19）［2024－05－28］.http：//www.fhzf.gov.cn/zwgk_ 49798/xxgkml/bmxxgkml_49803/fhfcj/jhzj/202212/t20221219_1970802. html.

［70］湖南省医疗保障局. 湘西医有所保 民有所依：2019 年以来医疗保障工作综述［R/OL］.（2020－05－25）［2024－05－28］.http：//ybj.hunan.gov. cn/ybj/first113541/f3113602/202005/t20200525_12170667. html.

［71］黄亮力. 凤凰县发放大病保险待遇 400 余万元助推精准脱贫［EB/OL］.（2017－02－22）［2024－02－28］.https：//hn. rednet. cn/c/2017/02/ 22/4218546. html.

［72］怀化市医疗保障局.2022 年城乡居民医保缴费标准 320 元，2021 年 9 月 1 日开始［R/OL］.（2021 - 09 - 03）［2024 - 02 - 28］.https：//m12333.cn/policy/ikmd.html.

［73］怀化市医疗保障局.怀化市医疗保障局行政处罚决定书［R/OL］.（2023 - 21 - 01）［2024 - 02 - 28］.https：//www.huaihua.gov.cn/ylbzj/c133587/202312/0a67c24f3f954111994f9bae534ebb84.shtml.

［74］中国共产党怀化市纪律检查委员会.怀化市纪委通报 4 起医保领域违规违纪典型案例［R/OL］.（2021 - 12 - 02）［2024 - 02 - 28］.https：//new.qq.com/rain/a/20211202A020VH00.html.

［75］李娜.怀化市强化医保基金全过程监管 守好人民群众"看病钱""救命钱"［EB/OL］.（2022 - 09 - 13）［2024 - 02 - 28］.https：//ybj.hunan.gov.cn/ybj/jjztjgdtlist/202209/t20220913_28839741.html.

［76］杨小虎,吴爽.让贫困群众"看得起病看得好病"怀化市健康扶贫出实招见实效［EB/OL］.（2019 - 10 - 14）［2024 - 02 - 28］.https：//hunan.voc.com.cn/article/201910/201910140908503094.html.

［77］腾晓丽.湖北利川市医保局综合施策减轻群众就医负担［EB/OL］.（2024 - 02 - 21）［2024 - 02 - 28］.https：//news.hubeidaily.net/pc/c_2273027.html.

［78］龙克坤,黄祥林.湖北宣恩："三道屏障"守好群众"救命钱"［EB/OL］.（2023 - 10 - 17）［2024 - 02 - 28］.https：//hb.china.com/m/news/20003178/20231017/25801492.html.

［79］恩施州人民政府.关于印发《恩施土家族苗族自治州城乡居民大病保险实施办法》的通知［R/OL］.（2022 - 04 - 08）［2024 - 02 - 28］.http：//www.enshi.gov.cn/zt/n2022/xjccmq/zc/202204/t20220415_1279577.shtml.

［80］中国发展观察杂志调研组."全面小康·精准扶贫"典型案例调研专辑④｜ 湖北鹤峰：发力健康扶贫，增进民生福祉［EB/OL］.（2021 - 03 - 10）［2024 - 02 - 28］.https：//www.thepaper.cn/newsDetail_forward_11641162

［81］湖北省医疗保障局.恩施州医保局曝光两起欺诈骗保典型案例［R/OL］.（2019 - 08 - 07）［2024 - 02 - 28］.https：//ybj.hubei.gov.cn/bmdt/ztzl/2021/djpb/dxal/201910/t20191024_818.shtml.

［82］恩施州医疗保障局.恩施深入推进医保领域"三假"问题专项整治［R/OL］.（2021 - 12 - 05）［2024 - 02 - 28］.https：//ybj.hubei.gov.cn/bmdt/

sxybdt/202112/t20211205_3898591. shtml.

[83] 利川市医疗保障局. 点线面齐发力 防止医保基金跑冒滴漏［EB/OL］.（2023－06－21）［2024－02－28］. http：//ybj. enshi. gov. cn/ybzz/xsdt/202306/t20230602_1448665. shtml.

[84] 铜仁市人民政府. 铜仁市 2016 年新型农村合作医疗补偿政策指导意见（铜府办发〔2016〕51 号）［EB/OL］.（2016－04－23）［2024－05－28〕. https：//www. trs. gov. cn/zwgk/zfxxgkzl/fdzdgknr/zcwj/xgfzwj/201705/t20170510_64233070. html.

[85] 铜仁市人民政府. 铜仁市人民政府办公室关于印发铜仁市 2017 年城乡居民大病医疗商业保险实施方案和铜仁市 2017 年新型农村合作医疗意外伤害商业保险实施方案的通知（铜府办发〔2017〕148 号）［EB/OL］.（2017－07－03）［2024－05－28〕.https：//www.trs.gov.cn/zwgk/zdlyxxgk/ylbz/201901/t20190122_64256610. html.

[86] 王泽宗. 我市新农合重大疾病补偿 2700 余万元 ［N］. 铜仁日报，2015－07－07（6）.

[87] 铜仁市医疗保障局. 铜仁市：医保惠民暖人心 托起"稳稳的幸福"［EB/OL］.（2023－05－16）［2024－05－28〕.https：//ylbzj.guizhou.gov.cn/xwdt/dfdt/202305/t20230516_79755580. html.

[88] 罗灿. 我市"六项保障"助推医保支付方式改革走向纵深 ［N］. 铜仁日报，2022－07－13（8）.

[89] 铜仁市医疗保障局. 铜仁市"六项保障"助推医保支付方式改革走向纵深［EB/OL］.（2022－08－23）［2024－05－28〕.https：//ybj.trs.gov.cn/xwdt_500979/ybdt/202208/t20220823_76220508. html.

[90] 李紫英. 铜仁民生答卷，很给力［EB/OL］.（2020－10－21）［2024－05－28〕. https：//www. trs. gov. cn/xwzx/trsyw/202010/t20201028_64605292. html.

[91] 陈继祥. 我市深化医疗改革 提升群众医保获得感安全感 ［N］. 铜仁日报，2021－12－16（8）.

[92] 铜仁市医疗保障局. 铜仁市医疗保障局 2021 年法治政府建设工作报告［R/OL］.（2022－01－10）［2024－05－28〕.https：//ybj.trs.gov.cn/zwgk_500979/zfxxgk/fdzdgknr/fzjs/202303/t20230310_78427069. html.

[93] 铜仁市医疗保障局. 铜仁市医保局三个"全覆盖"织牢基金

"监督网"守好群众"救命钱"[R/OL].(2022-10-21)[2024-05-28].ht-tps：//ybj.trs.gov.cn/xwdt_500979/ybdt/202210/t20221021_76810996.html.

[94] 铜仁市医疗保障局.铜仁市医保局曝光违法违规案例（第一期）.[R/OL].(2022-04-19)[2024-05-28].https：//ybj.trs.gov.cn/xwdt_500979/tzgg/202204/t20220419_73506415.html.

[95] 秀山土家族苗族自治县人民政府.秀山土家族苗族自治县人民政府办公室关于贯彻落实重特大疾病医疗保险和救助制度有关事宜的通知（秀山府办发〔2023〕39号）[R/OL].(2023-09-26)[2024-05-28].ht-tp：//www.cqxs.gov.cn/zwgk_207/zfxxgkml/zcwj_176365/gfxwj26/gfxwj/2023 10/t20231016_12434503.html.

[96] 汤波.湖南花垣县、贵州松桃县、重庆秀山县 联合开展医保基金监管"雷霆护民"行动[EB/OL].(2023-11-25)[2024-05-28].https：//k.sina.cn/article_3363163410_c875cd1202001j66j.html.

[97] 秀山县医疗保障局.2021年第三批违规使用医保基金典型案例通报[R/OL].(2023-09-27)[2024-05-28].http：//www.cqxs.gov.cn/bm/ybj/dt_77939/202109/t20210927_976028 9.html.

[98] 林源,刘笑丹.城乡居民大病保险筹资机制探讨[J].合作经济与科技,2020（24）：180-181.

[99] 林雪.山东省城乡居民大病保险基金运作机制研究[D].泰安：山东农业大学,2019.

[100] 李秋华.鹤庆县城乡居民大病保险制度运行中的问题和建议研究[D].昆明：云南财经大学,2020.

[101] 姜学夫.城乡居民大病保险补偿方案优化研究[D].上海：上海师范大学,2019.

[102] 胡海峰.辽宁省城乡居民大病医疗保险实施情况研究[D].沈阳：沈阳师范大学,2019.

[103] 张丽蓉.湘西州城镇职工基本医疗保险制度改革和发展的思考[J].全国商情（理论研究）,2011（3）：111-113.

[104] 向文娟,丁雨欣.2019年怀化城乡居民人均可支配收入增长10.6%[EB/OL].(2020-01-22)[2024-05-28].https：//www.huaihua.gov.cn/huaihua/c200023/202001/cd121d57b6154098a424f1ecd30e2822.shtml.

[105] 王黔京.贵州城乡居民大病保险实施效果评价及对策研究：基

于首批试点三个市（州）的实地调研［J］.贵阳市委党校学报，2018（3）：1-9.

[106] 杨乐. 打造秀山县"满意医保"的问题与对策［J］.重庆行政，2020，21（2）：57-59.

[107] 梅小燕. 重庆市大病保险中存在的问题及对策研究［D］.重庆：重庆大学，2019.

[108] 夏科家. 率先改革创新探索促进医保更高质量发展［J］.中国医疗保险，2019（7）：6-7.

[109] 杨乐. 打造秀山县"满意医保"的问题与对策［J］.重庆行政，2020，21（2）：57-59.